GUERRA
CIBERNÉTICA

RICHARD A. CLARKE   ROBERT K. KNAKE

GUERRA CIBERNÉTICA

A PRÓXIMA AMEAÇA À SEGURANÇA E O QUE FAZER A RESPEITO

TRADUZIDO POR:
BRUNO SALGADO GUIMARÃES
DAVIDSON RODRIGO BOCCARDO
RAFAEL SOARES FERREIRA
RAPHAEL CARLOS SANTOS MACHADO
RICARDO SALVATORE

Copyright© 2015 por Brasport Livros e Multimídia Ltda.

Tradução do livro "Cyber War: the next threat to national security and what to do about it".
Copyright © 2010 HarperCollins

Todos os direitos reservados. Nenhuma parte deste livro poderá ser reproduzida, sob qualquer meio, especialmente em fotocópia (xerox), sem a permissão, por escrito, da Editora.

Editor: Sergio Martins de Oliveira
Diretora: Rosa Maria Oliveira de Queiroz
Gerente de Produção Editorial: Marina dos Anjos Martins de Oliveira
Revisão Técnica: Alan Oliveira de Sá, Fabian Martins da Silva e Misael Sousa de Araujo
Editoração Eletrônica: SBNigri Artes e textos Ltda
Capa: Use Design

Técnica e muita atenção foram empregadas na produção deste livro. Porém, erros de digitação e/ou impressão podem ocorrer. Qualquer dúvida, inclusive de conceito, solicitamos enviar mensagem para editorial@brasport.com.br, para que nossa equipe, juntamente com o autor, possa esclarecer. A Brasport e o(s) autor(es) não assumem qualquer responsabilidade por eventuais danos ou perdas a pessoas ou bens, originados do uso deste livro.

C611g Clarke, Richard A.

Guerra cibernética: a próxima ameaça à segurança e o que fazer a respeito / Richard A. Clarke; Robert K. Knake - Rio de Janeiro: Brasport, 2015.

Título original: Cyber War: The next threat to national security and what to do about it
ISBN: 978-85-7452-711-6

1. Guerra cibernética 2. Ciberterrorismo I. Knake, Robert K. II. Título

CDD: 355.3

Ficha Catalográfica elaborada por bibliotecário – CRB7 6355

BRASPORT Livros e Multimídia Ltda.
Rua Pardal Mallet, 23 – Tijuca
20270-280 Rio de Janeiro-RJ
Tels. Fax: (21) 2568.1415/2568.1507
e-mails: marketing@brasport.com.br
           vendas@brasport.com.br
           editorial@brasport.com.br
site: www.brasport.com.br

Filial
Av. Paulista, 807 – conj. 915
01311-100 – São Paulo-SP
e-mail: filialsp@brasport.com.br

DEDICATÓRIA

Ao falecido Willian Weed Kaufmann, que ensinou a mim e a tantos outros como analisar questões de segurança nacional.

Richard A. Clark

À minha esposa Elizabeth, cujo apoio não tem limites. E para nossa filha, Charlotte, que você cresça em um século mais pacífico.

Rob Knake

PREFÁCIO DA EDIÇÃO BRASILEIRA

Em meados de 2013, iniciou-se, na **Clavis Segurança da Informação**, o projeto para trazer ao Brasil o livro "Cyber War: the next threat to National Security and what to do about it", disponibilizando-o em língua portuguesa. O projeto era parte da estratégia de oferecer ao país informação útil e acessível sobre Defesa Cibernética e Segurança Ofensiva. Desde o início das conversas com a editora americana do livro, vimos o assunto "segurança cibernética" ganhar uma importância cada vez maior dentro da estratégia de defesa. Um dos reflexos disso foi o estímulo das agências de fomento a projetos de pesquisa, desenvolvimento e inovação na área de segurança cibernética: a própria Clavis foi beneficiada com o apoio da Finep, do CNPq e da Faperj para conduzir pesquisas sobre segurança cibernética e ataques DDoS e para desenvolver um simulador de ataques – e a tarefa de traduzir este livro sobre guerra cibernética encaixou-se perfeitamente no projeto de pesquisa sobre ataques DDoS.

Depois de meses de conversas com a editora americana do livro, conversas com a editora nacional e um cuidadoso trabalho de tradução e edição, vemos este projeto concluído com sucesso. Acreditamos que a disponibilização de uma versão brasileira deste livro sobre guerra cibernética será um passo fundamental para fomentar uma ampla discussão sobre o assunto. Dessa forma, consideramos o presente livro um dos grandes resultados dos projetos de pesquisa em andamento na Clavis.

Como uma espécie de "bônus" ao leitor que chega ao final do livro, oferecemos um curto artigo que tem por objetivo apresentar ao grande público uma ferramenta que consideramos fundamental no estabelecimento de diagnósticos precisos de segurança. Na verdade, trata-se de um novo paradigma para a elaboração de avaliações de segurança; referimo-nos a tal paradigma por meio da expressão "Segurança Ofensiva". A Clavis vem investindo muito no desenvolvimento de produtos baseados no conceito de Segurança Ofensiva, tais como o Teste de Invasão e o Teste de Indisponibilidade. De maneira resumida, Segurança Ofensiva refere-se ao conjunto de abordagens em que o analista de segurança assume o papel de um "atacante" que busca identificar as vulnerabilidades exploráveis em uma rede ou sistema – daí a expressão "ofensiva". Nos dias de hoje, em que os potenciais atacantes são incontáveis e as técnicas de ataque cibernético são amplamente difundidas, acreditamos que qualquer estratégia de defesa contra ataques cibernéticos deve, necessariamente, passar por avaliações baseadas em Segurança Ofensiva, de modo que se consiga identificar concretamente as vulnerabilidades que possam vir a ser exploradas em um eventual cenário de ataque.

O artigo, inserido no final deste livro, não deve, de forma alguma, ser uma referência completa ou aprofundada sobre o assunto. Nosso objetivo é apenas levantar a ideia de que novas abordagens são possíveis para o estabelecimento de diagnósticos de segurança. Esperamos que o leitor brasileiro e/ou de língua portuguesa aprecie a leitura.

Boa leitura!

Bruno Salgado Guimarães
Davidson Rodrigo Boccardo
Rafael Soares Ferreira

Nota dos editores brasileiros

A Finep – Inovação e Pesquisa – é uma empresa pública vinculada ao Ministério da Ciência e Tecnologia e Inovação dedicada a promover o desenvolvimento econômico e social do Brasil por meio do fomento público à Ciência, Tecnologia e Inovação em empresas, universidades, institutos tecnológicos e outras instituições públicas ou privadas. O CNPq é um órgão do governo federal, vinculado ao Ministério da Ciência e Tecnologia e Inovação, dedicado a promover e fomentar a pesquisa científica e tecnológica, a formação de recursos humanos e a inovação tecnológica. A Faperj é uma organização do Estado do Rio de Janeiro, dedicada à promoção da investigação científica e tecnológica e à formação de recursos humanos no estado do Rio de Janeiro.

Sumário

Introdução 1

CAPÍTULO 1 – Experiências 7

CAPÍTULO 2 – Guerreiros Cibernéticos 32
2.1. A Luta pela Guerra Cibernética 33
2.2. A Tentativa Secreta de uma Estratégia 40
2.3. Um Alerta do Kuwait 43
2.4. O Oriente é *Geek* 48
2.5. Os Outros 55
2.6. Quando os Guerreiros Cibernéticos Atacam 56

CAPÍTULO 3 – O Campo de Batalha 60
3.1. Como e Por Que a Guerra Cibernética é Possível 60
3.2. As Vulnerabilidades da Internet 63
3.3. Software e Hardware 73
3.4. Máquinas Controladas a Partir do Ciberespaço 81

CAPÍTULO 4 – A Defesa Falha 86
4.1. Pensamentos Iniciais no Pentágono 86
4.2. Marchando para o Brejo 88
4.3. Seis Nomes Esquisitos 91

4.4. A Segurança Cibernética Foi "Bushada" 93
4.5. A Transição para Obama 96
    4.5.1. O maior truque 101
    4.5.2. Vegas, baby 106
    4.5.3. Direitos de privacidade 110
    4.5.4. Cassandra e pistas falsas 111
    4.5.5. O poder do dinheiro 113
    4.5.6. Não, eu pensei que você estivesse fazendo isso 118
4.6. A Lacuna da Guerra Cibernética 119
4.7. Medindo a Força da Guerra Cibernética 122

CAPÍTULO 5 – Em Busca de Uma Estratégia de Defesa 124
5.1. O Papel da Defesa na Nossa Estratégia de Guerra Cibernética 127
5.2. A Tríade Defensiva 131

CAPÍTULO 6 – Quão Ofensivo? 146
6.1. Dissuasão 153
6.2. Não Começar Primeiro? 158
6.3. Preparação do Campo de Batalha 160
6.4. Guerra Global 162
6.5. Dano Colateral e a Doutrina da Contenção 163
6.6. Controle de Escalada 166
6.7. Controle Positivo e Guerra Acidental 169
6.8. Atribuição 171
6.9. Crise de Instabilidade 173
6.10. Assimetria Defensiva 175

CAPÍTULO 7 – Paz Cibernética 176
7.1. Uma Rápida Crítica ao Controle de Armas 177
7.2. Limitar a Guerra Cibernética? 181
7.3. Escopo: Espionagem ou Guerra? 183
7.4. Banir a Guerra Cibernética? 190
7.5. Proibir Ataques a Alvos Civis? 193

7.6. Começar Com os Bancos?..197

7.7. Inspetores no Espaço Cibernético..198

CAPÍTULO 8 – A Agenda..205

8.1. Pensando Sobre o Invisível...208

8.2. A Tríade Defensiva 210

8.3. Crime Cibernético 212

8.4. CWLT 214

8.5. O Espaço Cibernético na Meia-Idade..216

8.6. "É o POTUS" 219

Glossário...223

APÊNDICE – O *Worm* Nuclear 229

POSFÁCIO DA EDIÇÃO BRASILEIRA – Segurança Ofensiva: Um Aliado no Caminho para a Defesa Cibernética...235

Resumo 235

Introdução 235

Diagnósticos de Segurança 236

Testes de Invasão..237

    As fases de um teste de invasão...237

Ataques DDoS: A Questão da Indisponibilidade 238

Testes de Invasão e Infraestruturas Críticas 239

Segurança Ofensiva 240

Para Saber Mais 241

Introdução

Foi nas profundezas de um inverno cinza e frio de Washington, em uma rua não muito longe do Dupont Circle, numa casa de tijolos cheia de guitarras elétricas e com uma eclética coleção de arte, que nós nos reunimos para lembrar o homem que nos ensinou a analisar questões de guerra e defesa. Em uma noite de fevereiro de 2009, duas dúzias de ex-alunos, a maioria por volta dos cinquenta anos, brindaram ao Professor William W. Kaufmann, que falecera aos noventa anos de idade algumas semanas antes. Bill, como todos se referiam a ele naquela noite, tinha ensinado por décadas análise estratégica e política da defesa nuclear no MIT, e depois em Harvard e no Instituto Brookings. Gerações de especialistas civis e militares conquistaram esse título através de um de seus cursos. Bill também fora assessor de seis Secretários de Defesa, posicionado na "linha de frente" do Anel e do Pentágono. Durante décadas viveu entre Boston e Washington.

Alguns de nós nos referíamos ao professor Kaufmann como "Yoda", em parte devido a uma vaga lembrança física, mas principalmente porque o considerávamos nosso mestre Jedi, o homem que entendia as formas da Força e tentava transmiti-las a nós. Como analista e assessor, Bill pertenceu ao grupo de civis que no final dos anos 50 e início dos 60, criou fundamentos da doutrina estratégica da Guerra Nuclear. Eles mudaram a estratégia nuclear dos Estados Unidos que indicava que, em caso de guerra, haveria inicialmente um ataque maciço, utilizando todas as armas nucleares e destruindo centenas de cidades na Europa e na Ásia. Bill e seus colegas provavelmente preveniram uma guerra nuclear global e tornaram possível o controle estratégico das armas nucleares. Nossa conversa naquela noite, lubrificada pelos mesmos martinis que Bill costumava beber conosco, voltou-se para o futuro. O que poderíamos fazer em memória de Willian W. Kaufmann e dos outros estrategistas da segunda metade do século XX? Poderíamos, como foi sugerido, continuar seus trabalhos, usar o que Bill nos ensinou, fazer as difíceis perguntas analíticas sobre a estratégia atual. Outro lá presente atentou para o fato de que os dias atuais são muito diferentes dos anos 50, quando as armas nucleares eram distribuídas sem uma estratégia completamente definida; atualmente as estratégias estão bem desenvolvidas.

Mas são mesmo os tempos atuais tão diferentes? Na primeira década do século XXI, os Estados Unidos desenvolveram e implantaram sistematicamente um novo tipo de arma, baseado em nossas novas tecnologias, e sem uma estratégia bem definida. Nós criamos um comando militar para conduzir um novo tipo de guerra, altamente tecnológico, sem debate público, discussão da mídia, supervisão séria do congresso, análise acadêmica ou diálogo internacional. Por isso, talvez, seja preciso estimular a análise e a discussão rigorosa sobre esse novo tipo de arma e guerra.

É sobre a guerra no ciberespaço que estou falando. Em 1º de outubro de 2009, um general assumiu o novo Comando Cibernético dos Estados Unidos, uma organização militar com a missão de utilizar a Tecnologia da Informação como arma.

Um comando similar existe na Rússia, na China e em várias outras nações. Essas organizações militares e de inteligência estão preparando o campo de batalha cibernético com artefatos chamados de "bombas lógicas" e *backdoors*, colocando explosivos virtuais em outros países em tempos de paz. Devido à natureza única da guerra cibernética, podem existir incentivos para se atacar primeiro. Por natureza, os alvos mais comuns são os civis. A velocidade com que milhares de alvos podem ser atingidos, quase em qualquer lugar do mundo, traz consigo a perspectiva de crises altamente voláteis. A força que preveniu a Guerra Nuclear, a dissuasão, não funcionaria muito bem na guerra cibernética. Todo o fenômeno da guerra cibernética é de tal forma cercado de sigilo governamental que faz os tempos da Guerra Fria parecer uma época de transparência e abertura. O maior segredo mundial sobre a guerra cibernética é que, ao mesmo tempo em que os Estados Unidos se preparam para uma guerra cibernética ofensiva, eles continuam com políticas que os deixam sem uma defesa efetiva em caso de ataque cibernético.

A nação que inventou a nova tecnologia e as táticas para utilizá-la pode não ser a vencedora se seus militares continuarem focados em métodos ultrapassados, vencidos pela inércia e com excesso de confiança em armas obsoletas que aprenderam a amar e a considerar superiores. O criador do novo armamento ofensivo pode ser o perdedor, a não ser que também descubra como se defender dessas armas que ele mesmo mostrou ao resto do mundo. Analogamente, o coronel americano Billy Mitchell foi o primeiro a compreender a capacidade de um pequeno avião em afundar poderosos encouraçados na Segunda Guerra Mundial; contudo, foi a Marinha Imperial Japonesa que utilizou esse conhecimento e chegou perto de derrotar os americanos no Pacífico. Os britânicos foram os primeiros a desenvolver tanques, mas foi um coronel francês, Charles de Gaulle, que desenvolveu a tática de ataque rápido com tanques blindados, apoiados pelo ar e artilharia. Ainda, foi uma recém-derrotada Alemanha que aperfeiçoou esses tanques na década de 1930, e que primeiro empregou as táticas de Gaulle, que depois ficariam conhecidas como "blitzkrieg" (recentemente, em 1990, e novamente em 2003, os militares americanos foram à guerra utilizando uma versão atualizada da septuagenária tática blitzkrieg: movimentos rápidos de unidades de tanques pesados, apoiados por aviões).

Aconselhado pelos meus ex-camaradas e pelos martinis, deixei a casa de tijolos, caminhando naquela noite fria, ponderando esta ironia da história e fazendo um compromisso comigo mesmo e com Bill: eu tentaria estimular a discussão aberta e a análise pública da estratégia de guerra cibernética, antes que nós entrássemos nesse tipo de conflito. Este livro é a primeira parte do pagamento desse compromisso. Eu sabia que para produzi-lo precisaria me unir a um parceiro mais novo a fim de tentar entender suficientemente as implicações técnicas e militares da guerra cibernética. Gerações diferentes compreendem o espaço cibernético de forma diferente. Para mim, considerando meus sessenta anos completados recentemente, o espaço cibernético foi algo que vi crescer ao meu redor gradualmente. Aconteceu depois de eu já ter uma carreira, trabalhando com armas nucleares em um mundo bipolarizado. Eu me tornei o primeiro Assessor Especial do Presidente para Segurança Cibernética em 2001, mas meus pontos de vista sobre a guerra cibernética são preenchidos pela minha experiência em espionagem e estratégia nuclear.

Rob Knake tinha trinta anos quando escrevemos esse livro. Para a sua geração, a Internet e o espaço cibernético são tão naturais quanto o ar e a água. A carreira de Rob foi focada na segurança interna e nas ameaças transacionais do século XXI. Nós trabalhamos juntos na Harvard Kennedy School, na consultoria Good Harbor e na campanha presidencial de Obama. Em 2009, Rob ganhou a prestigiosa bolsa de estudos de assuntos internacionais do Conselho de Assuntos Internacionais (*International Affairs Fellowship at the Council on Foreign Relations*) com a indicação de estudar guerra cibernética. Decidimos escrever este livro na primeira pessoa porque muitas vezes estarei discutindo minhas experiências pessoais no governo, na indústria de tecnologia da informação e em grupos de Washington, mas a escrita e os conceitos desenvolvidos são uma obra conjunta. Percorremos Washington e outras partes do país buscando respostas às várias questões em torno da guerra cibernética.

Muitas pessoas nos ajudaram nessa busca, algumas desejando permanecer no anonimato devido às suas ligações atuais e passadas. Nós passamos longas horas discutindo, debatendo e questionando até obtermos uma síntese dos nossos pontos de vista. Eu e Rob concordamos que a guerra cibernética não é um novo tipo de guerra, limpa e sem vítimas, que devemos adotar. Nem mesmo um tipo de arma secreta que deva ser mantida escondida da luz do dia e do público em geral. Pois é o público, a população civil dos Estados Unidos e as organizações públicas que operam sistemas nacionais críticos quem provavelmente sofrerão em uma guerra cibernética.

Embora possa parecer que os Estados Unidos tenham certa vantagem, o fato é que a guerra cibernética oferece a este país um risco maior do que para qualquer outra nação. Esse novo tipo de guerra não é um jogo ou uma fábula de nossas imaginações. Longe de ser uma alternativa para a guerra convencional, a guerra cibernética, na verdade, pode até mesmo aumentar a chance de que um combate mais tradicional aconteça, com explosivos, balas e mísseis. Se pudéssemos pôr esse gênio de volta na garrafa, nós colocaríamos, mas não podemos. Na verdade, precisamos nos engajar em uma série de tarefas complexas: entender o que é a guerra cibernética, aprender como e por que ela funciona, analisar seus riscos e se preparar, pensando em como controlá-la.

Este livro é uma tentativa de começar a fazer algumas dessas coisas. Não é um livro técnico e nem tem a intenção de ser um guia para engenheiros eletrônicos com detalhes de armas cibernéticas. Nem é feito para ser uma análise política ou jurídica de um gênio de Washington, cheia de acrônimos e incrustada de jargões. Finalmente e definitivamente, também não é um documento militar e não está escrito para ser imediatamente traduzido para o "Pentagonês". Por isso, alguns especialistas, de cada uma dessas áreas, podem achar o livro simplista nas partes em que são discutidas coisas do seu entendimento e obscuro nas partes que vão além da sua área de conhecimento. Em geral, tentamos encontrar um equilíbrio, com um estilo de escrita informal, sendo ao mesmo tempo claro e por vezes divertido. Entretanto, não se prenda a essas afirmações, pois em um livro sobre esse assunto é necessário que se discuta tecnologia à maneira de Washington, assim como alguns temas sobre militarismo e inteligência. Dito isso, incluímos um glossário no final do livro, já que é impossível evitar totalmente o uso de acrônimos e jargões.

Oficiais superiores da segurança nacional me ensinaram por décadas a nunca apresentar um problema sem também sugerir uma solução. Este livro certamente revela alguns problemas, mas também discute soluções potenciais. Levará tempo para pôr em prática essas e outras defesas e, enquanto elas não forem uma realidade, esta e outras nações estão correndo novos e sérios riscos para a paz, a estabilidade internacional, a ordem interna e o bem-estar econômico nacional e individual.

Gostaríamos de agradecer às muitas pessoas que nos ajudaram com este livro, principalmente aos peritos de dentro e de fora dos governos que nos ajudaram com a condição de se manterem no anonimato. Bem como ao Pieter Zatko, John Mallery, Chris Jordan, Ed Amoroso, Sami Saydjari e Barnaby Page, que nos ajudaram a entender alguns dos aspectos técnicos da segurança cibernética. Ao Paul Kurtz, que serviu como um consultor constante e ajudou a moldar nosso pensamento de inúmeras formas. Ao Ken Minihan, Mike McConnell e Rich Wilhelm, que nos deram dicas adicionais devido a décadas de trabalho no setor privado e no governo. Ao Alan Paller, Greg Rattray e Jim Lewis, que nos deram dicas e o pensamento mais recente nesse complexo tópico. Nós agradecemos a Janet Napolitano por tirar um tempo de sua ocupada agenda para nos receber e por querer fazê-lo de maneira oficial. Nós também agradecemos a Rand Beers por sua inteligência e ao Will Howerton, que nos ajudou profundamente a chegarmos ao final desse livro. Ele tem um olho editorial arguto e um dom para a pesquisa. Will Bardenwerper também nos deu assistência editorial.

Bev Roundtree, por ter estado em tantos projetos ao longo das décadas, era a *sine qua non*.

CAPÍTULO 1
Experiências

A lua em quarto crescente refletia sobre o lento rio Eufrates, um rio sobre o qual várias nações vêm guerreando há cinco mil anos. Era pouco depois da meia-noite, em 06 de setembro de 2007, e um novo tipo de ataque estava prestes a acontecer, um ataque que começaria pelo ciberespaço. No lado leste do território sírio, a 75 milhas (120,7 quilômetros) da fronteira sul da Turquia, em um canal seco à margem do rio, poucas e fracas luzes faziam sombras sobre as barrancas arenosas do canal. As sombras eram de um grande prédio em construção. Seis horas antes, organizados em filas ordeiras, muitos trabalhadores norte-coreanos tinham deixado a construção e embarcado em um ônibus para uma curta viagem até o dormitório. Para uma área em construção, o local era estranhamente escuro e desprotegido, quase como se o construtor quisesse evitar chamar qualquer tipo de atenção.

Sem aviso, o que parecia ser uma rajada de pequenas estrelas, iluminou o local com uma claridade branca-azulada maior do que a luz do dia. Em menos de um minuto, apesar de ter parecido bem mais para os poucos sírios e coreanos que ainda estavam lá, uma forte luz seguida de uma onda sonora destruidora surgiu e destroços desabaram do céu. Se a audição deles não tivesse sido temporariamente afetada pelas explosões, quem estava no solo teria ouvido o longo silvo de motores a jato militares passando sobre a região. Se tivessem conseguido olhar além das chamas que estavam por toda a região, ou acima dos sinais de advertência que estavam descendo em pequenos paraquedas, os sírios e coreanos teriam visto aeronaves F-15 Eagle e F-16 Falcon retornando para o norte em direção à Turquia. Talvez tivessem até percebido o emblema azul e branco, meio apagado, da Estrela de Davi na formação de ataque da Força Aérea Israelense, enquanto ela retornava, sem qualquer dano, para casa, deixando para trás, totalmente destruídos, anos de trabalho secreto realizado perto do vale.

Quase tão inusitado quanto o ataque em si foi o silêncio político que se seguiu. Os serviços de comunicação do governo israelense não falaram nada. De maneira ainda mais reveladora, a Síria, que foi bombardeada, ficou em silêncio. Lentamente, a história começou a aparecer na mídia americana e inglesa: Israel bombardeou um complexo ao leste da Síria, uma fábrica que estava sendo construída por norte-coreanos. As notícias, citando fontes anônimas, relatavam que a fábrica estava relacionada a armas de destruição em massa. Os censores israelenses permitiram que os jornais de seu país citassem a mídia americana, mas proibiram que fizessem qualquer reportagem própria. Era, segundo eles, uma questão de segurança nacional. Pressionado pela mídia, tardiamente o governo sírio admitiu que houve um ataque em seu território e Assad, o presidente sírio, protestou discretamente, declarando que o que fora destruído era um "prédio vazio". Curiosamente, apenas a Coreia do Norte se juntou a Damasco expressando indignação pelo ataque surpresa.

As descrições da mídia foram ligeiramente diferentes sobre o que aconteceu e o porquê, mas a maioria citou fontes do governo israelense para dizer que a instalação era uma fábrica de armas nucleares projetada pela Coreia do Norte. Se fosse verdade, a Coreia do Norte estaria violando o acordo com os Estados Unidos e demais potências de parar de vender *know-how* de armas nucleares. Pior, isso significaria que a Síria, uma nação vizinha, e que vinha negociando com Israel por intermédio dos turcos, estava, na verdade, secretamente adquirindo armas nucleares, algo que até Saddam Hussein tinha parado de fazer anos antes da invasão do Iraque.

Logo, entretanto, os autointitulados especialistas estavam colocando em dúvida a história sobre "a Síria estar fazendo uma bomba nuclear".

Fotos, tiradas por um satélite de reconhecimento, foram divulgadas pela mídia ocidental. Especialistas notaram que o local tinha pouca segurança em seu entorno antes do bombardeio. Alguns disseram que o prédio não era alto o bastante para abrigar um reator nuclear norte-coreano; outros indicaram a inexistência de qualquer outra infraestrutura nuclear na Síria. Várias teorias alternativas foram apresentadas: talvez o prédio estivesse relacionado ao programa sírio de mísseis; talvez Israel tivesse se enganado e o prédio fosse relativamente inocente, como a "fábrica de leite de criança" em 1990 ou a suposta fábrica de aspirina em 1998 de Saddam Hussein, ambas destruídas por ataques americanos. Ou de repente, disseram alguns comentaristas, a Síria não fosse o alvo real. Talvez Israel estivesse mandando uma mensagem ao Irã, demonstrando que o estado judeu ainda poderia realizar ataques aéreos de surpresa, e que um ataque similar poderia ocorrer nas instalações nucleares iranianas, a menos que o Teerã parasse o desenvolvimento do seu programa nuclear.

Reportagens da mídia, citando fontes anônimas, alegaram em vários níveis o envolvimento americano no ataque: os americanos tinham descoberto o local com fotos de satélites, ou os americanos não tinham observado o local e os israelenses o encontraram por meio de fotos de satélites passadas pela inteligência americana. Talvez, os americanos ajudaram no planejamento do bombardeio, convencendo militares turcos a olharem para outra direção enquanto a força atacante israelense passava sobre a Turquia de forma a surpreender a Síria por meio de um ataque vindo do norte.

Os americanos – ou os israelenses – poderiam ter penetrado no local da construção antes do bombardeio a fim de confirmar a presença norte-coreana e provavelmente verificar a natureza nuclear do local. O Presidente George W. Bush, inesperadamente taciturno, secamente se recusou a responder uma pergunta de um repórter sobre o ataque israelense.

A única coisa que a maioria dos analistas concordou foi que algo estranho havia ocorrido. Em abril de 2008, a CIA excepcionalmente produziu e publicou um vídeo mostrando imagens clandestinas de dentro da instalação antes de ser bombardeada. O filme não deixou dúvidas de que o local era uma central nuclear projetada pela Coreia do Norte, mas a história logo morreu. Alguma atenção foi dada novamente sete meses depois, quando a Agência Internacional de Energia Atômica da ONU (IAEA) publicou seu relatório. Ela havia enviado inspetores ao local e o que eles encontraram não foram ruínas bombardeadas, nem atividades frenéticas de reconstrução. Ao contrário, o local aonde os especialistas internacionais foram levados tinha sido cuidadosamente limpo, era um local que não mostrava sinais de destroços ou material de construção. Parecia um lote mal-conservado para venda de casas em uma comunidade qualquer no deserto próximo a Phoenix, tudo perfeitamente inofensivo. Os inspetores, desapontados, tiraram fotos, encheram sacos plásticos com amostras de solo e deixaram as margens do Eufrates, voando de volta para seu quartel general localizado em uma ilha do Danúbio, próximo a Viena, onde fizeram testes com as amostras colhidas.

A IAEA anunciou, novamente com pouca atenção, que as amostras de solo continham materiais radioativos "feitos pelo homem" e pouco comuns. Para os poucos que vinham acompanhando o mistério enigmático da Síria no Eufrates, esse foi o final da história, inocentando o altamente estimado serviço de inteligência israelense. Apesar de tão improvável quanto parecia, a Síria estava de fato trabalhando secretamente com armas nucleares e o bizarro regime norte-coreano os estava ajudando. Era hora de reavaliar as intenções de Damasco e Pyongyang.

Por trás de todo esse mistério, entretanto, havia outro enigma. A Síria havia gasto milhões de dólares em sistemas de defesa aérea e, nessa noite de setembro, os militares sírios estavam olhando atentamente para seus radares. Inesperadamente nesse dia, Israel tinha posicionado tropas em alerta total nas colinas de Golan. De suas posições no território sírio ocupado, com a utilização de lentes de longa distância, a brigada israelense em Golan podia literalmente vigiar o centro da cidade de Damasco. As forças sírias esperavam problemas, e mesmo assim nada fora do comum apareceu nos seus radares. Os céus sobre a Síria pareciam seguros e totalmente vazios quando passava da meia-noite. Entretanto, formações de Eagles e Falcons tinham penetrado o espaço aéreo sírio a partir da Turquia. Esses aviões, desenvolvidos e construídos nos anos 70, estavam longe de serem invisíveis aos radares. Suas carcaças de aço e titânio, com bordas e laterais pontudas e com bombas e mísseis pendurados em suas asas, deveriam ter despertado os radares sírios como a árvore de Natal do Rockfeller Center em Nova Iorque no mês de dezembro, mas isso não aconteceu.

O que os sírios concluíram na manhã seguinte de forma relutante, lenta e dolorosa foi que Israel havia "dominado" a rede de defesa aérea de Damasco durante a noite anterior. O que apareceu em suas telas de radar foi o que a Força Aérea Israelense implantou lá, uma imagem de um dia qualquer. A imagem vista pelos sírios não tinha nenhuma relação com a realidade: seus céus orientais tinham se tornado, naquele dia, uma raia de bombardeio da Força Aérea Israelense. Os mísseis da defesa antiaérea síria não puderam ser disparados porque não existiam alvos no sistema para eles seguirem. Os jatos da defesa aérea síria não poderiam ser rapidamente acionados, mesmo que eles fossem tolos o suficiente para tentar atacar os israelenses, pois os sistemas de fabricação russa exigiam que eles fossem direcionados à aeronave alvo a partir de controladores terrestres, e os controladores sírios não avistaram alvo algum.

Durante a tarde, os sírios queriam saber do Ministério da Defesa russo: como os seus sistemas de defesa aérea poderiam ter sido cegados? Moscou prometeu enviar especialistas e técnicos imediatamente. Poderia ter acontecido algum problema na implementação, talvez um erro de usuário, mas isso seria consertado imediatamente. O complexo militar industrial russo não precisava desse tipo de má publicidade sobre seus produtos. Afinal, o Irã estava prestes a comprar de Moscou um moderno sistema com mísseis e radares de defesa aérea. Tanto em Teerã quanto em Damasco, os comandantes da defesa aérea estavam em choque.

Guerreiros cibernéticos ao redor do mundo, entretanto, não estavam surpresos. Era assim que seria a guerra na era da informação, isso era a guerra cibernética. Quando usamos a expressão "guerra cibernética" neste livro, nos referimos a ações de um estado-nação para invadir computadores ou redes de outra nação com a intenção de causar danos ou transtornos. Quando os israelenses atacaram a Síria, eles utilizaram pulsos de luz e elétricos, não para cortar como um laser ou eletrocutar com um *taser*, mas para transmitir "0s" e "1s" e controlar o que os radares da defesa aérea síria viam. Em vez de estourar as defesas antiaéreas sírias e desistir do elemento surpresa antes do ataque aos alvos principais, na era da guerra cibernética, os israelenses se asseguraram de que os inimigos não poderiam sequer levantar suas defesas.

Os israelenses tinham planejado e executado seu ataque cibernético sem falhas. A questão é como isso foi feito.

Existem pelo menos três possibilidades para explicar como eles "dominaram" os sírios. Primeiro, existe a possibilidade sugerida por algumas reportagens na mídia, que o ataque israelense tenha sido precedido por um veículo aéreo não tripulado (VANT) furtivo que intencionalmente voou dentro do feixe de radar da defesa antiaérea síria. Radares ainda funcionam da mesma forma que na batalha da Inglaterra setenta anos atrás: o radar manda um feixe direcional de ondas de rádio; se esse feixe bater em alguma coisa, ele retorna ao receptor. O processador então calcula onde o objeto estava quando o feixe o atingiu, em qual altitude estava voando, a que velocidade estava se movendo, e talvez até mesmo quão grande era o objeto. O ponto-chave aqui é que o radar permite que um feixe eletrônico venha do ar para dentro de seu computador em terra.

Um radar é naturalmente uma porta aberta em um computador, de forma que ele possa receber de volta as buscas eletrônicas que faz de alvos no céu. Um VANT furtivo israelense poderia não ser visto pela defesa aérea síria se o *drone* fosse revestido com material que absorvesse ou desviasse feixes de radar. Mas poderia ter a capacidade de detectar o feixe de radar, vindo da base em sua direção, e, utilizando a mesma frequência de rádio, transmitir pacotes de volta para o computador do radar e dali para a rede de defesa antiaérea síria. Esses pacotes fariam o sistema não funcionar direito, mas também diriam para ele agir como se não houvesse nada de errado. Eles podem ter repetido um cenário igual ao céu de antes do ataque. Então, quando o feixe de radar refletiu nos Eagles e Falcons atacantes, o sinal que retornou não foi registrado nos computadores do sistema de defesa antiaérea sírio. O céu lhes pareceria exatamente como se estivesse vazio, mesmo que estivesse cheio de aviões israelenses. Reportagens na mídia americana mencionaram que os Estados Unidos têm um sistema de ataque cibernético similar, de codinome Senior Suter.

Segundo, existe a possibilidade de que o código dos computadores russos que controlavam a rede de defesa aérea da Síria tenha sido comprometido por agentes israelenses. Em algum momento, talvez nos laboratórios de computação russos ou em algum complexo militar sírio, alguém a serviço de Israel ou um de seus aliados pode ter colocado um *backdoor* dentro das milhões de linhas de código do programa de defesa aérea. Um *backdoor* ou cavalo de Troia (*Trojan horse*) são simplesmente algumas linhas de código semelhantes a qualquer outra linguagem que faça parte das instruções de um sistema operacional ou aplicação (testes feitos pela NSA determinaram que nem mesmo os mais bem treinados especialistas, observando as milhares de linhas de código a olho nu, conseguiriam encontrar erros que tivessem sido introduzidos em uma parte do software).

O *backdoor* poderia conter instruções sobre como responder em certas circunstâncias. Por exemplo, se o processador do radar encontrasse um sinal eletrônico particular, ele deveria mostrar um céu limpo por um determinado período, por exemplo, nas próximas três horas. Tudo o que o VANT israelense teria que fazer seria enviar pequenos sinais eletrônicos. O *backdoor* seria um ponto de acesso eletrônico secreto que permitiria explorar a rede de defesa antiaérea, contornando o sistema de detecção de intrusos e o *firewall*, por meio da criptografia, e assumir o seu controle, com direitos e privilégios de administrador.

A terceira possibilidade é um agente israelense ter encontrado um cabo de fibra ótica da rede do sistema de defesa antiaérea em algum lugar da Síria e feito uma emenda na linha (por mais difícil que pareça, é possível). Uma vez "conectado", o agente israelense poderia digitar um comando para que o *backdoor* o tornasse acessível. Mesmo sendo arriscado para um agente israelense ficar andando pela Síria cortando cabos de fibra ótica, isso está longe de ser impossível. Informes sugerem que durante décadas Israel vem colocando seus espiões dentro das fronteiras sírias. Os cabos da rede de fibra ótica da defesa antiaérea nacional da Síria correm por todo o país, não apenas dentro de instalações militares. A vantagem de colocar um agente *hackeando* a rede é que essa operação não depende do sucesso de um "pacote de controle" em entrar na rede a partir de um VANT voando pelo céu. Na verdade, um agente teoricamente poderia até preparar um link do seu local até o posto de comando da Força Aérea Israelense. Um agente israelense, utilizando métodos de comunicação de baixa probabilidade de interceptação (*low-probability-of-intercept*), poderia estabelecer comunicações secretas, mesmo no centro de Damasco, direcionando suas comunicações para um satélite israelense com poucas chances de ser percebido pela Síria.

Qualquer que tenha sido o método utilizado pelos israelenses para enganar a rede do sistema de defesa aérea da Síria, provavelmente ele foi inspirado na cartilha americana. Nossos amigos israelenses têm aprendido uma coisa ou outra em programas que temos trabalhado por mais de duas décadas.

Em 1990, enquanto os Estados Unidos se preparavam para ir à guerra contra o Iraque pela primeira vez, os primeiros guerreiros cibernéticos americanos se uniam com comandos de Operações Especiais para descobrir como derrubar a extensa rede iraquiana de radares e mísseis da defesa antiaérea, pouco antes da fase inicial de aviões americanos e aliados avançarem em direção de Bagdá. Como o herói da Tempestade no Deserto, o General Norm Schwarzkopf, me explicou nessa época: "esses comedores de cobra tiveram a ideia maluca" de se infiltrar no Iraque antes que houvesse os primeiros tiros e assumir o controle de uma base de radar no sul do país. Eles planejaram levar com eles alguns *hackers*, provavelmente da Força Aérea dos Estados Unidos, para que de dentro da base se conectassem à rede iraquiana e enviassem um programa que fizesse com que computadores da rede de todo o país travassem e ficasse impossível de reiniciar.

Schwarzkopf achou o plano arriscado e incerto. Ele tinha uma imagem ruim do Comando de Operações Especiais americano e temia que os comandos fossem os primeiros americanos a serem mantidos como prisioneiros de guerra, mesmo antes da guerra começar. Pior ainda, ele tinha receio que os iraquianos fossem capazes de ligar seus computadores de volta e começar a atirar contra algumas das duas mil missões de ataque previstas para o primeiro dia de guerra aérea. "Se você quer ter a certeza de que os radares e mísseis de defesa antiaérea deles não vão funcionar, exploda-os primeiro. Em seguida, invada e bombardeie seus alvos." Assim, a maioria dos ataques iniciais dos Estados Unidos e de seus aliados não foi bombardeios sobre quartéis generais de Bagdá ou divisões do exército iraquiano, mas sim contra radares de defesa aérea e bases de mísseis. Nesses atentados, alguns aviões dos Estados Unidos foram destruídos, alguns pilotos foram mortos e outros foram feitos prisioneiros.

Quando, 13 anos depois, os Estados Unidos entraram em guerra contra o Iraque pela segunda vez, bem antes da fase inicial de ataque dos caças-bombardeiros americanos, os militares iraquianos já sabiam que sua rede militar privada, segura e fechada havia sido comprometida. Os americanos lhes disseram.

Pouco antes da guerra, milhares de oficiais iraquianos receberam e-mails de dentro do sistema do Ministério da Defesa iraquiano. Embora o texto na íntegra nunca tenha vindo a público, várias fontes confiáveis revelaram o bastante da sua essência para reconstruir o que você teria lido caso fosse, digamos, um general da brigada do Exército iraquiano no comando de uma unidade de blindados nas redondezas de Basra. Seria algo como:

"Essa é uma mensagem do Comando Central dos Estados Unidos. Como você sabe, nós podemos ser instruídos a invadir o Iraque em um futuro próximo. Se fizermos isso, vamos oprimir as forças que se opuserem a nós, como já fizemos anos atrás. Nós não temos a intenção de prejudicar você ou suas tropas. Nosso objetivo é retirar Saddam e seus dois filhos do poder. Se deseja permanecer ileso, coloque seus tanques e outros veículos blindados em formação e abandone-os. Afaste-se. Você e as suas tropas deverão ir para casa. Você e outras forças iraquianas serão reconstituídas após a alteração do regime de Bagdá".

Não surpreendentemente, muitos oficiais iraquianos obedeceram às instruções que o Comando Central (CENTCOM) lhes enviou pela rede secreta iraquiana. Tropas norte-americanas encontraram tanques de várias unidades ordenadamente estacionados em filas fora das suas bases, permitindo assim que aviões dos Estados Unidos os explodissem organizadamente. Alguns comandantes do Exército iraquiano deram licença para suas tropas horas antes da guerra. Então colocaram suas roupas civis e foram para casa, ou pelo menos tentaram fazer isso.

Embora dispostos a invadir a rede iraquiana para engajar em uma campanha psicológica antes do início do ataque convencional, o governo de Bush não estava, aparentemente, disposto a destruir ativos financeiros de Saddam Hussein, atacando as redes dos bancos iraquianos no próprio Iraque ou em outros países. Embora estivessem aptos a fazê-lo, os advogados do governo temiam que a invasão de contas bancárias fosse vista por outras nações como uma violação do direito internacional, e isso abriria um precedente. Os conselheiros também temiam que efeitos colaterais de ataques cibernéticos aos bancos dos Estados Unidos atingissem contas erradas ou tirassem do ar instituições financeiras inteiras.

A segunda guerra contra o Iraque e o mais recente ataque israelense contra a Síria demonstraram duas formas diferentes de guerra cibernética. Uma é o uso da guerra cibernética para facilitar um ataque convencional (o exército dos Estados Unidos prefere o termo ataque "cinético"), desativando as defesas do inimigo. A outra é o uso da guerra cibernética para enviar propaganda e desmoralizar o inimigo, distribuindo e-mails e outras mídias da Internet, no lugar da antiga prática de soltar panfletos de aviões (lembrem-se dos milhares de papéis com instruções em árabe e desenhos que foram jogados sobre as forças iraquianas em 1991, explicando-lhes como se render às forças norte-americanas. Milhares de iraquianos trouxeram os panfletos com eles ao se renderem).

O ataque à instalação nuclear da Síria e a atividade cibernética dos Estados Unidos que precedeu a invasão do Iraque são exemplos do uso militar de *hacking* como uma ferramenta para auxiliar em um tipo de guerra mais familiar. A utilização do espaço cibernético por estados-nação para objetivos políticos, diplomáticos ou militares, no entanto, não tem que ser acompanhada por bombardeios ou batalhas de tanques. Uma pequena amostra de como uma guerra cibernética isolada poderia acontecer veio, surpreendentemente, de uma pequena cidade de quatrocentas mil pessoas da Liga Hanseática às margens do Báltico. A cidade de Tallinn se tornou, mais uma vez, capital da Estônia independente em 1989, quando a União Soviética se desintegrou e muitas de suas repúblicas componentes se dissociaram de Moscou e da URSS. A Estônia tinha sido forçada a se tornar parte da União Soviética quando o Exército Vermelho "libertou" a república báltica dos nazistas, durante o que os russos chamam de "A Grande Guerra Patriótica".

O Exército Vermelho, ou pelo menos o Partido Comunista da União Soviética, não queria que os estonianos, ou qualquer outro povo do leste europeu, se esquecessem dos sacrifícios que foram feitos para "libertá-los". Assim, em Tallinn, como na maioria das capitais do leste europeu, eles erguiam uma dessas gigantes e heroicas estátuas de um soldado do Exército Vermelho, pelas quais os líderes soviéticos tinham tanto apreço. Muitas vezes, essas estátuas de bronze eram colocadas em cima dos túmulos de soldados do Exército Vermelho. A primeira vez que tropecei em uma estátua dessas, quase que literalmente, foi em Viena, em 1974. Quando perguntei aos policiais que a protegiam por que um país neutro como a Áustria tinha um soldado comunista gigante no centro da sua capital, me disseram que foi erigido pela União Soviética logo após a guerra, fazendo com que os austríacos prometessem que nunca a derrubariam. Na verdade, essa estátua é especificamente protegida pelo tratado que os Estados Unidos e a Áustria assinaram, juntamente com os soviéticos, quando as tropas americanas e soviéticas deixaram a Áustria em 1950. Na década de 1970, a maioria dos vienenses descrevia a enorme estátua de bronze como "o único soldado russo em Viena que não estuprou nossas mulheres". Parece que essas estátuas significam muito para os russos, assim como as sepulturas de soldados americanos mortos na Segunda Grande Guerra em países estrangeiros são consideradas solo sagrado para muitos veteranos americanos, suas famílias e seus descendentes. Tais estátuas também tiveram um significado importante para aqueles que foram "libertados", mas de forma completamente diferente. As estátuas e os cadáveres dos soldados do Exército Vermelho sob elas se tornaram, simbolicamente, um para-raios. Em Tallinn, a estátua também atraiu relâmpagos cibernéticos.

As tensões entre os russos étnicos que vivem na Estônia e os estonianos nativos vinham crescendo desde que a pequena nação havia declarado novamente sua independência ao final da Guerra Fria. A maioria dos estonianos solicitou que fosse removido qualquer sinal das cinco décadas de opressão pelas quais eles foram obrigados a passar como parte da União Soviética. Em fevereiro de 2007, o legislativo aprovou a Lei das Estruturas Proibidas indicando que qualquer coisa que denotasse a ocupação deveria ser derrubada, incluindo o soldado gigante de bronze. Os estonianos ainda se ressentiam da profanação dos túmulos de seus próprios veteranos que resultaram da chegada do Exército Vermelho.

Moscou alegou que mover o soldado de bronze seria difamar os heróis soviéticos mortos, incluindo aqueles enterrados ao redor da estátua gigante. Buscando evitar um incidente, o presidente da Estônia vetou a lei. Mas a pressão da opinião pública para remover a estátua cresceu, assim como a de um grupo étnico russo dedicado a proteger o monumento e de um grupo nacionalista estoniano ameaçando destruí-la, que se tornaram cada vez mais ativos. Assim que o inverno báltico se despediu, virando primavera, a política seguiu para a rua. Em 27 de abril de 2007, na agora conhecida como Noite de Bronze, uma revolta, envolvendo a polícia e a estátua, eclodiu entre os radicais de ambos os grupos étnicos. As autoridades rapidamente interviram e moveram a estátua para uma nova localização protegida em um cemitério militar. Longe de aplacar a disputa, o movimento incendiou as respostas de nacionalistas indignados na mídia de Moscou e na Duma Federal, o Legislativo da Federação Russa.

Foi então que o conflito se mudou para o espaço cibernético, ou ciberespaço. A Estônia, curiosamente, é um dos países mais conectados do mundo, competindo com a Coreia do Sul, e bem à frente dos Estados Unidos, na utilização de aplicações de Internet e na penetração de banda larga na vida cotidiana. Esses avanços a tornaram um alvo perfeito para um ataque cibernético. Depois da Noite de Bronze, de repente, servidores que hospedavam as páginas mais utilizadas na Estônia foram inundados com pedidos de acesso. Eles foram tão inundados que alguns entraram em colapso devido à sobrecarga e deixaram de funcionar. Outros servidores ficaram tão sobrecarregados com a quantidade de *pings* recebidos que ficaram inacessíveis. Estonianos não podiam acessar seus bancos *on-line*, os sites de seus jornais ou os serviços eletrônicos do governo.

O que se abateu sobre a Estônia foi um Ataque Distribuído de Negação de Serviço[1] (DDoS). Normalmente um DDoS é considerado um pequeno incômodo, e não uma importante arma do arsenal cibernético. Basicamente é um dilúvio pré-programado de tráfego na Internet projetado para derrubar ou congestionar uma rede.

Ele é um ataque "distribuído" no sentido de que milhares, ou mesmo centenas de milhares, de computadores são mobilizados para enviar *pings* a vários alvos na Internet. Os computadores atacantes são chamados de *botnet*, uma rede robótica de computadores "zumbis" controlados remotamente. Os zumbis atacam seguindo ins-

---

[1] Do termo original em inglês *Distributed Denial of Service*.

truções que são acionadas sem o conhecimento de seus proprietários. Na verdade, os proprietários geralmente não podem sequer afirmar desde quando seus computadores se tornaram zumbis ou se estão envolvidos em um DDoS. Um usuário pode até perceber que o seu laptop está um pouco mais lento ou que o acesso a páginas web está demorando um pouco mais que o normal, mas esse é o único indicador. A atividade maliciosa ocorre em segundo plano, não sendo visível na tela do usuário. Seu computador, agora mesmo, pode ser parte de uma *botnet*.

O que pode ter acontecido, muitas vezes semanas ou meses antes de uma *botnet* atacar, é que o usuário acessou inocentemente uma página onde, sem que tenha percebido "foi baixado" o software que transformou o seu computador em um zumbi. Ou então abriu um e-mail, talvez até mesmo de alguém conhecido, permitindo que o software zumbi fosse descarregado. Um antivírus atualizado e um *firewall* local podem bloquear essas infecções, mas os *hackers* estão constantemente descobrindo maneiras novas de contornar essas defesas.

Às vezes, o computador zumbi fica pacientemente esperando por ordens. Outras vezes, ele começa automaticamente a procurar outros computadores para atacar. Quando um computador espalha sua infecção para outros, e esses, por sua vez, passam a fazer o mesmo, temos a classificação conhecida como verme, ou em inglês *worm*. Essa infecção se espalha como vermes a partir de um computador, atingindo de milhares a milhões de máquinas, podendo pode se espalhar pelo mundo em questão de horas.

O DDoS na Estônia foi o maior já visto até o momento. Supõe-se que várias *botnets* diferentes, cada uma com dezenas de milhares de máquinas infectadas até então adormecidas, agora estavam trabalhando. No início, os estonianos pensaram que a queda de algumas de suas páginas fosse apenas um aborrecimento causado por russos indignados.

Então as *botnets* começaram a se direcionar para endereços da Internet desconhecidos da maioria da população – não de páginas públicas, mas endereços dos servidores que apoiavam parte da rede telefônica, do sistema de cartões de crédito e do serviço de diretório da Internet. Logo, mais de um milhão de computadores estavam comprometidos em enviar uma inundação de *pings* para os servidores alvo na Estônia. O Hansapank, o maior banco do país, cambaleou. O comércio e os serviços de comunicação de todo o país foram afetados. E os ataques não pararam.

Nas ocorrências anteriores de ataques DDoS, um site era atingido por alguns dias. Mas agora era algo diferente. Centenas de sites importantes de um país estavam sendo atingidos, semana após semana, incapazes de voltar a operar. Enquanto especialistas de segurança na Internet da Europa e da América do Norte corriam para Tallinn, a Estônia levou o assunto à apreciação do Conselho do Atlântico Norte, o mais alto órgão de aliança militar da OTAN. Uma equipe *ad-hoc* de resposta a incidentes iniciou a tomada de contramedidas que haviam sido bem-sucedidas no passado em ataques DDoS menores. Os zumbis se adaptaram, provavelmente reprogramados pelo computador mestre, e os ataques continuaram. Especialistas em segurança cibernética rastrearam os *pings* até os computadores zumbis específicos e, em seguida, aguardaram a conexão entre as máquinas infectadas e as máquinas de controle. A Estônia alegou que as máquinas de controle finais estavam na Rússia, e que o código do programa havia sido escrito em alfabeto cirílico. O governo russo, indignado, negou que estivesse envolvido em uma guerra cibernética contra a Estônia. Apesar de existir um acordo bilateral vigente exigindo que cooperasse, Moscou também recusou o pedido diplomático formal da Estônia de assistência para identificar os atacantes. Informados de que os ataques foram rastreados até a Rússia, alguns oficiais do governo admitiram ser possível que alguns russos nacionalistas, indignados com o que a Estônia tinha feito, estivessem, talvez, resolvendo o assunto com as próprias mãos.

Mesmo que se acreditasse na teoria dos "russos nacionalistas", o porquê de o governo russo não se mover para impedir tal vigilantismo virou uma questão sem resposta. Não havia dúvidas de que os sucessores da KGB tivessem capacidade de encontrar os culpados e bloquear o tráfego. Outros, mais familiarizados com a Rússia moderna, sugeriram que o que estava ocorrendo era muito mais do que uma passiva virada de olhos da polícia russa para o vandalismo da juventude excessivamente nacionalista. Para além dos atuais funcionários do governo, os *hackers* mais ativos na Rússia geralmente trabalham para o crime organizado. O desenvolvimento do crime organizado foi favorecido devido à sua não reconhecida ligação com os serviços de segurança. Na verdade, a distinção entre as redes controladas pelo crime organizado e as dos serviços de segurança que controlam a maioria dos ministérios e governos locais russos é muitas vezes tênue. Observadores atentos à Rússia acreditam que alguns oficiais de alto escalão do governo permitem atividades do crime organizado por uma fatia de seus lucros, ou, como no caso da Estônia, para obter ajuda em tarefas sujas. É como Marlon Brando no filme *Poderoso Chefão*: "Algum dia... vou chamá-lo para fazer um serviço para mim...".

Depois da Noite de Bronze, os serviços de segurança russos haviam encorajado os meios de comunicação nacionais a insuflar o sentimento patriótico contra a Estônia. Não é exagero imaginar que eles também tenham solicitado a grupos do crime organizado que "hackeassem" o sistema estoniano, talvez até fornecendo alguma informação que pudesse ser útil. Será que os ministérios de segurança do governo russo estavam envolvidos nos ataques cibernéticos na Estônia? Talvez essa não seja a pergunta certa. Será que eles sugeriram os ataques, facilitando-os ou se recusaram a investigar ou a punir os culpados? E, afinal, essa distinção realmente importa quando você é um estoniano incapaz de tirar o seu dinheiro de um caixa eletrônico do Hansapank?

O ataque cibernético levou a OTAN a criar, em 2008, um centro de defesa cibernética a poucos quilômetros do local onde o soldado de bronze gigante originalmente ficava, onde há agora um pequeno e agradável bosque. Infelizmente, o centro da OTAN em Tallinn foi de pouca utilidade quando outro antigo estado-satélite soviético – a Geórgia – e a Mãe Rússia entraram em conflito devido a algumas pequenas províncias.

A República da Geórgia se situa ao sul da Rússia, junto ao Mar Negro, e as duas nações tiveram um relacionamento indubitavelmente desigual por mais de um século. A Geórgia é geograficamente um pouco menor do que o estado da Carolina do Sul e tem uma população de cerca de quatro milhões de pessoas. Dada a sua localização e o seu tamanho, a Geórgia era vista por Moscou como apropriadamente dentro da "esfera de influência" do Kremlin. Em 1918, quando o império original russo começou a se desintegrar com a Revolução Russa, os georgianos forçaram uma separação e declararam a independência da Geórgia, enquanto os russos estavam muito ocupados lutando uns contra os outros. Entretanto, assim que a luta entre russos terminou, o vitorioso Exército Vermelho rapidamente invadiu a Geórgia, instalou um regime fantoche e fez da Geórgia parte da União das Repúblicas Socialistas Soviéticas. O controle soviético sobre a Geórgia durou até 1991, quando, enquanto o governo central russo estava novamente em turbulência, a Geórgia, mais uma vez, se aproveitou da oportunidade para declarar independência.

Dois anos depois, a Geórgia perdeu o controle de dois territórios, Ossétia do Sul e Abkházia. Apoiadas por Moscou, as populações locais russas desses territórios conseguiram derrotar o desorganizado exército da Geórgia, expulsando a maioria dos georgianos. Em seguida, os territórios estabeleceram governos "independentes". Embora legalmente ainda fizessem parte da Geórgia, na medida em que assim eram consideradas pelo resto do mundo, as regiões ainda dependiam de proteção e financiamento russos. Foi então que, em julho de 2008, rebeldes da Ossétia do Sul (ou agentes russos, dependendo da versão dos acontecimentos em que você acreditar) provocaram um conflito com a Geórgia organizando uma série de ataques de mísseis contra aldeias georgianas.

O exército georgiano, previsivelmente, respondeu aos ataques de mísseis contra seu território bombardeando a capital da Ossétia do Sul. Depois, em 07 de agosto, a Geórgia invadiu a região. Sem se surpreender com o ocorrido, no dia seguinte o exército russo respondeu rapidamente, expulsando o exército georgiano da Ossétia do Sul. Precisamente no mesmo momento em que o exército russo avançava, assim fizeram seus guerreiros cibernéticos. O objetivo era impedir que os georgianos percebessem o que estava acontecendo, então eles realizaram ataques DDoS em meios de comunicação e sites do governo da Geórgia. Os acessos da Geórgia aos sites da CNN e BBC também foram bloqueados.

No mundo físico, os russos também bombardearam a Geórgia e assumiram o controle sobre um pequeno pedaço de território que não estava em disputa, alegadamente para criar uma "zona tampão". Enquanto o exército georgiano estava ocupado se deslocando para a Ossétia, grupos rebeldes na capital da Abkházia decidiram se aproveitar da situação e expulsar qualquer georgiano restante, com uma pequena ajuda de seus aliados russos. Em seguida, o exército russo pegou mais um pequeno pedaço da Geórgia como uma "zona tampão" adicional. Cinco dias depois, a maior parte da luta havia terminado. O presidente francês, Nicolas Sarkozy, mediou um acordo de paz onde os russos concordavam em se retirar da Geórgia imediatamente e deixar os territórios disputados, uma vez que uma força de paz internacional chegaria para ocupar o vácuo de segurança. Essa força nunca chegou e, depois de algumas semanas, a Rússia reconheceu a Ossétia do Sul e a Abkházia como estados independentes. Os estados declarados independentes, então, convidaram seus benfeitores russos a ficar.

Para a maioria dos americanos, com exceção do então candidato à presidência John McCain, que tentou retratar o evento como uma crise de segurança nacional para os Estados Unidos, toda essa atividade na Geórgia parecia distante e sem importância. Assim que se certificaram de que a notícia que ouviram sobre a invasão da Geórgia não significava que veriam as tropas do exército russo ou o General Sherman novamente marchando sobre Atlanta, eles se desinteressaram. O real significado deste acontecimento, além do que se revelou sobre o pensamento dos governantes russos em relação ao seu ex-império, está exposto nas atitudes deles em relação ao uso de ataques cibernéticos.

Antes que os combates começassem no mundo físico, ataques cibernéticos atingiram sites do governo da Geórgia. Nos estágios iniciais, os atacantes conduziram ataques DDoS básicos em sites do governo georgiano e invadiram o servidor web do site da presidência para desfigurá-lo, adicionando imagens que comparavam o líder georgiano, Mikheil Saakashvili, a Adolf Hitler. Inicialmente, eles pareciam triviais, até mesmo juvenis. Então, exatamente no mesmo momento em que o combate terrestre estourou, os ciberataques aumentaram sua intensidade e sofisticação.

A Geórgia se conecta à Internet através da Rússia e da Turquia. A entrada da maioria dos roteadores da Rússia e da Turquia que enviava tráfego para a Geórgia foi tão inundada com os ataques que nenhum tráfego de saída poderia passar. Os *hackers* assumiram o controle direto do resto dos roteadores que suportavam o tráfego para a Geórgia. Como consequência, os georgianos não conseguiam se conectar a qualquer fonte de notícia ou informação externa e não podiam enviar e-mails para fora do país. A Geórgia efetivamente perdeu o controle sobre o domínio ".ge" da nação e foi forçada a mudar muitos dos sites do seu governo para servidores de fora do país.

Os georgianos bem que tentaram defender seu ciberespaço utilizando "soluções alternativas" para frustrar os ataques DDoS, mas os russos rebateram cada movimento. A Geórgia tentou bloquear todo o tráfego vindo da Rússia. Os russos redirecionaram seus ataques para parecerem pacotes vindos da China. Além de um servidor mestre em Moscou para controlar todas as *botnets* usadas nos ataques, servidores no Canadá, Turquia e, ironicamente, na Estônia também foram utilizados.

A Geórgia transferiu a página da Internet do presidente para um servidor no Blogspot do Google, localizado na Califórnia. Os russos então configuraram falsos sites presidenciais e direcionaram o tráfego para eles. O setor bancário georgiano desligou seus servidores e planejou superar os ataques, imaginando que a perda temporária do sistema bancário *on-line* seria mais tranquila do que correr o risco de roubo de seus dados críticos ou danos internos aos sistemas.

Sem poder atingir os bancos da Geórgia, os russos fizeram suas *botnets* enviarem uma enxurrada de tráfego para a comunidade bancária internacional, fingindo serem ataques cibernéticos da Geórgia. Esses ataques desencadearam uma resposta automática da maioria dos bancos estrangeiros, que encerraram suas conexões com o setor bancário georgiano. Sem acesso ao sistema de compensação europeu, as operações bancárias da Geórgia ficaram paralisadas. O sistema de cartões de crédito também foi abaixo, seguido pelo sistema de telefonia móvel.

No auge do conflito, os ataques DDoS vinham de seis *botnets* diferentes, utilizando tanto computadores de usuários da Internet desinformados como através de voluntários que baixaram o software *hacker* a partir de vários sites anti Geórgia. Depois de instalar o software, o voluntário poderia se juntar à guerra cibernética apenas clicando em um botão chamado *Start Flood*.

Assim como no caso da Estônia, o governo russo alegou que os ciberataques eram uma resposta popular e que estavam fora do controle do Kremlin. Um grupo ocidental de cientistas da computação, no entanto, concluiu que os sites usados para lançar os ataques eram conectados ao aparato da inteligência russa. O nível de coordenação mostrado nos ataques e o financiamento necessário para orquestrá-los sugerem que isso não foi uma cruzada cibernética casual desencadeada pelo fervor patriótico. Mesmo que se acreditasse no governo russo (ou seja, a tempestade cibernética lançada sobre a Geórgia, assim como a precedente sobre a Estônia, não foi trabalho de seus agentes oficiais), é muito claro que o governo não fez nada para encerrá-la. Afinal, a grande agência de inteligência soviética, a KGB, ainda existe, embora com outro nome e uma estrutura organizacional ligeiramente diferente. Na verdade, o poder da KGB apenas aumentou sob o regime de seu ex-aluno, Vladimir Putin. Qualquer atividade cibernética de larga escala na Rússia, seja feita pelo governo, pelo crime organizado ou por cidadãos, é feita com a aprovação do aparelho de inteligência e seus chefes no *Kremlin*.

Se realmente, como suspeitamos, foi o governo russo quem solicitou "vigilantes" do DDoS e outros ataques cibernéticos como forma de punição contra a Estônia e, posteriormente, os realizou como complemento à guerra cinética na Geórgia, essas operações não revelam nem uma parte do que os militares russos e as agências de inteligência poderiam fazer se verdadeiramente fizessem um ataque no ciberespaço.

Nos episódios contra a Estônia e a Geórgia, na verdade, os russos demonstraram bastante moderação no uso de suas armas cibernéticas e, provavelmente, salvaguardaram suas melhores armas cibernéticas para quando realmente precisarem delas, em um conflito em que a OTAN e os Estados Unidos estiverem envolvidos.

Durante anos, as autoridades de inteligência dos Estados Unidos pensavam que se alguma nação fosse usar armas cibernéticas, mesmo que em pequenas ações, como demonstrado na Estônia e na Geórgia, os prováveis pioneiros seriam a Rússia, a China, Israel, ou, é claro, os Estados Unidos. A nação que se juntou ao clube no verão de 2009 foi uma surpresa para alguns.

Era pouco depois das sete da noite em Reston, Virgínia, na última segunda-feira de maio de 2009. No lado de fora, o trânsito da "hora do *rush*" estava começando a se diluir nas proximidades da via de acesso ao aeroporto de Dulles. Na sede do Serviço Geológico dos Estados Unidos, um monitor de tela plana acabava de indicar um terremoto de magnitude 4,7 na Ásia. Especialistas sísmicos iniciaram a localização do epicentro: no extremo nordeste da Península Coreana, a aproximadamente 43 milhas (69 quilômetros) de uma cidade chamada Kimchaek. Dados indicaram que um evento semelhante já havia ocorrido recentemente, em outubro de 2006, no que acabou por se revelar uma explosão nuclear. Neste caso não foi diferente.

Depois de anos de negociações com os Estados Unidos, bem como com a China e com a Rússia, o estranho e hermético governo da Coreia do Norte decidiu desafiar a pressão internacional e explodir, pela segunda vez, uma bomba nuclear.

Sua primeira tentativa, três anos antes, tinha sido caracterizada por alguns observadores ocidentais como algo próximo a uma "falha parcial". Nas horas que se seguiram a esta segunda explosão, a embaixadora dos Estados Unidos nas Nações Unidas, Susan E. Rice, em sua suíte no Waldorf Towers, Nova Iorque, consultou a Casa Branca e o Departamento de Estado, contactando, em seguida, outros embaixadores da ONU, notadamente japoneses e sul-coreanos. O sul-coreano chefe da ONU, o secretário-geral Ban Ki-moon, concordou com uma reunião de emergência do Conselho de Segurança. O resultado dessa rodada febril de consultas diplomáticas foi, afinal, mais uma condenação internacional à Coreia do Norte, além de outras sanções contra a empobrecida tirania.

Uma década e meia de uso da diplomacia para evitar a aptidão nuclear norte-coreana tinha chegado a nada. Por quê?

Alguns estudiosos do governo de Pyongyang explicaram que o desamparado regime do Norte não possuía qualquer influência para obter empréstimos consensuais, nem doações de comida e petróleo. Ele tinha que continuar vendendo o mesmo, repetidas vezes: a promessa de não ir mais longe com a sua predisposição nuclear. Outros apontaram o suposto problema de saúde do estranho líder da República Popular Democrática da Coreia, o homem conhecido no Norte como "Grande Líder" Kim Jong-il. Os norte-coreanos[2] acreditavam que o "Grande Líder" sabia que estava morrendo e havia selecionado seu terceiro filho, Kim Jong-un, de 25 anos, para sucedê-lo. Analistas afirmaram que, para evitar que os Estados Unidos ou a Coreia do Sul se aproveitassem deste período de transição, o Norte acreditava que tinha que mostrar seu poderio, mesmo que pífio. A Coreia do Norte tinha como padrão ameaçar, chamar a atenção, dar uma amostra das atrocidades que poderiam acontecer para, em seguida, se oferecer para conversar e, finalmente, fazer um acordo para enriquecer os seus cofres.

Se a intenção da detonação era provocar os Estados Unidos e outros países para que eles corressem atrás dela, ela falhou. Depois de ter condenado a explosão e anunciado o deslocamento de mísseis de defesa para o Havaí, após o mês de junho, a lide-

---

[2] Nota do Tradutor: no original eram chamados de "leitores da folha de chá" devido à prática da "tasseografia", que é o ato de prever o futuro lendo a disposição das folhas de chá, normalmente em uma xícara, típico da região.

rança dos Estados Unidos mudou seu foco para a reforma na saúde, o Afeganistão e a autoflagelação de suas próprias atividades de inteligência.

Em algum lugar da burocracia, um oficial americano anunciou publicamente que os Estados Unidos voltariam a realizar um exercício de guerra cibernética conhecido como *Cyber Storm* (tempestade cibernética), com a finalidade de testar as defesas de suas redes de computadores. O exercício de 2009 envolveria outros países, incluindo o Japão e a Coreia do Sul. A mídia norte-coreana logo respondeu, caracterizando o exercício como uma ação de cobertura para uma invasão da Coreia do Norte. Esse tipo de análise bizarra e paranoica é previsível da Coreia do Norte. Ninguém em Washington pensou duas vezes sobre o assunto.

Quando o feriado de 04 de julho começou em Washington, os burocratas estavam dispersos em suas casas de veraneio nas praias da costa leste. Em Washington, turistas invadiam o National Mall, onde uma multidão de centenas de milhares assistia ao *Rockets Red Glare* com uma sensacional exibição de fogos de artifício, uma tradição do feriado. No outro lado do mundo, a associação entre os foguetes e o feriado americano não passou despercebida pela liderança norte-coreana. No espaço, um satélite dos Estados Unidos detectou um lançamento de foguete na Coreia do Norte. Computadores no Colorado rapidamente determinaram que o foguete era de curta distância e fora lançado no mar. Depois, houve outro lançamento. Em seguida, outro e mais outro. Sete foguetes norte-coreanos foram lançados no feriado de 04 de julho. Se era um pedido de ajuda, ou mais uma demonstração de poder, a ação certamente se pareceu com um grito de atenção. Mas o grito não parou por aí. Ele se mudou para o ciberespaço.

Pouco antes do feriado, uma mensagem codificada foi enviada por um agente norte-coreano a cerca de quarenta mil computadores em todo o mundo, infectando-os com um vírus *botnet*. A mensagem continha um simples conjunto de instruções e dizia aos computadores para iniciar o envio de *pings* a uma lista de sites do governo dos Estados Unidos, da Coreia do Sul e de empresas internacionais. Sempre que os computadores infectados eram ligados, eles silenciosamente se juntavam ao ataque. Se o seu computador foi um desses zumbis, você pode ter notado que seu processador estava rodando mais lento que o normal e que suas requisições web estavam levando um pouco mais de tempo para serem processadas, mas nada muito fora do comum.

Sim, isso era outro ataque DDoS realizado por zumbis de uma *botnet*. Em algum momento durante o final de semana, o governo dos Estados Unidos percebeu que os sites dhs.gov e state.gov ficaram temporariamente indisponíveis. Se alguém realmente pensou em consultar o nível de ameaça terrorista no site do Departamento de Segurança Interna (*Department of Homeland Security*) antes de decidir se iria ver os fogos de artifício no National Mall, essa pessoa não teria sido capaz de obter essa informação pelo site da organização.

Em outro ataque de negação de serviço, cada um dos computadores zumbis inundava esses sites com requisições de acesso às suas páginas. Os sites dos Estados Unidos foram atingidos por quase um milhão de requisições por segundo, sufocando seus servidores. Os servidores web do Tesouro Federal, do Serviço Secreto, da Comissão Federal de Comércio e do Departamento de Transporte foram, todos, desativados em algum momento entre 04 e 09 de julho. Os sites da NASDAQ, da New York Mercantile e da New York Stock Exchange (NYSE) também foram atingidos, assim como o do Washington Post. Entretanto, os DDoS que visavam a Casa Branca falharam. Para se prevenir contra um ataque DDoS, em 1999 a Casa Branca havia contratado uma empresa conhecida como Akamai a fim de rotear todo o tráfego que buscava o site da Casa Branca para aproximadamente mais de vinte mil servidores espalhados por todo o mundo. Em 2009, quando houve o ataque coreano, o DDoS foi direcionado para os servidores da Casa Branca mais próximos da fonte do atacante. Assim, apenas os servidores na Ásia que hospedavam o site da Casa Branca tiveram problemas. O porta-voz da Casa Branca, Nick Shapiro, desculpou-se friamente a qualquer internauta da Ásia que eventualmente não conseguiu acessar o seu site. Em seguida, houve a segunda e a terceira onda de ataque. Em 09 de julho, de trinta mil a sessenta mil computadores infectados com uma variante do vírus foram orientados a direcionar ataques a pouco mais de uma dúzia de sites na Coreia do Sul, desde sites do governo a bancos e uma empresa de segurança de Internet.

Depois que o governo e as grandes empresas começaram a trabalhar com os provedores de serviços de Internet (ISPs) para filtrar os ataques, os atacantes aparentemente foram convencidos de que os golpes a sites americanos não estavam mais sendo eficazes. Em 10 de julho, às 6:00 horas, horário da Coreia, começou o assalto final. Cerca de 166 mil computadores, agora em 74 países, começaram a inundar de acessos os sites de bancos e agências governamentais sul-coreanas.

Finalmente os danos foram contidos. O ataque não tentou assumir o controle de qualquer sistema do governo nem perturbar serviços essenciais, mas esse ataque provavelmente teve a intenção de ser apenas um alerta inicial. O que sabemos é que havia uma agenda e uma motivação para o ataque. Este não era um simples *worm* lançado nos confins da Internet e com permissão para se propagar. Alguém controlou e dirigiu o ataque e modificou a lista de alvos para se concentrar nos sites sul-coreanos mais vulneráveis.

O governo dos Estados Unidos ainda não atribuiu diretamente o ataque à Coreia do Norte, embora a Coreia do Sul não tenha se calado a respeito. O momento dos ataques sugere que o regime norte-coreano é o principal suspeito, mas atribuir a culpa precisamente a eles é complicado. Os computadores infectados tentaram se conectar com um dos oito "servidores de comando e controle" a cada três minutos. Esses servidores retornavam instruções para os computadores zumbis infectados, dizendo-lhes quais sites atacar. Os oito servidores mestres estavam na Coreia do Sul, nos Estados Unidos, na Alemanha, na Áustria, e, curiosamente, na Geórgia.

A Comissão de Comunicações da Coreia aprovou a avaliação de uma empresa vietnamita, a Bach Khoa Internetwork Security (BKIS), que indicava que esses oito servidores foram controlados a partir de um servidor em Brighton, na Inglaterra. A partir daí, as pistas se perderam, embora não pareça que o cérebro por trás do ataque estivesse sentado em frente ao seu computador, próximo à praia, em Brighton. O Serviço Nacional de Inteligência da Coreia do Sul (NIS) suspeita do envolvimento de um instituto de pesquisa militar norte-coreano, criado para destruir a infraestrutura de comunicações da Coreia do Sul. Em um comunicado após o ataque, o NIS afirmou que tinha provas que apontavam para a Coreia do Norte.

O NIS sustenta que a unidade de *hackers* norte-coreana, conhecida como *Lab 110*, ou o "time de tecnologia e reconhecimento", foi contratada para preparar um plano de ataque cibernético em 07 de junho. Essa ordem determinou à unidade a "destruição das redes de comunicação sul-coreanas de imediato", logo depois da decisão dos sul-coreanos de participar do Exercício Cyber Storm. O Norte chamou o exercício de "uma provocação intolerável, uma vez que revelou a ambição de invadir a Coreia do Norte".

A Coreia do Sul agora estava se preparando para uma guerra cibernética generalizada contra o Norte. Pouco antes de os ataques começarem, a Coreia do Sul já havia anunciado planos para o estabelecimento de um comando de guerra cibernética até 2012. Após os ataques, o cronograma foi acelerado para janeiro de 2010. O que o novo comando de guerra cibernética do Sul vai fazer da próxima vez que o Norte atacar no ciberespaço não está claro.

Se a Coreia do Norte atacar novamente no ciberespaço, as opções de resposta são relativamente limitadas. As sanções não podem ser mais rígidas; a ajuda alimentar já foi suspensa; qualquer ação militar de represália está fora de questão. Os 23 milhões de habitantes da região metropolitana de Seul vivem na faixa de alcance das peças de artilharia da Coreia do Norte, situada ao longo da zona desmilitarizada, chamada de *kill box* (a caixa de matar) pelos estrategistas militares.

Também há pouca possibilidade de se responder na mesma moeda, uma vez que a Coreia do Norte oferece pouco risco para que os Estados Unidos, ou os guerreiros cibernéticos sul-coreanos, ataquem. Em 2002, Donald Rumsfeld e outros funcionários do governo Bush defenderam a invasão do Iraque porque o Afeganistão não era um ambiente "rico em alvos", não tinha equipamentos militares suficientes, bases ou grandes infraestruturas para os Estados Unidos explodirem. A Coreia do Norte é o equivalente cibernético do Afeganistão.

O site Nightearth.com compilou fotos tiradas do espaço via satélite do planeta à noite: a composição do mapa mostra um planeta bem iluminado. A Coreia do Sul aparece como uma ilha brilhante separada da China e do Japão pelo mar. O que parece ser o mar é na verdade o norte de Seul da península coreana, que é quase completamente escuro. A Coreia do Norte tem uma rede elétrica precária. Menos de vinte mil dos 23 milhões de cidadãos da Coreia do Norte têm telefones celulares. Rádios e TVs são utilizados apenas para sintonizar canais oficiais do governo. E, em relação a Internet, a avaliação de 2006 do New York Times indicando que a Coreia do Norte era um "buraco negro" ainda permanece. O The Economist descreveu o país como "quase tão isolado do mundo virtual quanto é do real". A Coreia do Norte opera cerca de trinta sites para comunicação externa com o resto do mundo, utilizados principalmente para difundir propaganda negativa contra o seu vizinho do sul. Alguns hotéis do ocidente têm permissão de acesso via satélite e a Coreia do Norte possui uma rede interna limitada para alguns cidadãos afortunados poderem visitar o site do "Grande Líder", mas não muito além disso.

Embora a Coreia do Norte não tenha investido muito no desenvolvimento de uma infraestrutura interna de Internet, ela tem investido muito para derrubar a infraestrutura de outros países. A *Lab 110*, suspeita de realizar os ataques cibernéticos de julho, é apenas uma das quatro unidades de guerra cibernética da Coreia do Norte. A unidade Conjunta de Guerra Cibernética do *Korean Peoples Army* (KPA), Unidade 121, tem mais de seiscentos *hackers*. O Departamento Secreto para Guerra Psicológica e Cibernética Inimiga, Unidade 204, possui cem *hackers* e é especializada em elementos cibernéticos para guerra de informação. O Departamento Central de Investigação do Partido, Unidade 35, é uma unidade cibernética menor, mas altamente capaz, com funções de segurança interna e capacidade ofensiva externa cibernética. A Unidade 121 é de longe a maior e, de acordo com um ex-*hacker* desertor, a mais bem treinada. Esta é especializada em desabilitar as redes de comunicação, comando e controle militares da Coreia do Sul. Alguns de seus elementos foram posicionados na China, uma vez que as conexões de Internet na Coreia do Norte, além de serem poucas, são facilmente identificadas. Se o governo de Pequim tem conhecimento de toda a extensão da presença norte-coreana e de suas atividades, isso não é claro, mas poucas coisas escapam da polícia secreta da China, especialmente na Internet.

Rumores indicam que uma unidade norte-coreana de guerra cibernética está localizada no Shanghai Hotel, na cidade chinesa de Dandong, próximo da fronteira norte-coreana, e que quatro andares desse hotel estão alugados para agentes da *Lab 110*. Outra unidade fica na cidade de Sunyang, onde se supõe que agentes norte-coreanos alugam vários andares do Myohyang Hotel. Aparentemente, agentes foram vistos movendo cabos de fibra ótica e equipamentos de rede no estado da arte para essas propriedades. Ao todo, o KPA da Coreia do Norte pode ter de seiscentos a mil agentes de guerra cibernética comandados por um tenente-coronel, atuando em células militares na RPC (República Popular da China). A Coreia do Norte seleciona estudantes de elite do ensino fundamental para serem preparados como futuros *hackers*. Esses alunos aprendem sobre hardware e programação de computadores durante os ensinos fundamental e médio e depois disso são automaticamente inscritos na Universidade de Automatização e Comando em Pyongyang, onde o único foco acadêmico é aprender como invadir sistemas e redes inimigas. Atualmente, setecentos alunos estariam inscritos nessa universidade. Além de alguns se infiltrarem no Japão para aprender habilidades mais recentes em computação, eles conduzem regularmente exercícios simulados de guerra cibernética, uns contra os outros.

O ataque de julho de 2009, mesmo não tendo sido devastador, foi bastante sofisticado. O fato de ter sido controlado e não simplesmente liberado para causar danos indiscriminadamente, mostra que os agressores sabiam o que estavam fazendo. O fato de ter durado tantos dias também é um atestado do esforço colocado na propagação do vírus a partir de várias fontes. Esses atributos sugerem que o ataque não fora obra de adolescentes com muito tempo sobrando. Claro que a Coreia do Norte procurou a "negação", criando dúvidas suficientes sobre quem o fez para que pudessem alegar que não foram eles.

Como os pesquisadores descobriram que parte do programa fora escrito através de um navegador web em língua coreana, tornou-se provável o envolvimento de *hackers* contratados da Coreia do Sul, uma vez que há muitos nesse país altamente conectado. Estes mesmos pesquisadores, entretanto, ficaram intrigados com o fato de que o desenvolvedor do código não tentou disfarçar sua origem coreana. Alguém sofisticado o suficiente para escrever o código também seria sofisticado o suficiente para cobrir seus rastros. Provavelmente quem ordenou o desenvolvimento do código queria que essa pista fosse encontrada.

O governo sul-coreano e muitos analistas dos Estados Unidos concluíram que a pessoa que ordenou o ataque foi o "Grande Líder", querendo demonstrar a força da Coreia do Norte no ciberespaço, ao mesmo tempo em que fazia sua barreira de foguetes. A mensagem foi: eu ainda estou no comando e posso causar distúrbios usando artifícios que podem eliminar a sua convencional superioridade. Tendo enviado essa mensagem, algumas semanas depois, diplomatas norte-coreanos ofereceram uma alternativa. Eles estavam preparados para conversar, até mesmo para libertar dois prisioneiros americanos. Pouco tempo depois, em uma cena que lembra o filme *Team America: Detonando o Mundo*, Bill Clinton estava sentado com o Grande Líder. Ao contrário da marionete do filme retratando o inspetor nuclear da ONU, Hans Blix, Clinton não caiu de um alçapão em um tanque de tubarões; mas, provavelmente, a Coreia do Norte colocou "alçapões" em redes de computadores em pelo menos dois continentes.

Meses depois da atividade cibernética norte-coreana de julho de 2009, os analistas do Pentágono concluíram que o propósito dos ataques DDoS poderia ter sido determinar qual seria o nível de atividade de *botnets* suficiente para bloquear os cabos e roteadores de fibra ótica direcionados para fora da Coreia do Sul. Se os agentes norte-coreanos conseguissem bloquear essa conexão, eles poderiam efetivamente cortar qualquer conexão de Internet do país com o resto do mundo. Isso seria uma ação valiosa para o Norte em caso de crise, já que os Estados Unidos utilizam essas conexões para coordenar a logística de todos os seus reforços militares. A preparação norte-coreana no campo de batalha cibernético continuou. Em outubro, três meses após os ataques DDoS, meios de comunicação sul-coreanos informaram que *hackers* haviam se infiltrado no Sistema de Informação e Resposta a Acidentes Químicos e tinham retirado uma quantidade significativa de informações sigilosas sobre 1.350 produtos químicos perigosos. Os *hackers*, possivelmente norte-coreanos, obtiveram acesso ao sistema por meio de um código malicioso implantado no computador de um oficial do exército sul-coreano. Passaram-se sete meses até que os sul-coreanos descobrissem o método. Agora, a Coreia do Norte sabe como e onde a Coreia do Sul armazena seus gases perigosos, incluindo o cloro utilizado para purificação da água. Quando o cloro é liberado na atmosfera, ele pode causar morte por asfixia, como fora demonstrado terrivelmente nos campos de batalha da Primeira Guerra Mundial.

Os novos "guerreiros cibernéticos", e grande parte da mídia, proclamaram esses incidentes como os primeiros confrontos públicos de estados-nação no ciberespaço. Existem outros exemplos, incluindo operações da China, Taiwan, Israel, entre outras. Alguns chamaram o evento da Estônia como a Primeira Guerra da web (WWI – *Web War One*).

Outros não acreditam que esses e outros incidentes recentes sejam um novo tipo de guerra. Consideram o ataque israelense uma nova forma de bloqueio aéreo eletrônico, algo que já vem acontecendo, de outras formas, há quase meio século. A esses céticos, as atividades americanas no Iraque parecem ser ações secundárias e sobretudo propaganda. Veem as operações russas e norte-coreanas apenas como assédio e interrupções incômodas.

É claro que os sírios, iraquianos, estonianos, georgianos e sul-coreanos, assim como eu, viram nesses eventos muito mais do que um incômodo. Descrevi esses confrontos cibernéticos recentes e bem conhecidos principalmente para demonstrar que os conflitos entre Estados-nação envolvendo ataques cibernéticos já começaram. Contudo, para além dessa incontestável observação, também se tiram cinco "lições" desses incidentes:

A guerra cibernética é real. O que temos visto até agora está longe de ser uma indicação do que ainda pode ser feito. A maioria desses famosos conflitos no ciberespaço utilizou apenas armas cibernéticas primitivas (com uma notável exceção da operação israelense). É uma suposição razoável a de que os atacantes ainda não quiseram revelar suas capacidades mais sofisticadas. O que os Estados Unidos e outras nações são capazes de fazer em uma guerra cibernética poderia devastar uma nação moderna.

A guerra cibernética acontece à velocidade da luz. Assim como os fótons dos pacotes de ataque que correm pelos cabos de fibra ótica, o tempo entre o lançamento de um ataque e seus efeitos é dificilmente mensurável, sendo, dessa forma, um risco para tomadas de decisão em tempos de crise.

A guerra cibernética é global. Em qualquer conflito, quando computadores e servidores de todo o mundo são invadidos e forçados a executar um serviço, os ataques cibernéticos se tornam rapidamente um assunto de interesse global, pois muitas nações são rapidamente envolvidas.

A guerra cibernética ignora o campo de batalha. Os sistemas dos quais as pessoas dependem, desde bancos até radares de defesa aérea, são acessíveis a partir do ciberespaço e podem ser rapidamente dominados ou desligados, sem precisar derrotar inicialmente as defesas tradicionais de um país.

A guerra cibernética já começou. De forma a se antecipar às hostilidades, as nações já estão "preparando o campo de batalha", invadindo redes e infraestruturas umas das outras, instalando *backdoors* e bombas-lógicas – tudo isso agora, em tempos de paz. Esse estado permanente de guerra cibernética, essa indefinição entre paz e guerra, acrescenta uma perigosa nova dimensão de instabilidade.

Como os próximos capítulos discutirão, há todas as razões para se acreditar que a maioria das guerras cinéticas futuras serão acompanhadas por uma guerra cibernética, e que outras guerras cibernéticas serão realizadas como atividades "isoladas", sem explosões, infantaria, poder aéreo e marinha. Entretanto, ainda não houve uma guerra cibernética de grande escala, onde as nações mais avançadas nesse tipo de combate tenham empregado suas ferramentas mais sofisticadas umas contra as outras.

Dessa forma, não se pode prever quem realmente iria ganhar, nem quais seriam os resultados de uma guerra cibernética. Este livro vai descrever por que a imprevisibilidade associada a uma guerra cibernética em grande escala pode realmente significar que tal conflito tem grandes chances de alterar o equilíbrio militar mundial e, assim, fundamentalmente alterar as relações políticas e econômicas, e vai propor como reduzir essa imprevisibilidade.

CAPÍTULO 2
Guerreiros Cibernéticos

Em um anúncio de televisão, um jovem de cabeça raspada, vestindo um macacão, caminha em um centro de comando escurecido enquanto conversa com subordinados iluminados pela luz esverdeada de suas telas de computador. Ouvimos sua voz no vídeo: "sistemas de controle de energia ... sistemas de abastecimento de água ... esse é o novo campo de batalha ... no futuro esse vai ser o principal domínio de combate na guerra ... este vai ser o lugar onde as grandes batalhas serão travadas". Em seguida, ele olha diretamente para a câmera e diz: "eu sou o Capitão Scott Hinck, e sou um Combatente da Força Aérea Cibernética". A tela escurece e, em seguida, três palavras aparecem: "Céu, Espaço, Ciberespaço". Então, quando o anúncio termina, vemos o símbolo alado com o nome do patrocinador, "Força Aérea dos Estados Unidos".

Agora sabemos como é um guerreiro cibernético. Pelo menos no caso de Scott, ele se parece muito com os oficiais militares que povoam a mais potente força militar do mundo: sérios, talentosos e adequados. Essa não é em nada a imagem que temos dos *hackers*, que os filmes retratam como rapazes desajeitados, cheios de acne, usando óculos de lentes grossas. Para atrair mais dessas pessoas com habilidades necessárias para entender como atuar em uma guerra cibernética, no entanto, a Força Aérea parece pensar que deve quebrar as regras. "Apesar de não conseguirem correr três milhas (cinco quilômetros) com um saco nas costas, eles podem desligar um sistema SCADA" (o sistema SCADA é o software que controla redes, como, por exemplo, de energia elétrica), pondera o Major-General William Lord, da Força Aérea. "Nós precisamos ter uma cultura em que eles possam se sentir engajados". Essa atitude progressista reflete o forte desejo da Força Aérea dos Estados Unidos de desempenhar o papel de liderança em uma guerra cibernética para o seu país. Assim, os Estados Unidos foram os primeiros a criar uma organização com o objetivo de combater neste novo domínio: Comando Cibernético da Força Aérea dos Estados Unidos.

2.1. A Luta pela Guerra Cibernética

Em outubro de 2009, quando as portas da multiforça militar se abriram, a articulação do Comando Cibernético dos Estados Unidos, a Marinha já havia seguido a Força Aérea na criação de sua própria unidade de guerra cibernética. Todas essas novas organizações e os grandes pronunciamentos deram a alguns a impressão de que os militares americanos estavam começando a se interessar pela guerra cibernética, que estavam atrasados neste assunto. Não foi bem assim: o Departamento de Defesa inventou a Internet, e a possibilidade de utilizá-la na guerra não foi subestimada, nem mesmo no começo de seus dias. Como destacado anteriormente no Capítulo 1, já na primeira Guerra do Golfo os guerreiros cibernéticos pioneiros tinham como plano de ação usar armas cibernéticas a fim de derrubar o sistema de defesa aérea do Iraque. Logo após a guerra, a Força Aérea construiu seu Centro de Guerra de Informações. Em 1995, a Universidade de Defesa Nacional formou sua primeira turma de oficiais treinados para conduzir campanhas de guerra cibernética.

Em 1990, alguns membros das Forças Armadas não entendiam completamente o que significava guerra cibernética e pensavam nela como "operações de informação" ou como "operações psicológicas" (utilização de propaganda para influenciar o resultado das guerras). Outros, particularmente aqueles no ramo da inteligência, estavam vendo a contínua expansão da Internet como a mina de ouro da espionagem eletrônica. Começou a ficar bem óbvio que, uma vez penetrando em uma rede para coleta de informações, algumas combinações de teclas poderiam derrubá-la. Como essa percepção cresceu entre os oficiais de inteligência eletrônica, eles tinham um dilema. Os "caras da inteligência" sabiam que, se dissessem aos "operadores" (as unidades de combate) que a Internet estava tornando possível um novo tipo de guerra, eles perderiam o controle do ciberespaço para os "guerreiros". Por outro lado, os guerreiros continuariam dependendo dos *geeks* da inteligência para fazer o que fosse no ciberespaço. Além disso, as oportunidades oferecidas no ciberespaço para causar danos significativos a um inimigo com relativa facilidade eram boas demais para se deixar passar. Lentamente, os guerreiros perceberam que os *geeks* estavam no caminho certo.

No momento em que George W. Bush estava começando seu segundo mandato, a importância da guerra cibernética para o Pentágono tornou-se evidente. Assim, a Força Aérea, a Marinha e as agências de inteligência se envolveram em uma luta amarga para ver quem iria controlar essa nova frente de guerra. Alguns defenderam a criação de um Comando Unificado, unindo todas as unidades dos três serviços sob uma única estrutura de integração. Já existiam Comandos Unificados para o transporte e para a guerra nuclear estratégica para cada uma das regiões do mundo. Quando, no início dos anos 80, pareceu que haveria um grande papel para os militares no espaço sideral, o Pentágono criou um Comando Unificado para o que era imaginado na época como um novo domínio de combate, um domínio que os EUA teriam que controlar. O Comando Espacial dos EUA durou de 1985 a 2002, época em que ficou claro que nem os EUA, nem qualquer outro governo, teria dinheiro suficiente para fazer muita coisa no espaço. Assim, o Comando Espacial foi transformado no Comando Estratégico (STRATCOM), operando forças nucleares estratégicas.

Ao STRATCOM, sediado em uma base de bombardeiros no Nebraska, também foi dada a responsabilidade sobre a Guerra Cibernética. A Força Aérea, no entanto, manteve em funcionamento suas atuais unidades de combate. A criação do Comando Cibernético da Força Aérea e o prestígio dado ao ciberespaço em seus anúncios de recrutamento abalaram muitos no Pentágono e nas outras Forças.

Alguns se mostraram preocupados pela Força Aérea estar falando muito abertamente sobre algo que eles acreditavam que deveria ser mantido em sigilo: a mera existência da capacidade de guerra cibernética. Ainda houve o Secretário Civil da Força Aérea (um vestígio dos tempos em que o Departamento de Defesa era fortemente civil) que declarou publicamente: "diga à nação que estamos na era da Guerra Cibernética". Existiam também aqueles malditos anúncios, como um que dizia em tom ameaçador que no futuro um apagão "poderá ser um ataque cibernético". Outro anúncio mostrava o Pentágono e alegava que ele fora "atacado" milhões de vezes por dia no ciberespaço, mas fora defendido com as habilidades de um sargento da Força Aérea em seu teclado. Havia ainda entrevistas persistentes e discursos de líderes da Força Aérea que soavam muito agressivos sobre suas intenções: "nossa missão é controlar o ciberespaço, tanto para ataque como para defesa", admitia o tenente-general Robert Elder. O Diretor da Força Tarefa de Operações no Ciberespaço da Força Aérea tinha sido igualmente sincero: "se você está apenas se defendendo no ciberespaço, você já está muito atrasado. Se você não domina o ciberespaço, não pode dominar outros domínios. Se você está em um país desenvolvido (e foi atacado no ciberespaço), sua vida pode parar repentinamente".

Em 2008, aqueles que não utilizavam uniformes azuis no Pentágono foram persuadidos sobre a importância da guerra cibernética, mas também estavam convencidos de que esta guerra não devia ser travada apenas pela Força Aérea. Inicialmente, foi acordada uma estrutura multiforças integrada, mas muitos estavam relutantes em "cometer o erro do Comando Espacial novamente". Eles não queriam criar um Comando Unificado para um modismo passageiro como tinha sido a guerra travada no espaço.

O acordo era que um Comando Cibernético multiforças seria criado, mas ficaria subordinado ao STRATCOM, pelo menos no papel. A Força Aérea teria que parar de classificar sua organização como comando; em vez disso teria que se contentar em ter uma "força aérea numerada" como sua unidade organizacional básica, assim como as frotas numeradas da Marinha. O acordo, em princípio, não resolveu todas as questões importantes que estavam impedindo um novo comando.

A comunidade de inteligência tinha o seu ponto de vista. Com a reorganização pós 11 de setembro, havia agora uma única pessoa responsável por todas as 18 agências de inteligência dos Estados Unidos. Em 2008, o responsável era Mike McConell. Em parte, ele se parecia muito com um homem de negócios que sabia o que tinha que ser feito, frequentemente presente nos corredores das instituições financeiras de Wall Street. Vindo do setor de inteligência da Booz Allen Hamilton, uma gigante global em consultoria, com uma fala mansa, ligeiramente curvado e usando óculos de lentes grossas, McConnell não tinha seguido o caminho tradicional para a liderança na Booz. Durante a maior parte de sua vida, tinha sido da inteligência da Marinha, aposentando-se como almirante três estrelas (vice-almirante), o homem responsável pela principal organização de inteligência eletrônica do mundo, a Agência de Segurança Nacional (NSA).

Em uma conversa com McConnell de forma não oficial sobre a NSA, ou com seu sucessor, o general Ken Minihan, da Força Aérea, é possível entender por que eles acreditam ser insensato ou até impossível recriar algumas de suas competêcias em outro lugar. Ambos falam com real reverência sobre as décadas de experiência e especialização da NSA, tendo que "fazer o impossível" quando se trata de espionagem eletrônica. O envolvimento da NSA com a Internet cresceu a partir de sua missão de interceptar sinais de rádio e chamadas telefônicas. A Internet era apenas mais um meio eletrônico. Quando o seu uso evoluiu, cresceu também o interesse das agências de inteligência por ela. Formado por doutores e engenheiros elétricos, a NSA silenciosamente se tornou o principal centro mundial de competência do ciberespaço.

Apesar de não ser autorizada a alterar dados ou se envolver em desligamentos e avarias, a NSA se infiltrou totalmente na infraestrutura da Internet fora dos Estados Unidos para espionar entidades estrangeiras. Quando McConnell deixou a NSA em 1996 e foi para a Booz Allen Hamilton, ele continuou com seu foco na Internet, trabalhando por mais de uma década com planejamento de segurança cibernética das principais empresas dos Estados Unidos. Voltando ao mercado da espionagem em 2007 como Diretor de Inteligência Nacional pela segunda vez, ele tentou reivindicar sua autoridade sobre todas as agências de inteligência dos Estados Unidos, incluindo a CIA. Ao fazer isso, a sua amizade de longa data com o diretor da CIA Mike Hayden ficou abalada. Hayden também havia sido diretor da NSA, ou, como eles diziam na comunidade de inteligência, DIRNSA (pronuncia-se "Dern-sah"). Hayden permaneceu como general quatro estrelas da ativa da Força Aérea a maior parte do tempo em que dirigiu a CIA.

Devido ao fato de ambos os Mikes (McConnell e Hayden) terem tido a experiência de digirir a NSA, eles concordavam em pelo menos uma coisa: qualquer novo Comando Cibernético não deveria tentar replicar as capacidades que a NSA levara décadas para desenvolver. Se nada fosse feito, eles, e muitos dos antigos alunos da NSA, acreditavam que ela acabaria por se tornar apenas o novo Comando Cibernético. Seus pontos de vista importavam para o Pentágono, uma vez que eles eram, ou tinham sido, altos oficiais militares, e eles realmente entendiam algo sobre o ciberespaço. Para combater a "tomada da NSA" pelo Comando Cibernético, alguns militares argumentaram que ela era, na verdade, uma organização civil, uma unidade de inteligência, e, portanto, não poderia legalmente lutar em guerras. Eles discutiram a legislação "Título 50 *versus* Título 10", referindo-se às partes do Código de Lei dos Estados Unidos que definiam as autoridades legais e as limitações dos vários departamentos e agências do governo. Tais leis podem, naturalmente, ser alteradas caso suas finalidades estejam ultrapassadas. No entanto, a questão de quem iria comandar as guerras cibernéticas norte-americanas logo se tornou uma batalha entre militares e advogados civis do governo.

Em qualquer outro acordo entre líderes, o resultado provavelmente teria sido decidido em favor dos militares e uma nova organização teria sido criada a partir do zero, replicando as habilidades dos *hackers* nas quais a NSA era mestre desde o passado. Em 2006, no entanto, o secretário da Defesa, Donald Rumsfeld, havia sido substituído após perda devastadora na eleição de meio de mandato, provocada em parte devido à má gestão da Guerra do Iraque. O substituto de Rumsfeld foi Robert Gates, presidente da Universidade A&M do Texas. Quando fora nomeado, eu já conhecia Bob há quase três décadas e esperava que ele fosse um Secretário de Defesa excepcional. Ele não era um homem do Pentágono, pois não tinha amadurecido sua carreira por lá, e nem era um novato na segurança nacional, na indústria ou na academia, que pudesse facilmente ser manipulado por mãos experientes do Pentágono. Bob tinha sido um oficial de carreira da CIA que trilhou seu caminho até ser diretor, com uma estadia no Conselho Nacional de Segurança da Casa Branca ao longo do caminho. Gates viu o debate sobre o Comando Cibernético sob a perspectiva da comunidade de inteligência e, o mais importante, a partir da perspectiva única de uma pessoa de alto escalão da Casa Branca. Quando você está trabalhando diretamente para quem quer que seja o presidente no momento, de repente você percebe que o interesse nacional supera as preocupações de qualquer burocracia da qual você possa ser proveniente. Gates tinha essa visão mais ampla e era um pragmático.

O resultado disso foi um compromisso para que o Diretor da NSA fosse tanto um general de quatro estrelas quanto o chefe do Comando Cibernético dos Estados Unidos. O Pentágono chamou esse emprego duplo de "dois chapéus". Pelo menos de agora em diante, o Comando Cibernético seria um "Comando Subunificado" ao abrigo da STRATCOM. Os recursos da NSA estariam disponíveis para apoiar o Comando Cibernético dos Estados Unidos, obviamente evitando a necessidade de reinventar várias rodas. A Força Aérea, a Marinha e o Exército continuariam a ter suas unidades de guerra cibernética, mas seriam controladas pelo Comando Cibernético dos Estados Unidos. Tecnicamente, seriam as unidades militares de combate que realmente se envolveriam em combate cibernético na guerra e não a NSA, que é uma agência de inteligência parcialmente civil.

Mesmo com a NSA tendo grande experiência em penetração de redes, de acordo com a lei dos Estados Unidos (Título 10), a agência está restrita a coleta de informações e é proibida de combater em guerras. Por isso, as pessoas que usarão o teclado para derrubar sistemas inimigos terão que ser militares nos termos do Título 50. Para ajudar o Comando Cibernético no seu papel de proteção às redes do Departamento de Defesa, o Pentágono também alocou seu próprio provedor de serviços de Internet (*Internet Service Provider* – ISP) em Fort Meade, Maryland, ao lado da NSA. O ISP do Pentágono é diferente de qualquer outro provedor, uma vez que opera duas das maiores redes do mundo. Conhecido como Agência de Sistemas de Informação da Defesa (*Defense Information Systems Agency* – DISA), é dirigido por um general de três estrelas. Assim, 92 anos após a sua abertura como uma base do Exército para abrigar centenas de cavalos, Fort Meade se tornou o centro americano das forças defensivas e ofensivas de guerra cibernética. Empreiteiros da área de defesa estão construindo escritórios nas proximidades, na esperança de partilhar alguns dos bilhões de dólares que serão canalizados para Fort Meade. Devido à proximidade com o câmpus militar, referido em Washington como "A Fortaleza", as Universidades da região de Maryland já são destinatárias de grandes bolsas de pesquisas.

Como resultado da decisão de se criar o Comando Cibernético dos Estados Unidos, o que era para ser o Comando Cibernético da Força Aérea virou a 24ª Força Aérea, com sede na Base Aérea de Lackland, Texas. Essa força aérea numerada não terá nenhuma aeronave e sua missão será fornecer "forças de combate treinadas e equipadas para conduzir constantes operações cibernéticas, totalmente integradas com as operações aéreas e espaciais". A 24ª Força Aérea terá controle sobre dois "esquadrões" existentes, o 688º Esquadrão de Operações de Informação, antigo Centro de Operações de Informação da Força Aérea, e o 67º Esquadrão de Guerra de Rede, bem como o controle de um novo esquadrão, o 689º Esquadrão de Comunicações de Combate. O 688º IOW, do inglês *Information Operations Wings*, agirá como o "centro de excelência" da Força Aérea em operações cibernéticas. Ele será o elemento prospectivo, com a missão de encontrar novos caminhos que criem vantagens para a Força Aérea dos Estados Unidos com o uso de armas cibernéticas.

O 67º Esquadrão terá a responsabilidade diária de defender as redes da Força Aérea e de atacar as redes inimigas. Somando todos, a 24ª Força Aérea terá entre seis mil e oito mil guerreiros cibernéticos militares e civis.

Se um dia a Força Aérea dos Estados Unidos receber a mesma ordem que um de seus anúncios sugeria ("a falta de energia é apenas um blecaute. Mas, no futuro, poderá ser um ataque cibernético"), a missão provavelmente será dada para o Esquadrão 67º. Seu lema, da era pré-cibernética, como uma unidade de reconhecimento aéreo, é *Lux Ex Tenebris* (Luz da Escuridão). Apesar do rebaixamento de seu comando, a Força Aérea perdeu muito pouco de seu entusiasmo pela guerra cibernética. No verão de 2009, o comandante da Força Aérea dos Estados Unidos, o General Norton Schwartz, declarou aos seus oficiais que "o ciberespaço é vital para a luta atual e para uma vantagem militar futura dos Estados Unidos, sendo intenção da Força Aérea dos Estados Unidos fornecer uma gama completa de recursos no ciberespaço. O ciberespaço é um domínio disputado, e a luta já está acontecendo hoje".

Para não ficar para trás, a Marinha dos Estados Unidos também se reorganizou. O Comandante de Operações Navais, almirante Gary Roughead, criou o cargo de Adjunto para Domínio da Informação. Não é apenas Roughead e seus marinheiros que pretendem obter tal domínio; os militares dos Estados Unidos, em geral, repetidamente caracterizam o ciberespaço como algo a ser dominado. É uma alusão ao modo como o Pentágono se referia à guerra nuclear nos anos 60. O historiador da estratégia nuclear, Lawrence Freedman, observou que William Kaufmann, Henry Kissinger e outros estrategistas reconheceram que na época existia a necessidade de "acalmar o espírito ofensivo, predominante no ambiente da Força Aérea… cuja retórica encorajava uma visão de guerra antiquada e perigosa". Esse mesmo tipo de retórica "durona" ainda é forte nos dias de hoje no ambiente de guerra cibernética da Força Aérea e, aparentemente, também na Marinha.

O almirante Roughead não apenas criou uma seção de Dominância no Estado--Maior da Marinha, como também um novo comando combatente. A 5ª Frota navega no Golfo Árabe, a 6ª Frota no Mediterrâneo e a 7ª no Mar da China. Para lutar na guerra cibernética, a Marinha dos Estados Unidos reativou a sua 10ª Frota. Originalmente essa era uma pequena organização, que, durante a Segunda Guerra Mundial, coordenava a guerra antissubmarinos no Atlântico e que foi dissolvida depois da vitória sobre a Alemanha em 1945. Tanto como agora, a 10ª Frota existia somente no papel, ou era "fantasma", pois não tinha navios. Era uma organização terrestre que cumpria uma necessária função de coordenação. Modesta em escopo e tamanho, a 10ª Frota serviu muito bem ao seu limitado propósito na Segunda Guerra Mundial com não mais que cinquenta oficiais de inteligência. Dessa vez, a Marinha tem planos muito mais ambiciosos para ela. O Comando Naval de Guerra de Redes (*Naval Network Warfare Command*) existente, conhecido como NETWARCOM, continuará com suas responsabilidades operacionais mas subordinado à 10ª Frota. Embora a Marinha não tenha feito um tipo de autopromoção pública de seus guerreiros cibernéticos como a Força Aérea o fez, eles insistem que possuem um corpo técnico tão habilidoso quanto os "garotos do ar". Talvez para provar essa afirmação, um oficial da Marinha me disse: "você sabe, a 10ª Frota pegou um vazamento bem feio dos Cardassians no 2374" comprovando então que a Marinha dos Estados Unidos atual, se não tiver tantos *geeks* quanto a Força Aérea, tem, pelo menos, *Trekkies* (uma referência aos fãs da série Star Trek).

De sua parte, os guerreiros cibernéticos do Exército, em sua maioria, estão contidos no Comando Tecnológico de Redes Corporativas, o 9º Comando de Comunicações no Forte Huachuca, Arizona. Membros dessa unidade são designados para comandos de comunicações localizados em todas as regiões geográficas do mundo. As unidades de guerra de rede que o Exército chama de unidades NetWar, sob o Comando de Segurança e Inteligência do Exército, são também designadas para apoiar operações de combate ao lado de unidades de inteligência tradicionais. Eles trabalham em estreita colaboração com a NSA para entregar informações de inteligência aos combatentes em terra no Iraque e no Afeganistão. O Centro Global de Segurança e Operações de Rede do Exército, conhecido pela estranha sigla A-GNOSC, gerencia a LandWarNet, que é como o Exército denomina a sua porção de redes do Departamento de Defesa.

Em julho de 2008, o Exército criou seu primeiro batalhão NetWar. O Exército não só parece a menos organizada das forças para lutar na guerra cibernética, como o é. Depois de tomada a decisão para criação do Comando Cibernético, o Secretário de Defesa determinou a elaboração de uma força-tarefa para rever a missão e a organização cibernética do Exército.

Enquanto a maioria das pessoas que acompanhou a discussão sobre a guerra cibernética no Pentágono pensava que a NSA tinha vencido a batalha, o ex-diretor da

NSA Ken Minihan não estava satisfeito, e isso me deixou pensativo. Ken é um amigo que conheço desde que assumiu a NSA, em 1996, como um general de três estrelas da Força Aérea. Ele acredita que a abordagem usada pela NSA e pelos militares dos Estados Unidos para operações cibernéticas precisava ser repensada. Em sua opinião, a Marinha está voltada apenas para as suas outras marinhas; a Força Aérea está focada na defesa aérea; o Exército está irremediavelmente perdido; e a NSA permanece em seu íntimo como uma agência de coleta de inteligência. "Nenhuma dessas entidades está suficientemente focada na contrainteligência estrangeira no ciberespaço, ou em conquistar uma infraestrutura crítica estrangeira que os Estados Unidos queiram derrubar sem precisar jogar bombas no próximo conflito". Ele acredita que o atual planejamento da guerra cibernética carece de um "processo de levantamento de requisitos", um sistema de planejamento em nível nacional, para que a NSA e as demais organizações trabalhem na mesma sintonia. "No momento estão todos focados em fazer o que bem entendem, e não o que um presidente possa precisar que eles sejam capazes de fazer".

Minihan e McConnell estão ambos preocupados que o Comando Cibernético dos Estados Unidos não possa defender o próprio país. "Toda a capacidade cibernética ofensiva que os EUA puderem reunir não importará se ninguém estiver defendendo a nação de um ataque cibernético", disse McConnell. A missão do Comando Cibernético é defender o Departamento de Defesa (DoD) e talvez alguns outros órgãos do governo, mas não há planos ou recursos para defender a infraestrutura civil. Os dois recentes ex-diretores da NSA acreditam que essa missão deve ser tratada pelo Departamento de Segurança Interna (DHS), como nos planos existentes; mas afirmam que atualmente nem o DHS nem o Pentágono possuem a capacidade de defender o ciberespaço corporativo que faz a maior parte do país funcionar. Como Minihan mencionou: "embora se chame Departamento de 'Defesa', se for convocado para defender a pátria dos EUA de um ataque cibernético realizado por uma potência estrangeira, o meio trilhão de dólares anuais de despesas do Departamento de Defesa seria inútil".

2.2. A Tentativa Secreta de uma Estratégia

A percepção dos militares norte-americanos sobre o tema ciberespaço é permeado pelo pensamento de que este é um "domínio" onde o combate acontece e o qual os EUA devem "dominar". A secreta Estratégia Militar Nacional para Operações Cibernéticas (parcialmente revelada, como resultado de um pedido com base na Lei de Liberdade de Informação) revela a atitude dos militares para com a guerra cibernética, em parte porque ela foi escrita como um documento a que nós, cidadãos, nunca deveríamos ter acesso. É assim que eles falam sobre isso nos bastidores do Pentágono. O que é surpreendente no documento não é apenas o reconhecimento de que a guerra cibernética é real, mas a maneira quase reverente em que é discutido como a base da capacidade de combate moderna. Devido ao fato de existir poucas oportunidades de ouvir dos militares dos EUA as estratégias de guerra cibernética, vale a pena compreender detalhadamente os esforços secretos de uma estratégia de guerra cibernética.

A assinatura do Secretário de Defesa na capa do documento declara que o objetivo é "assegurar que os militares dos EUA tenham a superioridade estratégica no ciberespaço". Tal superioridade é necessária para garantir a "liberdade de ação" para os militares americanos e para "negar o mesmo aos nossos adversários". Em busca da obtenção dessa superioridade, os EUA devem atacar, declara a estratégia. "São necessárias capacidades ofensivas no ciberespaço para ganhar e manter essa iniciativa".

Em uma leitura preliminar, a estratégia soa como uma declaração de missão com uma pitada de fanatismo. Em uma análise mais aprofundada, entretanto, a estratégia reflete uma compreensão de alguns dos principais problemas criados pela guerra cibernética. Sobre a geografia do ciberespaço, a estratégia reconhece implicitamente o problema da soberania ("a falta de fronteiras geopolíticas ... permite que ocorram operações em quase qualquer lugar"), bem como a presença de alvos civis ("o ciberespaço atravessa fronteiras geopolíticas ... e é firmemente integrado às operações de infraestrutura crítica e à atuação do comércio"). No entanto, não sugere que esses alvos civis devam ficar fora dos limites dos ataques norte-americanos. Quando se trata de defender alvos civis nos Estados Unidos, a estratégia passa a vez para o Departamento de Segurança Interna (DHS).

A necessidade de tomar a iniciativa, de atacar primeiro, em parte é determinada pelo fato de que as ações tomadas no ciberespaço se movem em um ritmo nunca antes visto em guerras ("o ciberespaço permite alto índice de manobra operacional... velocidades que se aproximam da velocidade da luz... oferecendo oportunidades aos comandantes de entregarem resultados em velocidades anteriormente inimagináveis"). Além disso, a estratégia observa que, se você não agir rápido, provavelmente não será mais capaz de agir, porque "um alvo previamente vulnerável pode ser substituído ou, sem aviso, pode haver novas defesas, tornando menos eficazes as operações no ciberespaço". Em suma, se você esperar que o outro lado o ataque no ciberespaço, você pode descobrir que, simultaneamente ao ataque, o adversário desativou as bombas-lógicas instaladas por você ou desconectou a rede-alvo vulnerável, à qual você esperava ter acesso. A estratégia não discute problemas relacionados a começar um ataque ou a pressão para fazê-lo.

A importância do ciberespaço e da guerra cibernética para os militares dos EUA é revelada na declaração da estratégia quando diz que "O Departamento de Defesa (DoD) irá realizar missões cinéticas para preservar a liberdade de ação e a vantagem estratégica no ciberespaço".

Traduzindo do "Pentagonês", essa afirmação significa que em vez dos ataques cibernéticos serem um mecanismo de apoio à guerra física, o Departamento de Defesa prevê a necessidade de bombardear coisas no mundo físico para se defender contra ataques cibernéticos, ou para redirecionar um inimigo às redes que os guerreiros cibernéticos americanos controlam.

O conceito estratégico da dissuasão também é discutido apenas na medida em que prevê um resultado final desejado onde "os adversários são dissuadidos de estabelecer ou empregar conteúdos ofensivos contra os interesses dos Estados Unidos no ciberespaço". Uma vez que de vinte a trinta nações já estabeleceram unidades cibernéticas ofensivas, nós aparentemente não os dissuadimos. No entanto, o modo de fazer com que essas nações parem de usar essa potencialidade contra nós é descrito como "induzir restrições ao adversário com base nas capacidades demonstradas". Não obstante, todo o segredo em torno de armas ofensivas de guerra cibernética dos Estados Unidos significa que não temos essas capacidades demonstradas. Então, pela lógica da estratégia militar dos EUA, não podemos induzir restrições ao adversário. A estratégia não sugere uma maneira de contornar esse dilema, apenas o reconhece. Assim, o que é chamado de estratégia militar para operações cibernéticas levanta alguns pontos-chave que devem ser abordados em uma estratégia, mas não fornece respostas. Na verdade não é uma estratégia, é mais um reconhecimento. Na medida em que fornece orientação, parece que argumenta a favor do início do combate no ciberespaço antes que o adversário o faça, porque, caso contrário, poderá colocar outros domínios americanos em risco.

Enterrada no documento há, no entanto, uma avaliação realista sobre os problemas que os Estados Unidos enfrentam na guerra cibernética: "personagens adversários podem tirar proveito da dependência dos Estados Unidos" pelo ciberespaço; e "a falta de um esforço significativo levará os Estados Unidos a não possuir mais a vantagem no ciberespaço" e os Estados Unidos irão "se arriscar em relação a seus adversários". Colocando de outra forma, a estratégia não percebe que outras nações podem ser capazes de causar danos cibernéticos em nós da mesma forma que nós a elas.

E realmente pode ser pior, pois os Estados Unidos dependem mais do ciberespaço, o que pode vir a beneficiar um atacante.

Se os Estados Unidos são tão vulneráveis, a quem eles são vulneráveis? Quem são os outros guerreiros cibernéticos?

2.3. Um Alerta do Kuwait

Pode ter sido a primeira Guerra do Golfo que convenceu os generais do Exército de Libertação Popular da China (PLA) de que eles precisavam ter uma vantagem especial, uma capacidade técnica assimétrica contra os Estados Unidos.

Foi a primeira guerra de verdade que os EUA lutaram desde o Vietnã. Nas décadas anteriores à Guerra do Golfo em 1990-91, os militares dos EUA estavam relativamente limitados no exterior, pela continuada presença da União Soviética e do seu arsenal nuclear. As invasões em Granada pelo presidente Reagan e no Panamá pelo primeiro presidente Bush tinham sido pequenos compromissos em solo próprio, e ainda assim não foram muito bem feitos. Nesses conflitos, as operações militares dos Estados Unidos ainda mostraram o tipo de disfunção e baixa coordenação que marcaram a fracassada Missão Desert One em 1979 no Irã, que ajudou a encerrar a presidência de Jimmy Carter. Depois veio a Missão Tempestade no Deserto. O presidente George H. W. Bush e seu gabinete montaram a maior coalizão desde a Segunda Guerra Mundial. Mais de trinta nações se uniram contra Saddam Hussein, reunindo mais de quatro mil aeronaves, 12 mil tanques e quase dois milhões de militares, tudo pago por doações do Japão, Alemanha, Kuwait e Arábia Saudita. A guerra marcou uma nova era nas relações internacionais, a ponto de o general Brent Scowcroft, Assessor de Segurança Nacional do presidente Bush, considerá-la uma "nova ordem mundial". Nela, a soberania de todas as nações seria respeitada e a missão das Nações Unidas seria finalmente cumprida, uma vez que a União Soviética não estava mais em posição de reprimir tais ações. A Tempestade no Deserto foi também o despertar de um novo tipo de guerra, dominada pelo computador e por outros dispositivos de alta tecnologia para o gerenciamento da logística e do fornecimento de informações quase em tempo real. A Associação de Comunicações e Eletrônica das Forças Armadas, um grupo da indústria americana, documentou dramaticamente e publicamente o quanto o uso de redes de computadores mudou a guerra em seu livro *Primeira Guerra da Informação*, de 1992.

Se o general Norman Schwarzkopf e os outros chefões militares não estavam prontos para usar armas cibernéticas com o intuito de derrubar a rede de defesa aérea iraquiana, eles estavam prontos para usar redes de computadores para atingir o inimigo. Os combatentes também amavam a nova geração de "armas inteligentes" que a tecnologia dos sistemas de informação tornou possível. Concebidas para substituir as bombas tradicionais que exigiam muitas missões e as muitas toneladas de munição lançadas para destruir um alvo, "as bombas inteligentes" foram projetadas para colocar uma bomba, e precisamente apenas uma, em cada alvo por vez. Elas iriam reduzir em muito o número de missões a serem voadas por um piloto e praticamente eliminariam as vítimas civis de danos colaterais.

Claro que as "armas inteligentes" de 1991 não eram tão inteligentes assim, e ainda não existiam muitas delas. No filme *Mera Coincidência*, de 1996, um agente político fictício chamado Conrad "Connie" Brean, interpretado por Robert De Niro, afirma que o famoso míssil que caiu em uma chaminé foi feito em um estúdio em Hollywood. "O que as pessoas se lembram sobre a Guerra do Golfo?", Brean pergunta. "Uma bomba caindo em uma chaminé. Deixe eu dizer uma coisa: eu estava presente e filmamos isso com um modelo de dez polegadas feito de Legos". O que o personagem de De Niro afirma não é verdade, mas as bombas inteligentes de 1991 foram superestimadas. Mesmo que o vídeo seja real, a mídia rigidamente controlada não percebeu que a maioria das bombas lançadas não era munição de precisão guiada a laser e satélites, mas, sim, bombas "burras", lançadas aos milhares por bombardeiros B-52.

As bombas inteligentes da época, além de poucas, não eram confiáveis, mas mostraram em que direção a guerra ia, provando aos chineses que eles estavam décadas atrasados.

Com o desenrolar da Tempestade no Deserto, os americanos assistiam vidrados em seus televisores os vídeos chuviscados de bombas sendo lançadas em chaminés. Eles comemoraram a proeza do renovado poder militar americano. O exército de Saddam Hussein foi o quarto maior do mundo. Seu arsenal de armas, em grande parte projetado e feito pela União Soviética, o mesmo arsenal da China, foi em grande parte destruído pelos ataques aéreos antes que pudesse ser usado. A guerra terrestre dos EUA durou cem horas, após 38 dias de ataques aéreos. Entre os que assistiram os vídeos pela televisão, estavam os líderes do exército chinês. O ex-diretor de Inteligência Nacional, almirante Mike McConnell, acredita que "os chineses ficaram em grande choque quando viram a ação da Tempestade no Deserto". Depois, eles provavelmente leram sobre a Primeira Guerra da Informação, percebendo o quão atrás eles realmente estavam. Logo, eles começaram a se referir à Guerra do Golfo como *zhongda biange*, "a grande transformação".

Por um período de vários anos, em meados da década de 1990, os chineses falaram abertamente, para um estado policial Comunista, sobre o que haviam aprendido com a Guerra do Golfo. Eles observaram que a sua estratégia seria derrotar os EUA por superioridade numérica, se uma guerra tivesse acontecido. Agora, eles concluíram que essa estratégia não funcionaria mais. Eles começaram a reduzir o tamanho de suas forças armadas e a investir em novas tecnologias. Uma dessas tecnologias foi a *wangluohua*, "networkization", para lidar com o "novo campo de batalha nos computadores". Surpreendentemente, o que eles falavam de forma pública parecia semelhante ao que os generais da Força Aérea dos Estados Unidos estavam afirmando. Através do jornal de seu exército, um especialista chinês descreveu que "o país inimigo pode receber um golpe paralisante por meio da Internet". Um coronel sênior, talvez pensando nos EUA e na China, declarou que "a força superior que perder o domínio da informação será esmagada, enquanto a inferior aproveitá-la será capaz de vencer".

O Major General Wang Pufeng, catedrático de estratégia na academia militar, escreveu abertamente sobre a meta de *zhixinxiquan*, o "domínio da informação", enquanto o Major General Dai Qingmin, do Estado Maior, afirmou que tal domínio só poderia ser alcançado com um ataque cibernético preventivo. Esses estrategistas criaram a "Rede Integrada de Guerra Eletrônica", algo semelhante ao modismo da Guerra Centrada a Redes que acontecia no Pentágono.

No final da década de 1990, os estrategistas chineses convergiram para a ideia de que a guerra cibernética poderia ser usada pela China para compensar suas deficiências qualitativas militares em relação aos Estados Unidos. O almirante McConnell acredita que "os chineses concluíram, com a experiência da Tempestade no Deserto, que sua contra-abordagem deveria ser desafiar o controle americano pelo campo de batalha por meio da construção de potências que derrubem nossos satélites e invadam nossas redes cibernéticas. Em nome da defesa da China neste novo mundo, os chineses sentem que precisam tirar essa vantagem dos EUA em caso de guerra".

Uma palavra recorrente nessas declarações chinesas era "assimetria", assim como a expressão "guerra assimétrica". Muito do que sabemos sobre a doutrina de guerra assimétrica da China está contida em um pequeno volume traduzido como *Guerra Irrestrita*. O livro, escrito por dois coronéis do alto escalão do exército chinês, foi publicado pela primeira vez em 1999. Ele fornece um modelo de como países mais fracos podem vencer o *status quo* das potências usando armas e táticas que estão fora do espectro tradicional militar. Os editores da tradução em inglês mais amplamente disponível veem o livro como um "plano mestre da China para destruir os EUA", subtítulo que os americanos adicionaram à capa na edição norte americana. E caso o leitor ainda não perceba a questão, a capa mostra o World Trade Center em chamas. A citação atrás do livro, feita por um lunático de extrema-direita, afirma que o livro "é uma evidência que liga a China ao 11 de setembro". Apesar da retórica de extrema-direita em torno da edição americana, o livro é um dos melhores meios para entender o pensamento militar chinês sobre a guerra cibernética.

O livro defende táticas que se tornaram conhecidas como *shashoujian*, a "clava do assassino", destinadas a tirar proveito de fraquezas criadas por um adversário com capacidade aparentemente superior. O objetivo da estratégia é "combater a batalha que se ajuste às armas" e "fazer armas que se ajustem à batalha". Propõe uma estratégia que ignora as regras tradicionais dos conflitos, incluindo, em seu extremo, a proibição de atacar civis. O livro também defende a manipulação da mídia estrangeira, a inundação dos países inimigos com drogas, o controle dos mercados de recursos naturais e se juntar a organizações de direito internacional com o intuito de manipulá-las a seu próprio favor. Para um livro escrito há uma década, há uma forte ênfase na guerra cibernética.

A possibilidade de utilização de guerra cibernética contra uma força superior não significa que a China tenha, de fato, a intenção de lutar contra os Estados Unidos, e sim que seus estrategistas militares reconhecem que uma guerra contra os Estados Unidos é uma possibilidade para qual eles devem se planejar. O governo chinês adotou a expressão "crescendo pacificamente" para descrever a projetada emergência do país como uma (senão **a**) superpotência global do século XXI. No entanto, o almirante Mike McConnell acredita que "os chineses estão explorando nossos sistemas para obter vantagens sobre informações, procurando características de sistemas de armas ou pesquisas acadêmicas sobre a física do plasma". O rápido crescimento econômico da China e sua dependência de recursos globais, bem como as disputas com seus vizinhos (Taiwan e Vietnã), provavelmente sugerem aos seus militares que eles precisam estar prontos para um possível conflito em algum momento no futuro. E eles estão se preparando.

Para o chefe dos militares americanos, o almirante Mike Mullen (Chefe do Estado Maior Conjunto), tudo parece apontar diretamente para os Estados Unidos. Em maio de 2009, em um discurso na Liga da Marinha, alegou que "a China está desenvolvendo capacidades focadas no ambiente marítimo, no ambiente marítimo e aéreo, e, de muitas maneiras, focadas em nós".

Ele continuou: "eles parecem muito focados na Marinha dos Estados Unidos e em nossas bases que estão naquela parte do mundo". A atualização do relatório anual do Gabinete do Secretário de Defesa sobre o "Poder Militar da República Popular da China" de 2009 corrobora essas alegações. Os chineses desenvolveram radares de longo alcance que ultrapassam a base aérea americana em Guam. Eles desenvolveram mísseis antinavios tão rápidos que nenhum dos nossos sistemas de defesa poderia interceptar. A China comprou um porta-aviões russo da classe Kuznetsov que atualmente está em processo de reforma em um estaleiro em Dalian. Em breve o país terá capacidade de construir seus novos porta-aviões e já foi colocado em prática um programa de treinamento para que seus pilotos sejam qualificados para operações desse porte. Os chineses têm mais de dois mil mísseis posicionados ao longo da costa de frente para Taiwan, e estão posicionando mais, com uma média de cem por ano. Eles estão perto de instalar um míssil com alcance de cinco mil quilômetros, o que daria a eles a capacidade de um ataque nuclear marítimo.

Tudo soa um pouco assustador, mas, com um olhar mais atento, você percebe evidências de que apenas modernização não é suficiente para combater a superioridade das forças dos EUA. O orçamento militar da China é apenas uma fração do orçamento norte-americano. Supostamente apenas setenta bilhões de dólares, o que é menos de um oitavo do orçamento do Pentágono antes de serem adicionados os custos das guerras no Afeganistão e no Iraque. Um grupo de ataque americano baseado em porta-aviões é uma das mais poderosas forças convencionais já montadas. É constituído por até uma dúzia de navios, incluindo cruzadores lançadores de mísseis, contratorpedeiros, fragatas, submarinos e navios de abastecimento. Um grupo de ataque baseado em porta-aviões pode cobrir mais de setecentas milhas náuticas (1.296,4 quilômetros) em um único dia, o que lhe permite estar em qualquer lugar do oceano dentro de duas semanas. A Marinha dos EUA possui 11 grupos de ataque. Para manter essa força atual, ela está construindo três porta-aviões de última geração da classe Ford, e o primeiro está planejado para ser lançado em 2015.

A avaliação anual do Pentágono sobre o "Poder Militar da República Popular da China" para 2009 estimava que o ex-porta-aviões russo não estaria operacional antes de 2015.

A visão consensual na comunidade de inteligência dos EUA é de que a China está, no mínimo, uma década atrás no que se refere ao ato de mobilizar forças modernas de combate, sendo capaz de derrotar de forma convincente apenas um inimigo de tamanho moderado, como o Vietnã. Após 2015, e só então, a China será capaz de projetar um poder significativamente maior fora de suas costas, e em casos limitados e contra adversários menos capazes que os EUA. Pelo menos isso.

A menos que... eles consigam progredir usando guerra cibernética contra equipamentos militares, tais como porta-aviões americanos. Os chineses sempre se impressionaram com os porta-aviões americanos, mas essa atenção aumentou em 1996, quando o presidente Bill Clinton enviou dois grupos de ataque para proteger Taiwan. Esse fato ocorreu, particularmente, durante a não muito agradável troca de acusações entre Pequim e Taipé. Então, os militares chineses seguiram sua nova estratégia e desenvolveram um "roteiro virtual" de como derrubar um grupo de ataque baseado em porta-aviões no estudo intitulado "Enlace de Dados Táticos na Guerra da Informação". Esse documento não confidencial, escrito por dois oficiais da Força Aérea

Chinesa, baseia-se em um material aberto que pode ser baixado em sua maioria pela web e ilustra como os sistemas de informação nos quais os militares dos EUA tanto confiam podem ser corrompidos ou interrompidos usando meios tecnológicos de baixo custo.

Esses são os tipos de táticas que a estratégia da "Guerra Irrestrita" articula. O livro fala favoravelmente sobre um programa de roubo de tecnologia de um inimigo potencial, sobre encontrar falhas para serem exploradas e sobre desenvolver sua própria versão como parte do programa para criação de uma força menor e mais moderna. Não esquecida pelos estrategistas militares chineses está a habilidade das armas cibernéticas de contornar completamente o campo de batalha. Em caso de guerra, a China tem se preparado para causar danos na casa do inimigo, mas não com armas convencionais, e sim de forma assimétrica, por meio de ataques cibernéticos. Os dois caminhos só fazem sentido juntos. Mesmo com a significativa modernização de seus equipamentos, a China não irá se igualar aos militares dos EUA por muitas décadas. No entanto, se for usar táticas assimétricas como a guerra cibernética, acredita-se que as novas e modernas forças chinesas seriam suficientemente avançadas para vencer as forças americanas, mutiladas pelo ataque cibernético chinês.

Recentemente, planejadores do Pentágono descreveram como ficaram alarmados no artigo da *Orbis* intitulado "Como os Estados Unidos perderam a Guerra Naval de 2015". Nele, James Kraska retrata um cenário realista de como em um futuro próximo a China poderia vencer a Marinha dos Estados Unidos.

2.4. O Oriente é *Geek*

Pelo que sabemos das capacidades de guerra cibernética da China e das campanhas de espionagem que tem realizado, essa abordagem em duas vertentes é exatamente o que os chineses estão fazendo. Desde o final dos anos 90, a China tem feito sistematicamente todas as coisas que uma nação faria para ter uma capacidade ofensiva de guerra cibernética, tornando-se também um possível alvo. Ela criou:

- grupos de cidadãos *hackers*;
- uma extensa espionagem cibernética, incluindo software e hardware de computadores dos EUA;
- várias medidas para defender o seu próprio ciberespaço;
- unidades militares de guerra cibernética; e
- um cerco à infraestrutura dos EUA com bombas-lógicas.

No desenvolvimento de sua estratégia cibernética, a China também fez uso de *hackers* privados alinhados com os interesses do estado. A Comissão EUA-China para Segurança e Economia estima que existam pelo menos 250 grupos de *hackers* chineses sofisticados o suficiente para representar uma ameaça aos interesses dos EUA no ciberespaço. Nós vimos alguns de seus feitos em 1999, quando os Estados Unidos lideraram a campanha aérea da OTAN para parar o ataque das forças sérvias à Kosovo. Os EUA tinham praticamente aperfeiçoado suas armas inteligentes e as usaram para eliminar o aparato militar da era soviética dos sérvios sem a perda de vidas americanas (um avião de guerra dos EUA caiu devido a uma falha mecânica).

Infelizmente, armas inteligentes não podem compensar uma inteligência ruim. Seis bombas lançadas de aviões dos EUA atingiram precisamente as coordenadas fornecidas pelos planejadores de missão da CIA. O alvo deveria ser a Diretoria Federal Iugoslava para Suprimento e Compras, uma agência de planejamento dos militares sérvios. As coordenadas, no entanto, estavam cerca de novecentos metros defasadas, exatamente sobre a embaixada chinesa.

Os chineses fizeram protestos diante das embaixadas e consulados dos Estados Unidos, emitiram declarações condenatórias no âmbito da ONU e de outros organismos internacionais, e exigiram uma compensação para as famílias e vítimas chinesas. Após o bombardeio da embaixada, as páginas web dos Estados Unidos e da OTAN foram alvos de ataques de negação de serviço (*Denial of Service* – DoS). Agências governamentais tiveram suas caixas postais cheias de mensagens de spam protestando contra o bombardeio. Algumas páginas da OTAN foram derrubadas, enquanto outras foram desconfiguradas. Os ataques fizeram poucos danos às operações militares ou ao governo dos Estados Unidos. O esforço somado foi um pouco mais daquilo que chamamos hoje de "hacktivismo", uma forma bastante branda de protesto *on-line*. No entanto, foi a primeira utilização do ciberespaço por parte da China como meio de protesto. Hacktivistas chineses fizeram o mesmo novamente em 2001, quando um "avião espião" dos Estados Unidos supostamente entrou no espaço aéreo chinês e foi forçado por caças chineses a pousar na China. No entanto, ao mesmo tempo em que esses cidadãos *hackers* chineses estavam lançando ataques primitivos de negação de serviço e spam, a indústria de inteligência chinesa também estava trabalhando na questão.

O governo chinês foi atrás das duas bases de domínio em tecnologia de redes da indústria de computadores dos Estados Unidos, a Microsoft e a Cisco. Ameaçado pela proibição de compra de produtos da Microsoft por entidades governamentais chinesas, Pequim persuadiu Bill Gates a fornecer à China uma cópia do código secreto do seu sistema operacional. A própria Microsoft se recusou a mostrar esse mesmo código para seus maiores clientes comerciais nos Estados Unidos. A China também clonou roteadores de rede da Cisco encontrados em quase todas as redes dos Estados Unidos e na maioria dos provedores de serviços de Internet.

A Cisco tinha uma fábrica de roteadores na China. Empresas chinesas então venderam para todo o mundo, com altas taxas de desconto, roteadores Cisco falsificados. Dentre os compradores supostamente estavam o Pentágono e outros órgãos do governo federal americano. Esses roteadores falsificados começaram a aparecer no mercado em 2004. Três anos mais tarde, o FBI e o Departamento de Justiça indiciaram dois irmãos, donos de uma empresa chamada Syren Technology, pela venda de roteadores falsificados para uma lista de clientes que incluía o Corpo de Fuzileiros Navais, a Força Aérea e várias empresas de defesa. Um relatório de cinquenta páginas, de autoria do FBI, circulou pela indústria de tecnologia, concluindo que os roteadores poderiam ter sido usados por agências de inteligência estrangeiras para derrubar redes e "enfraquecer sistemas criptográficos". Enquanto isso, outra empresa chinesa, a Huawei, vendia roteadores semelhantes na Europa e Ásia. A principal diferença é que, ao contrário dos falsificados, esses roteadores não tinham a marca Cisco no painel, e sim a marca Huawei.

Com conhecimento profundo das falhas de software e hardware da Microsoft e da Cisco, os *hackers* da China poderiam interromper a operação da maioria das redes. Mas os chineses não estariam também vulneráveis? Sim, caso utilizassem os mesmos produtos Microsoft e Cisco que usamos. Como parte do acordo com a Microsoft, os chineses modificaram a versão do Windows vendida em seu país, introduzindo um componente de segurança com sua própria criptografia. Subindo suas apostas, eles também desenvolveram seu próprio sistema operacional, chamado Kylin, baseado no estável sistema de código aberto conhecido como FreeBSD. O Kylin foi aprovado pelo Exército de Libertação Popular para utilização em seus sistemas. A China alega que também desenvolveu seu próprio microprocessador seguro para uso em servidores e roteadores Huawei. O governo chinês está tentando instalar o software *Green Dam Youth Escort* em todos os seus computadores, defendendo a intenção de rastrear pornografia infantil e outros materiais proibidos. Caso isso funcione e se espalhe por todos os seus sistemas, o *Green Dam* poderia também fazer varreduras à procura de código malicioso instalado por estados inimigos.

Além do *Green Dam*, há o sistema que os americanos chamam de Grande *Firewall* da China. Sem ser realmente um *firewall*, sistemas governamentais varrem o tráfego dos Provedores de Serviço da Internet à procura de materiais subversivos, tais como a Declaração Universal de Direitos Humanos. O sistema utiliza uma técnica chamada "DNS *Hijacking*", que consiste em direcioná-lo para um site do governo chinês clonado do original, se você tentar acessar a partir da China um site de uma organização evangélica cristã, por exemplo. Ele também tem a habilidade de desconectar todas as redes chinesas da Internet global, algo que seria muito útil no caso de se imaginar que os Estados Unidos estariam prestes a lançar um ataque cibernético contra você. James Mulvenon, um dos maiores peritos sobre as capacidades da China na guerra cibernética, afirmou que, juntos, o Green Dam, o Grande *Firewall*, e outros sistemas representam "um significativo investimento das autoridades chinesas para aperfeiçoar o bloqueio, a filtragem e o monitoramento" de seu próprio ciberespaço.

Em 2003, a China anunciou a criação de unidades de guerra cibernética. Situados na base naval da ilha de Hainan estão o Terceiro Departamento Técnico da PLA e as Instalações de Inteligência de Sinais de Lingshui. De acordo com o Pentágono, essas unidades são responsáveis pelo ataque e pela defesa do ciberespaço, e projetaram armas cibernéticas nunca vistas antes, para as quais não existem defesas projetadas. Em uma publicação, os chineses listaram dez exemplos de tais armas e técnicas:

- instalação de minas de informação;
- realização de reconhecimento de informações;
- alteração de dados de rede;
- lançamento de bombas de informação;
- lançamento de informações lixo;
- aplicação de dissimulação de informações;
- divulgação de informações clonadas;
- organização de defesa da informação; e
- estabelecimento de estações de redes espiãs.

A China estabeleceu duas "estações de espionagem de rede", não muito longe dos Estados Unidos, em Cuba. Com a permissão do governo de Castro, os militares chineses criaram um mecanismo para monitorar o tráfego de Internet dos Estados Unidos e outro para monitorar as comunicações do DoD. Quase ao mesmo tempo em que a China anunciava a criação de suas unidades de guerra cibernética, os Estados Unidos experimentavam um dos seus piores episódios de espionagem cibernética até a presente data. Conhecido como *Titan Rain*, codinome que os Estados Unidos deram ao caso, o incidente envolveu uma extração estimada entre dez e vinte terabytes de dados da rede do Pentágono. Os *hackers* também atacaram a empresa de defesa Lockheed Martin e outras instalações militares e, por razões difíceis de entender, o Banco Mundial. Vulnerabilidades no Pentágono e nas outras redes foram sistematicamente identificadas e, em seguida, exploradas para a extração de informações por servidores localizados na Coreia do Sul e em Hong Kong. Os investigadores rastrearam o fluxo a partir desses servidores intermediários até um servidor final em Guangdong, China. O Major General William Lord da Força Aérea dos EUA atribuiu direta e publicamente os ataques não aos hacktivistas chineses, mas sim ao governo chinês.

Em 2007, o governo chinês parecia estar envolvido em uma ampla série de invasões de redes norte-americanas e europeias, copiando e exportando com êxito grandes volumes de dados. O diretor do MI5, serviço de inteligência doméstica britânico, Jonathan Evans, enviou cartas às trezentas maiores empresas do Reino Unido, alertando-as de que suas redes provavelmente tinham sido invadidas pelo governo chinês. Na Alemanha, Hans Remberg, em cargo similar a Evans, também acusou o governo de Pequim de invadir o computador da chanceler alemã, Angela Merkel.

A espionagem por computador também foi atrás de um americano de alto escalão, que invadiu o computador do secretário de Defesa, Robert Gates. Depois, durante sua visita a Pequim, operadores chineses copiaram informações do laptop do Secretário de Comércio dos EUA, Carlos Gutierrez. Em seguida, tentaram usar essas informações para obter acesso a computadores do Departamento de Comércio. Sobre os chineses, o Subsecretário Adjunto de Gates, Robert Lawless, admitiu que eles possuem "uma capacidade muito sofisticada para atacar e degradar nossos sistemas e computadores... para desligar nossos sistemas críticos. Eles veem isso como um componente importante da sua capacidade de guerra assimétrica".

Em 2009, pesquisadores canadenses descobriram um programa de computador altamente sofisticado, que eles apelidaram de *GhostNet*. Este programa havia invadido aproximadamente 1.300 computadores em embaixadas de vários países ao redor do mundo e tinha a capacidade de ligar remotamente a câmera e o microfone de um computador sem alertar o usuário, enviando imagens e sons para servidores na China. Os principais alvos do programa eram escritórios relacionados a organizações não governamentais que trabalhavam com questões tibetanas. A operação durou 22 meses até ser descoberta. No mesmo ano, a inteligência dos EUA deixou vazar para a imprensa que *hackers* chineses tinham invadido a rede elétrica do país e instalado ferramentas que poderiam ser usadas para derrubar a rede.

A extensão das invasões de *hackers* do governo chinês contra indústrias e centros de pesquisa americanos, europeus e japoneses não tem precedentes na história da espionagem. Exabytes de dados foram copiados de universidades, laboratórios industriais e instalações de governo. Segredos desde fórmulas farmacêuticas a projetos de bioengenharia, nanotecnologia, sistemas de armas e produtos industriais de uso diário foram tomados pelo Exército Popular de Libertação e por grupos de *hackers* privados e enviados à "China, Inc".

No incidente que veio a público mais recentemente, o Google revelou a descoberta de uma campanha altamente sofisticada visando tanto a propriedade intelectual da sua companhia quanto contas de e-mail de líderes do movimento dissidente chinês.

Os *hackers* usaram técnicas avançadas de *spear-phishing* para enganar altos executivos do Google. No momento da visita a um site da Internet, o código malicioso era automaticamente baixado para seus computadores, o que liberava acesso de *root* aos *hackers*. Enquanto a maioria dos golpes tipo *phishing* possui um amplo escopo de ataque e tenta enganar apenas algumas pessoas sem conhecimento suficiente da tecnologia da Internet para abrir e-mails como o *scam* nigeriano, o *spear-phishing* visa especificamente um indivíduo, descobrindo seu grupo de amigos no Facebook ou no LinkedIn para, em seguida, criar uma mensagem como se fosse de alguém confiável. Se você fosse um cientista sênior do Google, poderia ter recebido um e-mail com um link para um site que pareceria ser de um colega. A mensagem poderia dizer: "ei, Chuck, eu acho que essa história te interessa ...". E, em seguida, a mensagem forneceria um link para um site bastante inócuo. Quando o alvo clicasse neste link e visitasse o site, os *hackers* utilizariam falhas de *zero-day* do Internet Explorer, que na época não eram de conhecimento público e ainda não haviam sido corrigidas. Assim, o código malicioso era carregado sem a percepção do usuário, de tal forma que nenhum software antivírus ou outra medida de proteção pudesse detectá-lo. O código malicioso criava uma porta dos fundos no computador para que os *hackers* tivessem acesso. A partir desse computador comprometido, percorriam a rede corporativa até chegar aos servidores que possuíam o código-fonte, que é a joia da coroa em uma empresa de software.

Quando os cientistas do Google descobriram o que estava acontecendo, em meados de dezembro, conseguiram rastrear a invasão até um servidor em Taiwan, onde encontraram cópias de suas informações proprietárias e de pelo menos mais vinte outras empresas, incluindo Adobe, Dow Chemical e a empresa de defesa Northrop Grumman. De lá, rastrearam os ataques até a China Continental e levaram o caso ao FBI, fazendo o anúncio público do ataque e dos planos para sair do mercado chinês em meados de janeiro.

Entretanto, alguns sugerem que a guerra com a China é, em qualquer caso, improvável. A dependência da China dos mercados dos Estados Unidos para seus produtos manufaturados e os trilhões que o país tem investido em títulos do Tesouro americano significam que a China teria muito a perder com uma guerra. Um oficial do Pentágono relatou, sob a condição do anonimato, não ter tanta certeza. Ele ressalta que a crise econômica dos EUA tem tido um efeito secundário na China, colocando milhões de trabalhadores de fábricas chinesas na rua. O governo chinês não tem demonstrado o tipo de preocupação que se espera no Ocidente e não está, aparentemente, preocupado com qualquer diminuição de sua influência sobre o povo chinês. O exemplo do oficial do Pentágono evidencia que a China pode estar tendo seus percalços econômicos e pode travar uma guerra se perceber que os ganhos são suficientemente altos.

Quais seriam esses ganhos? A resposta trivial frequentemente ouvida é que a China pode se ver forçada a frear um movimento pela independência de Taiwan. No entanto, quando importantes analistas pesam as perspectivas de um conflito aberto contra a China, eles o veem sobre as águas abertas do Mar do Sul da China. As ilhas Spratly não são exatamente um destino turístico e nem são exatamente ilhas. Caso os recifes, bancos de areia e rochas no Mar do Sul da China estivessem juntos, equivaleriam a menos de duas milhas quadradas (5,2 quilômetros quadrados) de terra, espalhada por mais de 150 mil milhas quadradas (388.500 quilômetros quadrados) de oceano. Não é por causa das ilhas que China, Vietnã, Taiwan, Malásia, Filipinas e Brunei estão brigando, e sim pelo o que está abaixo e ao redor delas. Os recifes têm alguns dos maiores estoques remanescentes de peixes do mundo, um recurso que não deve ser desprezado pelas famintas nações em crescimento que reivindicam suas águas. As ilhas também estão na crítica rota comercial que liga o Oceano Índico às nações do Pacífico, por meio da qual a grande maioria do petróleo do mundo sai do Oriente Médio. Além disso, há petróleo e gás nas ilhas Spratly. Estima-se que campos não explorados possuem mais gás natural do que o Kuwait, que atualmente abriga a quarta maior reserva do mundo. Isso poderia abastecer a economia de alguns países para as próximas décadas.

Os campos de petróleo das ilhas já estão bem desenvolvidos, com plataformas de várias nações fazendo a extração de um mesmo reservatório frequentemente.

Se a China decidir testar seu recém-desenvolvido poder militar, pode muito bem fazê-lo na tentativa de arrancar essas ilhas de seus vizinhos, cenário a ser explorado no exercício ao final do livro. Se a China realmente tomar as ilhas, os Estados Unidos poderiam, embora relutantemente, ser obrigados a dar uma resposta. Os Estados Unidos têm firmado garantias de segurança tanto com as Filipinas quanto com Taiwan. A Chevron tem ajudado o Vietnã a desenvolver os campos de petróleo marítimos reivindicados por ele.

Alternativamente, os Estados Unidos podem ser dissuadidos de intervir contra a China na orla do Pacífico se os custos forem proibitivos ou prejudiciais para eles. De acordo com o secretário de Defesa, Robert Gates, ataques cibernéticos "poderiam ameaçar o principal meio de os Estados Unidos projetarem seu poder e ajudarem seus aliados no Pacífico". Isso é o suficiente para impedir um confronto entre os Estados Unidos e a China? Se o poder da China de minar a capacidade de projeção de força dos Estados Unidos não for suficiente para impedi-los, talvez a percepção americana das vulnerabilidades domésticas a ataques cibernéticos seja. A suposta disposição de bombas-lógicas em nossa rede elétrica pode ter sido feita propositalmente de maneira que notássemos. Um ex-funcionário do governo manifestou sua suspeita sobre a intenção dos chineses de que os americanos soubessem que, se interviessem em um conflito entre a China e Taiwan, a rede elétrica dos Estados Unidos provavelmente entraria em colapso. "Eles querem impedir os Estados Unidos de se envolver militarmente dentro de sua esfera de influência".

O problema, entretanto, é que a dissuasão só funciona se o outro lado estiver prestando atenção. Os líderes dos EUA podem não ter atentado, ou compreendido totalmente, o que Pequim estava tentando dizer. Os EUA têm feito pouco ou nada para corrigir as vulnerabilidades de sua rede elétrica ou de outras redes civis.

2.5. Os Outros

Eu me concentrei na China porque seu desenvolvimento na guerra cibernética foi, curiosamente, com alguma transparência. No entanto, as autoridades de inteligência dos EUA não classificavam a China como a maior ameaça para os EUA no ciberespaço. Um deles disse: "os russos são definitivamente melhores, quase tão bons quanto nós". Parece haver um consenso de que a China recebe mais atenção devido ao fato de, intencionalmente ou não, ter muitas vezes deixado "rastros de migalhas de pão" que podem ser seguidos até a Praça da Paz Celestial.

Os *hackers* não governamentais russos, incluindo as grandes empresas cibernéticas criminosas, como demonstrado no Capítulo 1 sobre os ataques na Estônia e na Geórgia, são uma força real no ciberespaço. Geralmente se imagina que os hacktivistas e criminosos russos são autorizados pelo que costumava ser chamado de Diretório XVI, uma parte do abominável aparelho de inteligência soviético conhecido como KGB, a atual FAPSI. Poucos agentes da inteligência americana recordam de que o acrônimo FAPSI significa Comissão Federal de Informações e Comunicações Governamentais – a grande maioria a conhece como a "NSA de Moscou".

Assim como a NSA nos Estados Unidos, a FAPSI começou a desenvolver e a quebrar códigos, a interceptar ondas de rádio e a realizar escutas telefônicas. Assim que a Internet surgiu, no entanto, a FAPSI estava lá, assumindo o maior provedor de serviços de Internet da Rússia. Depois, exigiu que todos os provedores russos de acesso à Internet instalassem sistemas de monitoramento aos quais apenas a FAPSI teria acesso. Claro que, durante o surgimento da Internet, a União Soviética acabou e, em tese, a KGB e a FAPSI também. Na verdade, essas organizações simplesmente colocaram novos nomes em suas sedes. Depois de várias mudanças, em 2003 a FAPSI se tornou o Serviço de Comunicações e Informações Especiais. Nem todos os seus edifícios estão em Moscou. No sul da cidade de Voronezh, a FAPSI, como muitos russos ainda a chamam, mantém o que pode ser a maior e certamente uma das melhores escolas de *hackers* do mundo. Atualmente, é claro, eles provavelmente estão se chamando de guerreiros cibernéticos.

Outras nações conhecidas por terem unidades de guerra cibernética qualificadas são Israel e França. As autoridades de inteligência dos Estados Unidos sugerem que há de vinte a trinta forças armadas com respeitável capacidade de guerra cibernética, incluindo as de Taiwan, Irã, Austrália, Coreia do Sul, Índia, Paquistão e outros membros da OTAN. "A grande maioria dos países industrializados no mundo atual tem capacidade para cibertaques", disse o almirante Mike McConnell, ex-diretor da Inteligência Nacional.

2.6. Quando os Guerreiros Cibernéticos Atacam

Nesse momento você já deve estar acreditando que existem guerreiros cibernéticos; contudo, o que eles podem realmente fazer além de bloquear páginas da Internet? Obviamente, nós ainda não tivemos uma guerra cibernética em grande escala, mas temos uma boa ideia de como ela seria se estivéssemos em uma. Imagine que um dia, em um futuro próximo, você seja o Assistente Presidencial para a Segurança Interna e receba um telefonema da Sala de Situação da Casa Branca às oito da noite, na hora em que está se preparando para sair do escritório. A NSA emite uma mensagem "CRÍTICA", um alerta raro indicando que algo importante acaba de acontecer. A mensagem de apenas uma linha diz: "movimento em grande escala de vários tipos de *malware zero-day* se propagando pela Internet nos Estados Unidos, afetando a infraestrutura crítica". O funcionário mais graduado de plantão na Sala de Situação sugere que você desça e o ajude a descobrir o que está acontecendo. No momento em que você entra na Sala de Situação, o diretor da Agência de Sistemas de Informação da Defesa (DISA) está esperando a sua ligação, via linha segura. Ele já informou ao

Secretário de Defesa, que sugeriu que ligasse para você. A rede não confidencial do Departamento de Defesa, conhecida como o NIPRNET, está entrando em colapso. Em toda a rede, os grandes roteadores estão falhando e reiniciando constantemente, e o seu tráfego está essencialmente parado.

Enquanto ele diz isso, você ouve alguém tentando chamar a sua atenção. Quando o general volta à linha, ele diz em voz baixa e sem se comover: "agora está acontecendo também na SIPRNET e na JWICS". Ou seja, as redes confidencias do DoD também estão sendo paralisadas.

Do outro lado do rio, no Pentágono, sem saber o que está acontecendo, o subsecretário de Segurança Interna liga para a Casa Branca querendo falar com você urgentemente. A FEMA, a Agência Federal para Gerenciamento de Emergências, diz que dois de seus escritórios regionais, um na Filadélfia e o outro em Denton, no Texas, relataram grandes incêndios e explosões de refinarias na Filadélfia e em Houston, e nuvens letais de gás de cloro estão sendo liberadas a partir de várias fábricas de produtos químicos, em Nova Jersey e Delaware. Ele acrescenta que em Pittsburgh a Equipe de Emergência e Resposta de Computadores dos Estados Unidos está sendo inundada com relatos de falhas em sistemas, mas que ele ainda não teve tempo para obter detalhes.

Antes que você pergunte ao funcionário mais graduado de plantão onde o presidente está, outro funcionário lhe passa um telefonema da vice-secretária de Transportes, indagando: "será que estamos sob ataque?". Ela conta que o Centro Nacional de Controle de Tráfego Aéreo da Administração Federal de Aviação (FAA) em Herndon, Virgínia, sofreu um colapso total em seus sistemas. O centro alternativo de Leesburg está em estado de pânico porque ele e vários centros regionais não podem visualizar a que altura estão as aeronaves, e estão tentando identificar e separar centenas de aviões manualmente. Brickyard, o Centro de Indianápolis, já relatou uma colisão aérea de dois aviões 737. Ela explica: "eu pensei que era apenas uma crise na FAA, mas, em seguida, destroços de trens começaram a aparecer...". A Administração Federal de Ferrovias comunicou grandes descarrilamentos de vagões em Long Beach, Norfolk, Chicago e Kansas City.

Olhando para o quadro de *status* a fim de localizar o Presidente, você vê apenas "Washington-OTR", ou seja, ele está "off the record", em atividades pessoais ou fora da Casa Branca.

Adivinhando o seu pensamento, o funcionário mais graduado de plantão conta que o presidente levou a primeira-dama a um novo restaurante em Georgetown. Uma voz ofegante diz: "então coloque-me em contato com o chefe do Serviço Secreto". É o Secretário do Tesouro, que está em seu escritório no prédio vizinho à Casa Branca. "O presidente do Fed[3] acabou de ligar. Seus centros de dados e *backups* sofreram uma grande catástrofe. Eles perderam todos os dados. Os centros de dados do DTCC e SIAC também estão sendo afetados e, por isso, desligados". Ele explica que essas iniciais representam importantes centros de informações financeiras de Nova Iorque. "Ninguém vai saber quem é dono do quê. Todo o sistema financeiro vai derreter pela manhã".

No mesmo instante em que ele diz isso, seus olhos são atraídos para uma tela de televisão relatando um descarrilamento no metrô de Washington em um túnel sob o rio Potomac. Outra tela mostra furiosas chamas nos subúrbios de Virgínia, onde um grande gasoduto explodiu. Então há um tremer de luzes na Sala de Situação que, em seguida, se apagam. Holofotes de emergência se acendem, fundindo luzes e sombras pela sala. Os televisores de tela plana e os monitores de computador se apagam. As luzes piscam novamente e a energia volta. Escuta-se um alto zumbido a distância. "É o gerador de reserva, senhor" diz o funcionário de plantão. Seu ajudante novamente lhe entrega um telefone seguro e murmura palavras que você não gostaria de ouvir: "É o POTUS para você".

O presidente está na "Besta", veículo blindado de grande porte que se assemelha a um Cadillac potencializado, no caminho de volta do restaurante. O Serviço Secreto o procurou assim que houve o apagão, mas tiveram grandes dificuldades devido ao congestionamento. Graças aos semáforos apagados, as ruas de Washington estão cheias de carros parados. POTUS quer saber se é verdade o que o agente do Serviço Secreto lhe contou: o apagão está atingindo toda a metade leste do país. "Não! Espere... o quê? Agora eles estão me dizendo que onde o vice-presidente está também se encontra sem energia. Ele não está em São Francisco hoje? Que horas são lá?".

Você olha para o seu relógio. Agora são 20:15. Em quinze minutos, 157 grandes áreas metropolitanas foram paralisadas por um apagão de energia em nível nacional que aconteceu na hora do *rush*. Nuvens venenosas de gás estão indo em direção a Wilmington e Houston. Em várias cidades, refinarias estão queimando seus suprimentos de petróleo. Os metrôs estão parados em Nova Iorque, Oakland, Washington e Los Angeles. Os trens de carga descarrilaram nos principais cruzamentos e pátios ferroviários de quatro grandes ferrovias. Colisões aéreas por todo o país estão fazendo com que os aviões literalmente caiam do céu. Gasodutos que levam gás natural para o nordeste explodiram, deixando milhões no frio. O sistema financeiro também está congelado devido a terabytes de informação que estão sendo apagados em cen-

---

[3] Banco central dos EUA.

tros de dados. Os satélites meteorológicos, de navegação e de comunicação estão girando fora de suas órbitas no espaço. Os militares dos EUA estão com suas unidades isoladas, tentando se comunicar uns com os outros.

Milhares de norte-americanos já morreram e vários estão feridos tentando chegar aos hospitais. Há muito mais acontecendo, mas as pessoas que deveriam estar lhe comunicando isso não estão conseguindo contato. Nos próximos dias, as cidades vão ficar sem comida em razão das falhas no sistema de trem e da confusão de dados nos centros de distribuição de carga. A energia não vai voltar porque as usinas nucleares estão bloqueadas pelo modo de segurança e muitas usinas convencionais tiveram seus geradores permanentemente danificados. Várias rotas principais de linhas de transmissão de alta tensão pegaram fogo e derreteram. A retirada de dinheiro em caixas eletrônicos ou agências bancárias está bloqueada e alguns norte-americanos começaram a saquear lojas. A polícia e os serviços de emergência estão sobrecarregados.

Em todas as guerras que os EUA participaram nenhuma nação jamais infligiu esse tipo de dano às nossas cidades. Atualmente, um sofisticado ataque de guerra cibernética poderia ser realizado em quinze minutos por vários estados-nação, sem a necessidade de que nenhum terrorista ou soldado aparecesse no país.

Por que eles não fizeram isso até hoje? Pela mesma razão que as nove nações com armas nucleares não as utilizam desde 1945: porque elas precisam ter circunstâncias políticas que as levem a acreditar que tal ataque seria de seu interesse. Mas, ao contrário das armas nucleares, em que um atacante pode ser dissuadido pela promessa de retaliação, ou pela contaminação por radiação de suas próprias cidades, um ataque cibernético pode ocorrer com menos riscos. Em uma guerra cibernética, podemos nem sequer saber quem ou o que nos atingiu. Na verdade, pouco consolo pode ser dado aos americanos, temerosos por não saber se os Estados Unidos podem ou não revidar na mesma moeda.

"Senhor, enquanto estava no telefone com o Presidente, o Comando Cibernético ligou de Fort Meade dizendo que o ataque pode ter vindo da Rússia, e que estão prontos para apagar as luzes de Moscou. Ou talvez tenha vindo da China, de modo que também estão prontos para atacar Beijing, caso seja da sua vontade. Senhor?".

CAPÍTULO 3
O Campo de Batalha

Ciberespaço. Lembra outra dimensão, talvez como no filme *Matrix,* com a iluminação verde e colunas de números e símbolos piscando no ar. Na verdade, o ciberespaço é muito mais prosaico. É o laptop que você ou o seu filho leva para a escola, o computador do seu trabalho. É um monótono edifício sem janelas no centro da cidade. Está em toda parte, em todos os lugares onde existir um computador, um processador ou um cabo se conectando a um.

E agora é uma zona de guerra, onde muitas das batalhas decisivas do século XXI vão ocorrer. Para entender o porquê, precisamos primeiro responder a algumas perguntas, como: o que é o ciberespaço? Como funciona? Como os militares podem lutar nele?

3.1. Como e Por Que a Guerra Cibernética é Possível

O ciberespaço está presente em todas as redes de computadores do mundo e em cada coisa a elas conectada, ou por elas controlada. Não é apenas a Internet, deixe-me explicar a diferença. A Internet é uma rede aberta para redes de computadores. A partir de uma rede da Internet, você poderá se comunicar com qualquer computador conectado a qualquer uma das redes da Internet. O ciberespaço inclui a Internet, além de várias outras redes de computadores que não deveriam ser acessíveis a ela. Algumas dessas redes privadas são exatamente como a Internet, mas estão, pelo menos teoricamente, separadas. Outras partes do ciberespaço são redes transacionais que fazem coisas como enviar dados sobre fluxos de dinheiro, operações do mercado de ações e transações de cartão de crédito. Algumas redes são sistemas de controle que apenas permitem que máquinas se comuniquem com outras máquinas – por exemplo, painéis de controle em conferência com bombas hidráulicas, elevadores e geradores.

O que torna essas redes um local onde os militares podem lutar? Em termos mais amplos, guerreiros cibernéticos podem invadir, controlar ou destruir essas redes. Se invadirem uma rede, os guerreiros cibernéticos podem roubar todas as suas informações ou mandar instruções para movimentar dinheiro, derramar petróleo, espalhar gás, explodir geradores, descarrilar trens, colidir aviões, enviar um pelotão para uma emboscada, ou fazer com que um míssil exploda no lugar errado. Caso os guerreiros cibernéticos destruam as redes, limpem os dados e transformem os computadores em suportes de porta, isso poderia fazer com que o sistema financeiro entrasse em colapso, ou uma cadeia de suprimentos parasse, ou um satélite pudesse ser colocado fora de órbita no espaço ou uma via aérea parasse. Isso não são hipóteses. Coisas assim já aconteceram, às vezes experimentalmente, às vezes por engano e às vezes como resultado de um crime cibernético ou de uma guerra cibernética.

Como o almirante Mike McConnell observou: "a informação gerenciada por redes de computadores que controlam serviços públicos – como transportes, sistema bancário e comunicações – pode ser explorada ou atacada em segundos a partir de um local remoto no exterior. Nenhuma frota de navios, míssil intercontinental ou exército permanente pode se defender contra esses ataques remotos localizados, não só além das nossas fronteiras, mas além do espaço físico, no éter digital do ciberespaço".

Por que, então, nós usamos sofisticadas redes de computadores que permitem acesso não autorizado ou execução de comandos não autorizados? Não existem medidas de segurança? O design das redes de computadores, o software e o hardware que as fazem funcionar, e a maneira como foram planejadas, criam milhares de maneiras para que os guerreiros cibernéticos contornem suas defesas. O software é programado por pessoas e pessoas cometem erros, ou são desatentas, e isso cria oportunidades. Redes que não deveriam estar conectadas à Internet pública muitas vezes estão conectadas sem o conhecimento de seus proprietários. Vamos dar uma olhada em algumas coisas do nosso cotidiano, para explicar como a guerra cibernética pode acontecer. Você acha que o seu condomínio sabe que o elevador do seu prédio é como o *ET* do filme e que ele "telefona para casa"? Seu elevador está se comunicando por meio da Internet com seu fabricante. Você sabia que a fotocopiadora do seu escritório provavelmente está fazendo a mesma coisa? A personagem de Julia Roberts no recente filme *Duplicidade* sabia que muitas copiadoras estão conectadas à Internet e que podem ser "hackeadas", mas a maioria das pessoas não sabe que sua copiadora pode estar *on-line*. E menos ainda sequer imaginam o mais recente artifício dos trituradores de papel que fotografam documentos por meio de uma câmera antes de serem triturados. Depois vem o rapaz da limpeza e pega sua nova coleção de fotos para entregar a quem o contratou.

O fato de seu elevador e sua copiadora "telefonarem para casa" deve acontecer porque foram programados para fazer isso por software. Mas e se o seu concorrente contratou um programador para escrever algumas linhas de código e jogá-las no processador que roda em sua copiadora?

Digamos que essas poucas linhas de código instruem a copiadora a armazenar uma imagem de tudo o que é copiado em uma base de dados compactada (ou "zipada"). Então, uma vez por dia, a copiadora acessa a Internet e – surpresa! – ela transfere esse arquivo "zipado" para o seu concorrente. Pior ainda, no dia anterior a sua empresa se prepara para apresentar uma proposta competitiva para um grande contrato e – surpresa! – a fotocopiadora pega fogo, fazendo com que os *sprinklers* sejam acionados. Assim, o escritório fica encharcado e sua empresa não pode enviar a proposta a tempo. O competidor ganha, e você perde.

Por meio de uma conexão de Internet que você nem sabia que existia, alguém criou um software e o instalou em sua copiadora, que você nem sabia que tinha um processador com tal capacidade. Depois, alguém usou esse software para fazer sua fotocopiadora se comportar de maneira estranha, causando um curto-circuito ou um superaquecimento. Ele sabia que o resultado seria um incêndio. E provavelmente testou em uma copiadora igual a sua. O resultado disso é o seu escritório inundado pelo sistema de prevenção de incêndios e, ainda mais, você achando que foi apenas um acidente. Alguém, por meio do ciberespaço, transformou o seu espaço físico em um caos. Esse alguém é um *hacker*. Originalmente o termo *hacker* significa apenas alguém que tem habilidade para escrever instruções e códigos de programação, que é a língua dos computadores, a fim de fazer algo diferente. Quando eles fazem algo que não estão autorizados, os *hackers* se tornam criminosos cibernéticos. Quando trabalham para os militares dos EUA, nós os chamamos de guerreiros cibernéticos.

Nesse cenário, o criminoso cibernético usou a Internet como uma forma de ataque. Em primeiro lugar para obter informações e, em seguida, para fazer estragos. Sua arma foram algumas linhas de código (software) que ele inseriu no processador de sua copiadora. Você também pode pensar nisso de outra forma: ele usou um software para transformar sua copiadora em uma arma. Ele foi bem-sucedido porque o software implantado na copiadora foi escrito para permitir que pessoas adicionem comandos remotamente. Os projetistas da copiadora nunca pensaram que alguém a usaria como uma arma, então não escreveram em seu software algo que impossibilitasse, ou dificultasse, alguém de fazê-lo.

O mesmo acontece com os projetistas da rede de energia elétrica e de outros sistemas. Eles não pensaram em pessoas que "hackeiam" e transformam seus sistemas em armas. O gerente do seu escritório nem prestou atenção quando o vendedor disse que a copiadora teria uma capacidade de diagnóstico remoto a fim de instalar melhorias, corrigir problemas, e que mandaria um técnico com peças de reposição adequadas. Os *hackers* prestaram atenção, ou talvez estivessem apenas explorando o ciberespaço, e encontraram um endereço identificado como "Xeonera Copier 2000, número de série 20-003488, na Sua Empresa Ltda".

Caso você duvide que as copiadoras são parte do ciberespaço, leia o que diz a Image Source Magazine:

> *Historicamente, para diagnóstico remoto eram necessários modems dial-up. A metodologia naquela época era um pouco inconveniente para o cliente e muito cara para o revendedor, que tinha que instalar pontos de telefone perto de cada dispositivo e mudar as caixas de conexão para serem compatíveis com os sistemas de telefone de seu cliente. Com a introdução das redes sem fio, essas barreiras foram eliminadas. Agora que todos os dispositivos de rede têm um endereço, um relatório de erro de diagnóstico pode ser transmitido em tempo real através da web pelo próprio dispositivo e técnicos são enviados imediatamente. Às vezes até antes que o cliente note o problema. Hoje em dia, não há desculpas para qualquer organização ignorar as reduções de custo e o valor do diagnóstico remoto. Praticamente todos os fabricantes de impressoras ou têm sua própria ferramenta de diagnóstico remoto (ou seja, Remote da Ricoh, Admin da Kyocera, Admin da Sharp, DRM da Xerox) ou fizeram parceria com empresas terceirizadas como a Imaging Portals ou Print Fleet.*

Mesmo sendo trivial, este cenário hipotético é útil porque mostra três coisas envolvidas no ciberespaço que tornam a guerra cibernética possível: (1) falhas no design da Internet; (2) falhas de hardware e software; e (3) a introdução cada vez maior de sistemas críticos *on-line*. Vamos dar uma olhada em cada uma.

3.2. As Vulnerabilidades da Internet

Existem pelo menos seis grandes vulnerabilidades no próprio design da Internet. A primeira delas é o sistema de endereçamento que descobre para onde ir a partir de um endereço específico.

Os Provedores de Serviço de Internet (ISP) são às vezes chamados de *carriers*, porque são empresas que "carregam" o tráfego da Internet. Outras empresas fazem terminais de computadores, roteadores, servidores, software, mas são os Provedores de Serviço de Internet que interligam todos eles. Os provedores de acesso não são todos iguais. Para essa questão, vamos dividi-los em duas categorias. Os provedores nacionais possuem e operam milhares de quilômetros de cabos de fibra ótica que vão de costa a costa, ligando todas as grandes cidades. Existem seis desses grandes provedores nos Estados Unidos (Verizon, AT&T, Qwest, Sprint, Level 3 e Global Crossing). Devido às suas grandes redes de cabos de fibra ótica, eles formam a espinha dorsal da Internet nos EUA. São chamados de "provedores de *backbone*", ou, mais tecnicamente, ISPs de Nível 1. Uma vez que chegam à sua cidade, eles se conectam com vários provedores menores que executam serviços para as empresas locais até chegar à sua casa. Seu ISP local é, provavelmente, uma empresa de telefonia ou, uma empresa de TV a cabo (se é uma empresa de telefonia, pode ser que você tenha um dos ISPs de Nível 1 também prestando seu serviço local). Os fios desses provedores saem de sua casa para a rua e para o mundo.

Para ver como isso funciona, e para descobrir algumas das vulnerabilidades do sistema de endereçamento da Internet, siga o que acontece quando eu me conecto à Internet. Eu abro o navegador e peço que ele me mostre "a minha página inicial" a partir da Internet. Vamos dizer que a "página inicial" é a da empresa de consultoria onde eu trabalho. Então, sentado em casa no meu escritório em Rappahannock County, Virgínia, no sopé das montanhas Blue Ridge, eu clico e meu navegador vai para www.mycompany.com.

Como os computadores não conseguem entender palavras como "mycompany", o endereço precisa ser traduzido em 0s e 1s para que os computadores entendam. Para fazer isso, meu navegador usa o Sistema de Nomes de Domínios (*Domain Name System* – DNS). Pense nisso como um operador de uma central de atendimento para o qual você diz um nome e ele lhe dá um número.

Minha empresa de consultoria tem sede a 75 milhas (120,7 quilômetros) da minha casa em Virgínia, mas a sua página da web está hospedada em um servidor remoto em Minneapolis com o endereço de Internet, digamos, 123.45.678.90. Isso é um monte de números para memorizar. Felizmente eu não preciso. O navegador usa o DNS para procurar o endereço, enviando uma mensagem para um banco de dados mantido em um computador servidor, que faz parte de uma hierarquia feita com esses servidores que juntos formam o DNS. Para os guerreiros cibernéticos, o DNS é um alvo. Ele foi projetado com pouca atenção em termos de segurança, de modo que os *hackers* podem mudar a sua informação e encaminhá-lo a uma página falsa.

No momento em que abro o navegador e solicito uma página hospedada em um servidor, a solicitação é dividida em uma série de pacotes a serem enviados de forma individual. Vamos acompanhar apenas um pacote ao longo de seu caminho a partir do meu computador até a página web. O primeiro salto é do meu computador para a minha placa de rede, onde os pacotes são traduzidos em ondas de rádio e enviados pelo ar para o roteador sem fio da minha casa. Se o roteador estiver mal protegido, os *hackers* podem entrar no meu computador por meio da conexão sem fio. O roteador sem fio transforma as ondas de rádio em sinais eletrônicos para transmiti-los para meu ISP local, localizado na crescente megalópole de Culpepper, Virgínia.

Se você conhece, pode achar Culpepper adorável, mas ela não é necessariamente próxima ao coração do ciberespaço. Em razão de estar um pouco além da zona do impacto caso uma bomba nuclear exploda em Washington, o governo e a comunidade financeira têm vários tipos de bancos de dados nas proximidades.

Por isso, lá existe um nó da AT&T, localizado no número 13.456 da Lovers Lane (sério). Meu ISP tem um cabo que atravessa a cidade até a instalação da AT&T, onde os elétrons da minha requisição de página web são convertidos em fótons para que possam navegar na sua rede de fibra ótica. Uma vez na fibra, o pacote atinge um primeiro roteador em Morristown, Nova Jersey, e então é repassado para outro roteador da AT&T, em Washington, DC, e em seguida volta para Nova Jersey, desta vez para um roteador em Middletown.

O roteador em Middletown repassa o pacote para outro roteador de nível 1 da empresa Level 3. Uma vez na Level 3, o pacote é encaminhado por três diferentes nós em Washington, DC. A essa altura, o pacote já viajou por ondas de rádio, fios de cobre e feixes de alta velocidade dos cabos de fibra ótica por mais de oitocentas milhas (1.287,5 quilômetros), mesmo estando apenas cerca de 75 milhas (121 quilômetros) de onde eu o enviei. O último roteador da Level 3 em Washington envia o pacote em direção a Chicago (agora estamos chegando a algum lugar), onde ele passa por mais dois roteadores da Level 3 antes de ser enviado para Minneapolis. No entanto, o que vai para Minneapolis não significa que necessariamente vai ficar em Minneapolis. Em vez de repassar para o nosso provedor de hospedagem web, o pacote viaja mais 741 milhas (1.192 quilômetros) para outro roteador da Level 3 na sede da empresa em Broomfield, Colorado, que então encaminha o pacote de volta ao ISP da nossa empresa, em Minneapolis, e assim para o nosso servidor web. Para viajar novecentas milhas (1.448 quilômetros) até Minneapolis, o pacote viajou cerca de duas mil milhas (3.128 quilômetros) fora de sua rota, porém, todo o processo levou alguns segundos. Isso também forneceu várias oportunidades para os guerreiros cibernéticos.

Se guerreiros cibernéticos quisessem enviar aqueles pacotes para o lugar errado, ou impedi-los de chegar a algum lugar, teriam tido pelo menos duas oportunidades. Em primeiro lugar, como observado anteriormente, eles poderiam atacar a "lista telefônica" da Internet, o DNS, e me enviar uma página errada, talvez uma página web idêntica, onde eu entraria com o meu número de conta e senha. No entanto, em vez de *hackear* o DNS para sequestrar um pedido de página web, os guerreiros cibernéticos poderiam atacar o próprio sistema. Isso foi exatamente o que aconteceu em fevereiro de 2007, quando seis dos 13 servidores de domínio de mais alto nível do mundo foram alvos de um ataque de DDoS.

Similarmente aos *botnets* que atingiram a Estônia e a Geórgia, o ataque inundou os servidores de nomes de domínio com milhares de solicitações por segundo. Dois dos servidores atacados foram derrubados, incluindo um que lidava com o tráfego do Departamento de Defesa. Os outros quatro foram capazes de gerenciar o ataque, deslocando pedidos para outros servidores não atingidos. O ataque foi rastreado até uma região do Pacífico e durou apenas oito horas. Os atacantes pararam o ataque ou porque ficaram preocupados em continuar, permitindo que investigadores os rastreassem ou, mais provavelmente, porque eles estavam apenas testando para ver até onde podiam ir.

Em 2008, o *hacker* Dan Kaminsky mostrou como um sofisticado adversário poderia invadir o sistema. Kaminsky divulgou uma ferramenta de software que poderia acessar facilmente os computadores de DNS e corromper o banco de dados de nomes e seus respectivos endereços. O sistema então, literalmente, dar-lhe-ia um número errado. O simples redirecionamento de tráfego pode causar estragos na Internet. Uma empresa de segurança cibernética encontrou 25 formas diferentes de *hackear* o DNS para causar perturbações ou roubo de dados.

A segunda vulnerabilidade da Internet é o roteamento entre os ISPs, um sistema conhecido como o *Border Gateway Protocol* (BGP). Mais uma oportunidade para um guerreiro cibernético está na viagem de duas mil milhas (3.218 quilômetros) dos pacotes que partiram da minha casa até a rede da AT&T. A AT&T executa o serviço mais confiável e seguro de Internet no mundo, porém ele é tão vulnerável quanto qualquer outro devido à forma como a Internet funciona. Quando os pacotes atingem o *backbone*, eles descobrem que a AT&T não se conecta diretamente à minha empresa. Então, quem o faz? Os pacotes verificam um banco de dados que conta com a contribuição dos principais ISPs. Ali, eles encontram uma postagem da Level 3 que diz: "Se você quer se conectar a mycompany.com, venha a nós". Esse sistema de roteamento regula o tráfego nos pontos onde os ISPs se interligam, onde um começa e o outro termina, nas suas fronteiras.

O BGP é o principal sistema usado para roteamento de pacotes na Internet. Os pacotes têm rótulos com endereços "de" e "para" e o BGP é o carteiro que decide qual será o próximo posto de triagem para enviá-los. O BGP também faz o trabalho de estabelecer as relações ponto a ponto entre dois roteadores de duas redes distintas. Para ir da AT&T para a Level 3, exige-se que um roteador AT&T e um roteador da Level 3 tenham uma conexão BGP. Citando um relatório da Internet Society, uma organização sem fins lucrativos dedicada ao desenvolvimento de normas e políticas relacionadas à Internet, "não há mecanismos internos no BGP que o protejam contra ataques de modificação, deleção, forjamento ou réplica de dados. Qualquer um desses tem o potencial de perturbar todo o comportamento de roteamento da rede". Isso significa que, quando a Level 3 disse: "se você quer se conectar a mycompany.com, venha a nós", ninguém verificou se era uma mensagem autêntica. O sistema BGP trabalha baseado na confiança, e não na base de – pegando emprestada a frase favorita de Ronald Reagan – "confie, mas verifique". Se um informante desonesto que trabalhe para um dos grandes ISPs quiser se aproveitar da Internet, ele pode "hackear" as tabelas do BGP. Ou alguém poderia fazê-lo. Se você falsificar instruções suficientes do BGP, o tráfego de Internet vai se perder e não chegará ao seu destino.

Todos os envolvidos na gestão de redes dos grandes ISPs sabem sobre essas vulnerabilidades do DNS e do BGP. Pessoas como Steve Kent da BBN Labs em Cambridge, Massachusetts, já desenvolveram formas para eliminar essas vulnerabilidades. Contudo, a Comissão Federal de Comunicações (FCC) não exigiu que os ISPs as implementassem. Partes do governo dos EUA estão implantando um DNS seguro, mas essa prática é quase inexistente na infraestrutura comercial. As decisões sobre o DNS são feitas por uma organização não governamental internacional chamada ICANN (pronuncia-se "eye-can"), que é incapaz ("eye-cannot") de chegar a um acordo sobre um sistema seguro. O resultado é que a própria Internet pode ser facilmente um alvo para guerreiros cibernéticos, mas a maioria dos especialistas em segurança cibernética acha isso improvável, uma vez que a Internet é muito útil para atacar outras coisas.

A ICANN demonstra que a terceira vulnerabilidade da Internet é a governança ou a falta dela. Ninguém está realmente no comando. Nos primeiros dias da Internet, a ARPA (Agência de Projetos e Pesquisas Avançadas do Departamento de Defesa) assumiu a função de administradora da rede, mas agora ninguém tem este papel. Existem órgãos técnicos, mas poucas autoridades. A ICANN, a Corporação da Internet para Atribuição de Nomes e Números, é a organização que mais se aproxima da responsabilidade pelo gerenciamento de parte do sistema da Internet. A ICANN garante que os endereços web sejam únicos. Computadores são dispositivos lógicos, assim, não lidam bem com ambiguidade. Se existissem dois computadores diferentes na Internet, cada um com o mesmo endereço, os roteadores não saberiam como lidar com essa situação. A ICANN resolve esse problema trabalhando internacionalmente para atribuir endereços únicos. A ICANN resolve apenas um dos problemas de governança da Internet, mas deixa à parte uma série de outras questões. Mais de uma dúzia de organizações intergovernamentais e não governamentais desempenham algum papel na governança da Internet, mas nenhuma dessas autoridades pode oferecer orientação administrativa ou controle.

A quarta vulnerabilidade da Internet é o fato de que quase tudo o que a faz funcionar é aberto, ou seja, sem criptografia. Quando você está navegando pela web, a maioria das informações é enviada "às claras", o que significa que não é criptografada. É como a sua estação local de FM transmitindo rocks clássicos do Pink Floyd e Def Leppard "às claras" para que qualquer pessoa sintonizada no canal que esteja na estrada receba o sinal. Um rastreador de rádio comprado na Radio Shack pode ouvir as comunicações bidirecionais entre os caminhoneiros e, na maioria das cidades, entre o pessoal da polícia. Entretanto, em algumas cidades a polícia vai "embaralhar" o sinal para que organizações criminosas não possam monitorar as suas comunicações. Só alguém com um rádio que possa descriptografar esse tráfego poderá ouvir o que está sendo dito. Para todos os outros, o som será apenas de ruídos.

Geralmente, a Internet funciona da mesma maneira. A maior parte da comunicação é transmitida abertamente, com apenas uma fração do tráfego sendo criptografada. A única diferença é que é um pouco mais difícil "sintonizar" o tráfego de alguém na Internet. Os ISPs têm acesso a esse tráfego (e podem dar esse acesso ao governo), bem como os prestadores de serviços de e-mail como o Gmail do Google (mesmo que eles digam que não). Em ambos os casos, ao usar esses serviços, você, de alguma forma, concorda que eles poderão ver seu tráfego na web ou seus e-mails. Para uma terceira pessoa ter acesso a esse tráfego, ela precisa fazer o que o pessoal de segurança chama de *snoop* e usar um "*sniffer* de pacotes". Um *sniffer* é basicamente um dispositivo de escuta de tráfego de Internet que pode ser instalado em qualquer sistema operacional e utilizado para roubar o tráfego de outras pessoas em uma rede local. Quando conectado a uma rede local ou a uma rede Ethernet, qualquer usuário pode usar um *sniffer* para acessar o tráfego. O protocolo padrão da Ethernet diz ao computador para ignorar tudo o que não é endereçado a ele, mas isso não significa que ele tenha que fazer isso. Um *sniffer* avançado em uma rede Ethernet pode ver todo o tráfego da rede. Seus vizinhos poderiam capturar todo o tráfego de Internet a partir da sua rua. *Sniffers* mais avançados podem ainda enganar a rede com um ataque chamado *man-in-the-middle*. Nesse caso, o *sniffer* se apresenta para o roteador como o computador do usuário. Todas as informações são então enviadas para o *sniffer*, que as copia antes de passar para o verdadeiro destinatário.

Hoje em dia, muitos sites (mas não a maioria), usam uma conexão segura e criptografada quando você faz o seu *logon*, assim a sua senha não é enviada às claras para que qualquer um com um *sniffer* por perto a pegue. Devido ao custo e à velocidade, muitos retornam a conexão para o modo inseguro depois que a senha foi transmitida. O fato de a captura da transmissão não ser possível, ou dos dados enviados não estarem legíveis, não significa que você esteja seguro. Um *keylogger* (capturador de teclas digitadas), um pequeno pedaço de código malicioso instalado de modo invisível em seu computador, pode capturar tudo que você digita e transmitir secretamente. Claro que esse tipo de capturador requer que você cometa alguma atitude impensada para que seja instalado em seu computador, como, por exemplo, visitar um site infectado ou baixar um arquivo anexo de um e-mail enviado por alguém que não é realmente confiável.

Em outubro de 2008, a BBC noticiou que "cientistas da computação do Laboratório de Segurança e Criptografia da Swiss Ecole Polytechnique Fedérale de Lausanne tinham demonstrado que criminosos poderiam utilizar uma antena de rádio para 'recuperar totalmente ou parcialmente as teclas digitadas' por meio da inspeção da radiação eletromagnética emitida quando as teclas eram pressionadas".

A quinta vulnerabilidade da Internet é a aptidão de propagar intencionalmente tráfego malicioso projetado para atacar computadores. Vírus, *worms* e *phishing scams* são conhecidos coletivamente como *malware* (código malicioso). Eles se aproveitam tanto de falhas em softwares quanto de deslizes dos usuários, como entrar em sites infectados ou abrir anexos de e-mail. Os vírus são programas que são passados de usuário para usuário (através da Internet ou através de uma mídia portátil, como um *pendrive*) e que levam algum tipo de carregamento para comprometer o funcionamento normal de um computador, fornecer um ponto de acesso oculto ao sistema, ou copiar e roubar informações pessoais. Os *worms* não exigem que o usuário passe o programa para outro usuário, eles podem se autorreplicar por meio de vulnerabilidades conhecidas e se propagam pela Internet sozinhos. Os *phishing scams* tentam enganar um usuário da Internet para que ele forneça informações, como números de contas bancárias e códigos de acesso, criando mensagens de e-mail e sites falsos que fingem estar relacionados a negócios legítimos, como o seu banco, por exemplo.

Todo esse tráfego pode fluir pela Internet com pouca ou nenhuma fiscalização. Para a maioria, você, como um usuário da Internet, é o responsável pela sua própria proteção. A maioria dos ISPs não tomam nem mesmo as precauções básicas para manter o tráfego nocivo afastado de seu computador, em parte porque é caro e pode tornar o tráfego lento, e também devido a questões relacionadas à privacidade.

A sexta vulnerabilidade é a Internet ser uma grande rede com arquitetura descentralizada. Os desenvolvedores da Internet não queriam que ela fosse controlada por governos, individualmente ou coletivamente; assim, eles projetaram um sistema que colocou maior prioridade na descentralização e não na segurança.

A ideia básica da Internet começou a se formar na década de 1960, e a Internet como é conhecida hoje é profundamente impregnada com as sensibilidades e o pensamento político da época. Enquanto muitos consideram a Internet uma invenção dos militares, ela é na verdade produto dos, atualmente envelhecidos, hippies dos câmpus do MIT, Stanford e Berkeley. Eles tiveram financiamento da DARPA, Agência de Projetos e Pesquisas Avançadas do Departamento de Defesa, mas a ARPANET, Rede de Projetos e Pesquisas Avançadas, não foi criada apenas para que o Departamento de Defesa se comunicasse. Inicialmente eram quatro computadores conectados na UCLA, em Stanford, na UC Santa Barbara, e, estranhamente, na Universidade de Utah.

Depois de construir a ARPANET, os pioneiros da Internet rapidamente passaram a tentar descobrir como conectá-la a outras redes em desenvolvimento. Para fazer isso, eles desenvolveram o protocolo de transmissão básico que até hoje ainda é utilizado. Robert Kahn, uma das dez, ou mais, pessoas que são consideradas os criadoras da Internet, definiu quatro princípios de como essas conexões deveriam ser feitas. Eles são dignos de nota:

- Cada rede distinta deve ser mantida independente e nenhuma mudança interna deve ser exigida a qualquer tipo de rede para conectá-la à Internet.
- As comunicações devem funcionar na base do melhor esforço. Se um pacote não chegou até o seu destino final, ele deve ser retransmitido rapidamente pela fonte.
- Caixas pretas seriam utilizadas para conectar as redes; posteriormente, estas seriam chamadas de *gateways* e roteadores. Não deve existir a retenção de informações pelos *gateways* sobre os pacotes individuais trafegados, mantendo-os, portanto, simples e evitando complicadas adaptações e recuperações de vários modos de falha.
- Não deve existir nenhum controle global no nível de operações.

Enquanto os protocolos que foram desenvolvidos baseados nesses princípios permitiram o maciço crescimento na rede e a criação da Internet como a conhecemos hoje, eles também lançaram as sementes para os problemas de segurança. Os criadores desses princípios básicos não imaginavam que alguém, além dos bem-intencionados acadêmicos e cientistas do governo, usaria a Internet. A rede era para fins de pesquisa, troca de ideias, não para o comércio, onde o dinheiro iria mudar de mãos, ou para controlar sistemas críticos. Assim, ela poderia ser uma rede de redes, em vez de redes separadas para o governo, para o mercado financeiro etc. Ela foi projetada para milhares de pesquisadores, não para bilhões de usuários que não se conhecem e nem confiam uns nos outros.

Até a década de 1990 e em parte dela, a Internet foi quase que universalmente vista como uma força para o bem. Poucos dos impulsionadores da Internet estavam dispostos a admitir que ela era uma mídia neutra. Que poderia facilmente ser usada para facilitar o fluxo livre de comunicação entre cientistas e a criação de comércio eletrônico legítimo, mas também permitiria que terroristas fornecessem dicas de treinamento para seus novos recrutas e que transmitissem a mais recente decapitação na província de Anbar, em um vídeo da web. A Internet, assim como as áreas tribais do Paquistão, ou a região da tríplice fronteira na América do Sul, não está sob o controle de ninguém e é, portanto, um lugar onde os transgressores da lei irão gravitar.

Larry Roberts, que escreveu o código para as primeiras versões do protocolo de transmissão, percebeu que estes criaram um sistema inseguro, mas ele não queria retardar o desenvolvimento da nova rede e perder tempo para corrigir o software antes de implementá-lo. Ele tinha uma resposta simples para essa questão: era apenas uma pequena rede. Em vez de tentar escrever um software seguro para controlar a disseminação de informações na rede, Roberts concluiu que seria muito mais fácil proteger as linhas de transmissão criptografando os enlaces entre cada computador na rede. Afinal de contas, os primeiros roteadores estavam todos em localidades seguras, em agências do governo e laboratórios acadêmicos.

O que realmente importava era que a informação estivesse segura quando ela fosse transmitida entre dois pontos da rede. O problema foi que a solução não previu a expansão da tecnologia para além daquele conjunto de sessenta computadores que então compunham a rede. Todos os sessenta computadores eram utilizados por pessoas confiáveis. Uma pré-condição para a adesão à rede era que você fosse uma entidade conhecida e empenhada em promover o avanço científico. E com tão poucas pessoas, se algo de ruim acontecesse, não seria difícil identificá-la e tirá-la da rede.

Então, Vint Cerf deixou a ARPA e juntou-se ao MCI. Vint é um amigo, um amigo com quem discordo fundamentalmente sobre como a Internet deve ser protegida. Mas Vint é uma daquelas poucas pessoas que podem ser legitimamente chamadas de "pai da Internet". Por isso o que ele pensa sobre assuntos relacionados à Internet geralmente conta muito mais do que o que eu penso. Além disso, Vint, que sempre usa gravata borboleta, é um cara charmoso e agora trabalha no Google, empresa que, com o seu slogan, nos pede para não sermos maldosos (*don´t be evil*).

A MCI (agora parte da AT&T) foi a primeira grande empresa de telecomunicações a estabelecer um pedaço do *backbone* da Internet e levar essa tecnologia para fora da pequena rede de cientistas e acadêmicos do governo, oferecendo a Internet às corporações e até mesmo, por meio de ISPs, a usuários em casa. Vint levou o protocolo de transmissão com ele, apresentando o problema da segurança para um público muito maior e para uma rede que não poderia estar protegida apenas por meio da criptografia dos enlaces. Ninguém sabia realmente quem estava se conectando à rede da MCI.

Era esperado que existissem vulnerabilidades em algo tão grande. Hoje, a Internet tem crescido tão extensivamente que começa a ficar sem endereços. Quando a Internet como um todo surgiu, seus inventores criaram um sistema de numeração para identificar todos os dispositivos que se conectavam à rede. Eles decidiram que todos os endereços seriam um número de 32 *bits*, um número tão grande que permitiria 4,29 bilhões de endereços. Ninguém imaginava que precisaríamos mais do que isso.

Pela última contagem, existem aproximadamente 6,8 bilhões de pessoas no planeta. No padrão atual, temos mais de um endereço para cada duas pessoas. Hoje em dia, isso não é suficiente. Como o Ocidente se torna cada vez mais dependente da Internet e o Segundo e o Terceiro Mundo expandem seu uso, os 4,29 bilhões de endereços não satisfazem mais todas as possíveis pessoas e dispositivos que querem se conectar à web. O fato de a Internet estar ficando sem endereços pode ser um problema administrável. Caso migrássemos rapidamente para o padrão de endereçamento IPv6, no momento em que se esgotassem os endereços IPv4, daqui a mais ou menos dois anos[4], a maioria dos dispositivos já deveriam ser capazes de operar com o novo padrão. Contudo, este processo está sendo muito mais lento e começam a surgir motivos de preocupação.

Em um futuro próximo, o Pentágono prevê um cenário em que cada soldado no campo de batalha será um *hub* de uma rede e quanto mais dispositivos esse soldado carregar, mais endereços na rede serão necessários. Se você passear pelo setor de eletrônicos de uma loja de produtos domésticos de alta tecnologia, notará que muitas das lavadoras, secadoras, lava-louças, fogões e geladeiras estão anunciando que podem ser controladas pela Internet. Se você está no trabalho e quer que seu forno esteja pré-

---

[4] Nota do Editor: a edição americana deste livro foi lançada em 2010.

-aquecido a 220 graus quando chegar em casa, você pode entrar em uma página web, acessar o seu forno e definir a temperatura do pré-aquecimento a partir do seu desktop.

O que isso significa é que, à medida que avançamos para além dos 4,29 bilhões de endereços da web, o grau de dependência de nossa sociedade pela Internet para fazer qualquer coisa, desde controlar nossos termostatos até defender a nossa nação, está a ponto de explodir, o que só agrava o problema da segurança. O que isso pode significar em um conflito no mundo real é algo que, até recentemente, a maioria dos políticos do Pentágono estavam relutantes em pensar. Significa que se você pode "hackear" qualquer coisa na Internet, você pode não apenas ser capaz de roubar o dinheiro. Pode ser capaz também de causar algum dano real, incluindo danos aos nossos militares. Então como exatamente é que você pode "hackear" as coisas e por que isso é possível?

3.3. Software e Hardware

Das três coisas do ciberespaço que fazem a guerra cibernética possível, a mais importante é o fato de existirem falhas em software e hardware. Todos esses dispositivos da Internet que acabamos de discutir (terminais de computadores e laptops, roteadores e *switches*, servidores de e-mail e de páginas web, arquivos de dados) são feitos por um grande número de empresas. Muitas vezes, diferentes empresas produzem o software que é executado nos dispositivos. No mercado americano, a maioria dos laptops é feita pela Dell, pela HP e pela Apple (uma empresa chinesa, a Lenovo, está ganhando mercado depois de ter comprado a unidade de computadores portáteis da IBM). A maioria dos grandes roteadores é feita pela Cisco, pela Juniper e, agora, pela empresa chinesa Huawei. Os servidores são feitos por HP, Dell, IBM e um grande número de outras empresas, dependendo da finalidade. O software executado é escrito principalmente pela Microsoft, Oracle, IBM e Apple, mas também por muitas outras empresas. Embora todas estas sejam norte-americanas, as máquinas (e, por vezes, o código que é executado nelas) vêm de vários outros lugares.

No livro *O Mundo é Plano*, Thomas Friedman rastreia a produção do seu notebook "Dell Inspiron 600m" desde o pedido telefônico que ele faz a um atendente na Índia até a sua entrega em sua casa em um subúrbio de Maryland. Seu computador foi montado em uma fábrica em Penang, Malásia. Ele foi "coprojetado" por uma equipe de engenheiros da Dell em Austin e por projetistas de notebooks em Taiwan. A maior parte do trabalho difícil, o projeto da placa-mãe, foi feito pela equipe de Taiwan. Para o resto dos trinta componentes-chave, a Dell utilizou uma série de fornecedores diferentes. O processador Intel pode ter sido feito nas Filipinas, na Costa Rica, na Malásia ou na China. A memória pode ter sido feita na Coreia pela Samsung ou por empresas menos conhecidas da Alemanha ou Japão. A placa de vídeo veio de uma de duas fábricas na China. A placa-mãe, enquanto foi projetada em Taiwan, pode ter sido feita lá, mas provavelmente veio de umas das duas fábricas na China continental.

O teclado veio de uma das três fábricas na China, duas delas de propriedade de empresas de Taiwan. A placa de rede sem fio foi feita por uma empresa norte-americana na China ou por uma empresa chinesa na Malásia ou em Taiwan. O disco rígido provavelmente foi feito pela empresa americana Seagate em uma fábrica em Cingapura, ou pela Hitachi ou Fujitsu na Tailândia, ou pela Toshiba nas Filipinas.

Depois de todas essas peças serem montadas em uma fábrica na Malásia, uma imagem digital do sistema operacional Windows XP (e provavelmente do Office) foi gravada no seu disco rígido. O código desse software, chegando a mais de quarenta milhões de linhas só no XP, foi escrito em uma dúzia ou mais de locais pelo mundo. Depois que o sistema teve esse software gravado, o computador foi embalado e colocado em uma caixa com mais 150 computadores semelhantes, e voou em um 747 para Nashville. De lá, o laptop foi pego pela UPS para depois ser enviado a Friedman. Para finalizar, Friedman orgulhosamente relata que "toda a cadeia de fornecedores para o meu computador, incluindo fornecedores de fornecedores, envolveu cerca de quatro centenas de empresas da América do Norte, da Europa e, principalmente, da Ásia".

Por que Friedman relatou em seis páginas de um livro sobre geopolítica a cadeia de fornecedores do computador em que ele mesmo escreveu o livro? Porque ele acredita que a cadeia de fornecedores que construiu seu computador entrelaça os países participantes desse processo de forma que diminui a probablidade de conflitos entre estados-nações do tipo que vimos no século XX. Friedman admite que essa é uma atualização da sua "Teoria dos Arcos Dourados para Prevenção de Conflitos" do seu livro anterior, onde defendeu que duas nações que tenham o McDonalds em seus países não iriam à guerra uma contra a outra. Desta vez, o argumento sarcástico de Friedman tem um pouco mais de recheio do que a teoria do hambúrguer. A cadeia de fornecimento é um exemplo microeconômico de comércio que muitos teóricos das relações internacionais acreditam ser benéfica para os países envolvidos, já que até a ameaça de guerra não valeria a pena devido às potenciais perdas econômicas.

Friedman analisa a crise evitada em 2004, quando políticos de Taiwan que queriam uma chapa pró-independência perderam as eleições. Com sua maneira criativa de criar slogans de vidro traseiro, Friedman observou que "placas-mãe venceram a pátria mãe", concluindo que a relação econômica tinha um *status quo* mais valioso do que a independência para o eleitorado de Taiwan.

Ou talvez os eleitores de Taiwan apenas não quisessem morrer diante de uma invasão chinesa, que foi, mais ou menos, o que a China afirmou que faria se Taiwan declarasse sua independência. O que Friedman vê como uma força capaz de tornar um conflito menos provável – a cadeia logística para a produção de computadores – pode, de fato, fazer aumentar a probabilidade de uma guerra cibernética, ou pelo menos tornar mais plausível a vitória dos chineses em qualquer conflito. Em qualquer ponto da cadeia logística que montou o computador de Friedman (ou o seu próprio computador, ou o MacBook Pro da Apple em que eu estou escrevendo este livro), vulnerabilidades foram introduzidas, em sua maioria de forma acidental, mas talvez também algumas propositais, o que pode torná-lo tanto um alvo como uma arma em uma guerra cibernética.

O software é usado como um intermediário entre homens e máquinas para traduzir a intenção humana de encontrar horários de filmes *on-line* ou ler um blog em algo que uma máquina possa entender. Computadores são realmente apenas calculadoras eletrônicas evoluídas. Os primeiros cientistas da computação perceberam que pulsos elétricos cronometrados poderiam representar 1s e que a ausência de um pulso poderia representar 0s, como pulsos longos e curtos do código Morse. A base decimal de números que os seres humanos usam, porque temos dez dedos, poderia ser traduzida para esse código binário que uma máquina poderia compreender. Por exemplo, quando a tecla 5 de uma das primeiras calculadoras eletrônicas era pressionada, a máquina fechava circuitos que enviavam um pulso seguido de uma ausência, seguido de outro pulso a fim de representar 1, 0, e 1, o que representa o número 5 no sistema lógico binário.

Todos os computadores atuais são apenas evoluções desse mesmo processo básico. Uma simples mensagem de e-mail é convertida em pulsos elétricos que podem ser transportados por fios de cobre ou cabos de fibra ótica, para então serem traduzidos em uma mensagem compreensível por um humano. Para fazer isso acontecer, alguém precisa fornecer instruções que um computador entenda. Essas instruções são escritas em linguagens de programação e convertidas em código de máquina, e muitas pessoas que escrevem esses códigos cometem erros. Os mais óbvios são corrigidos, ou então o programa de computador não funcionará como planejado, mas os menos óbvios muitas vezes são deixados no código e podem ser explorados no futuro para, por exemplo, obter um acesso não autorizado. Como os computadores têm ficado cada vez mais rápidos, os programas de computador têm se tornado mais complexos para tirar proveito de toda essa nova velocidade e potência. O Windows 95 tinha menos de dez milhões de linhas de código. O Windows XP tinha quarenta milhões. Já o Windows Vista tem mais de cinquenta milhões. Em pouco mais de uma década, o número de linhas de código cresceu cinco vezes e com isso cresceu o número de erros de código. Muitos desses erros permitem que *hackers* façam o software se comportar de maneira que não deveria, como, por exemplo, abrir uma porta de entrada para um intruso.

Com o intuito de manipular softwares populares para fazer coisas erradas, como, por exemplo, deixar alguém assumir o status de administrador do sistema, os *hackers* projetam pequenas aplicações, *applets*, focadas em projetos específicos de software, ou em fraquezas de configuração do sistema ou erros de programação. Devido ao fato de o crime cibernético ser um grande negócio, e a preparação para a condução de uma guerra cibernética ainda mais bem financiada, *hackers* criminosos e guerreiros cibernéticos estão constantemente gerando novas maneiras de enganar sistemas. Esses aplicativos *hackers* são chamados de *malware* (código malicioso). Em 2009, em média a cada 2,2 segundos um novo tipo ou variante de código malicioso entrou no ciberespaço. Faça suas contas. As três ou quatro maiores empresas de software antivírus têm sofisticadas redes para investigar cada novo código malicioso, mas somente encontram e emitem um "reparo" para cerca de um em cada dez tipos de códigos maliciosos descobertos. O reparo é um pedaço de software projetado para bloquear o código malicioso. No momento em que o reparo é liberado aos clientes da empresa de antivírus, muitas vezes já se passaram dias ou semanas desde a sua aparição. Durante esse período, empresas, departamentos governamentais e usuários domésticos estão totalmente vulneráveis aos novos códigos maliciosos e nem mesmo sabem se foram contaminados por algum deles.

Frequentemente, o código malicioso está esperando por você, disponível em websites inofensivos. Vamos dizer que você navegue na Internet em um site de um *think tank* de Washington para ler suas últimas análises sobre importantes questões de política pública. Esse tipo de organização é conhecido por não ter dinheiro suficiente e não dar atenção para criação de sites seguros. Então, enquanto você lê notícias sobre políticas de saúde ou direitos humanos na China, um pequeno trecho de código malicioso está sendo baixado em seu computador. Você não tem como saber, mas seu novo amigo na Bielorrússia está gravando cada tecla que você pressiona. O que acontece quando você entra em sua conta bancária ou na VPN de sua empresa, uma grande companhia de defesa? Você provavelmente pode imaginar.

Por anos o tipo mais comum de erros em softwares, e um dos mais triviais de explicar, é algo chamado de *buffer overflow* (transbordamento de dados). Um código para uma página na web é supostamente escrito de modo que, quando chega nela, o usuário somente pode entrar depois de inserir uma certa quantidade de dados, tais como o nome do usuário e a senha. Assim como o Twitter, um programa em que você só pode publicar até 140 caracteres. Contudo, se o desenvolvedor da página web esquecer de limitar esse número de caracteres, um usuário poderá entrar com mais. Em vez de entrar somente com nome de usuário e senha, você poderá pôr instruções e linhas de código. Talvez você entre com instruções que permitam adicionar uma conta nova. Pense nas instruções transbordando a área limitada em que um usuário público pode adicionar informações para, em seguida, invadir o software do aplicativo. Os códigos e instruções são executados como se um administrador do sistema os tivesse digitado e – surpresa! – você está dentro.

Erros de software não são facilmente descobertos. Mesmo especialistas não conseguem facilmente identificar erros ou vulnerabilidades intencionais em poucas linhas de código, quanto mais em milhões. Hoje existe software que verifica software, contudo eles ainda estão longe de ser capazes de pegar todas as brechas em milhões de linhas.

Cada linha desse código tem que ter sido escrita por um programador de computador e cada linha adicional aumenta o número de *bugs* introduzidos no software. Em alguns casos, programadores colocam esses *bugs* intencionalmente. O caso mais famoso que ilustra o fenômeno de maneira ampla ocorreu quando alguém na Microsoft colocou um programa inteiro de simulação de aviões dentro do Excel 97. A Microsoft somente descobriu quando as pessoas começaram a agradecer à companhia. Programadores podem fazer isso por divertimento, para tirar algum proveito, a serviço de uma companhia concorrente ou de um serviço de inteligência estrangeiro. Contudo, qualquer que seja o motivo, é praticamente impossível assegurar que em poucas linhas de código não exista um *backdoor* que permita acessos não autorizados. O Cavalo de Troia original escondia soldados; hoje escondem comandos secretos dentro do código. No exemplo do Excel: você começa abrindo um novo documento pressionando F5 e quando abrir uma caixa de referência, digita na "X97:L97", pressiona *enter* e, em seguida, pressiona *tab*. Isso leva você à célula M97 da folha de cálculo. Então você clica no botão "Assistente de Gráficos" enquanto mantém as teclas *control* e *shift* pressionadas – surpresa! – você ativa um programa de simulação de voo.

Algumas vezes os desenvolvedores de código deixam portas secretas a fim de voltar ao código de maneira mais fácil para atualizá-lo. Outras vezes, sem o conhecimento de sua empresa, eles fazem isso por razões menos aceitáveis. E, em outros casos, como no dos *hackers* e guerreiros cibernéticos, eles fazem isso para acessar uma rede sem autorização. Assim, quando alguém faz uma modificação em um software durante ou depois de seu desenvolvimento, pode não estar simplesmente roubando uma cópia, e sim adicionando recursos a ele. Essas portas intencionais, bem como outras que acontecem devido a erros na escrita do código, algumas vezes permitem a um *hacker* ter acesso privilegiado a um sistema, o que é chamado de *root*. Os *hackers* vendem ou trocam entre si *rootkits*. Se você tem "acesso de *root*" a um software ou uma rede, tem todas as permissões e autorizações do criador do software ou do administrador da rede, podendo instalar software ou adicionar contas de usuário.

Você pode fazer o que quiser. E, mais importante, você pode apagar qualquer evidência de que sequer esteve por lá. Pense nisso como um ladrão que apaga suas impressões digitais e varre suas pegadas para atrás da porta a fim de apagar seus rastros.

Os desenvolvedores podem dar um passo além, deixando apenas um ponto de acesso remoto e inserindo uma "bomba-lógica". O termo abrange uma gama de aplicações de software, mas a ideia é simples. Além de deixar portas secretas abertas em uma rede para permitir acesso remoto de forma facilitada, sem soar alarmes e ter a necessidade de uma conta, guerreiros cibernéticos frequentemente deixam uma bomba-lógica, assim eles não precisam se preocupar com tempo gasto para fazer um *upload* e limpar seus feitos posteriormente. Uma bomba-lógica, na sua forma mais básica, é simplesmente um apagador: ela apaga todos os softwares em um computador, deixando-o como se fosse uma inútil caixa de metal. Bombas-lógicas mais avançadas poderiam primeiramente fazer com que o hardware fizesse algo para se autoprejudicar, como produzir um pico de energia que torrasse os circuitos dos transformadores, ou fazer com que os controles de um avião o colocassem em posição de mergulho, para em seguida apagar tudo, inclusive a si mesma.

Agora as agências de segurança dos EUA estão ficando preocupadas com bombas-lógicas, uma vez que elas começaram a aparecer em toda a rede elétrica. Existe certa ironia aqui, uma vez que foram os militares dos EUA que inventaram essa forma de guerra. Uma das primeiras bombas-lógicas e possivelmente a primeira ocorrência de guerra cibernética ocorreu antes da Internet. No começo da década de 1980, os lideres soviéticos deram à sua agência de inteligência, a KGB, uma lista de tecnologias ocidentais que eles queriam que seus espiões roubassem. Um agente da KGB teve acesso a essa lista e decidiu que preferia passar o resto de seus dias bebendo vinho em um café de Paris do que congelar em Stalingrado. Então, ele entregou a lista para o serviço de inteligência francês em troca de uma nova vida na França. A França, que fazia parte da Aliança Ocidental, a entregou para os EUA. Sem saber que a inteligência ocidental já tinha a lista, a KGB continuou o seu trabalho, roubando as tecnologias a partir de uma série de empresas estrangeiras.

Assim que a França entregou a lista para a CIA, o presidente Reagan deu autorização para que os soviéticos fossem ajudados com suas necessidades tecnológicas, porém com uma ressalva. A CIA iniciou um programa maciço para garantir que os soviéticos fossem capazes de roubar as tecnologias que precisavam, mas introduzia uma série de pequenos erros em projetos como caças furtivos e armas espaciais.

Contudo, os projetistas de armas não estavam no topo da lista de desejos da KGB. O que a Rússia realmente precisava era da tecnologia comercial e industrial, em particular para a sua indústria de óleo e gás. O petróleo e o gás natural tiveram que ser canalizados ao longo de milhares de quilômetros a fim de levar o produto extraído nas enormes reservas da Sibéria para os consumidores russos e ocidentais. A Rússia não possuía tecnologia para controles automatizados de bombas e válvulas, crucial para gerenciar um gasoduto a milhares de quilômetros de distância. Ao tentar comprá-las das companhias dos EUA, estas se recusaram a vender, fazendo com que a Rússia mudasse seu alvo, roubando de uma empresa canadense. Com a cumplicidade dos vizinhos do norte, a CIA inseriu um código malicioso no software da empresa canadense. Quando os russos roubaram o código e usaram para operar um gasoduto, ele funcionou bem, pelo menos inicialmente. Depois de um tempo, o desempenho do novo software de controle começou a decair. Em um segmento do gasoduto, o software fez com que uma extremidade da bomba trabalhasse na taxa máxima, enquanto na extremidade oposta outra válvula fechasse. A pressão resultou na maior explosão não nuclear já registrada, com mais de três quilotoneladas.

Se a Guerra Fria com a Rússia novamente esquentasse, ou se nós fôssemos para a guerra contra a China, desta vez poderiam ser os nossos adversários a tirar vantagem com a guerra cibernética. O arsenal sofisticado de armas da era espacial dos Estados Unidos poderia se virar contra nós com um efeito catastrófico. Nossas forças aéreas, marítimas e terrestres confiam em tecnologias de rede que são vulneráveis às armas cibernéticas que a China e seus aliados próximos têm desenvolvido para combater nossa superioridade convencional. Os militares dos EUA não são mais capazes de operar sem a Internet do que a Amazon.com seria. Logística, comando e controle, posicionamento de frota, tudo, até ataque a alvos, está baseado em software e tecnologias relacionadas à Internet.

E tudo isso é tão inseguro quanto o seu computador de casa, devido ao simples fato de tudo estar baseado nas mesmas falhas tecnológicas fundamentais e utilizar os mesmos softwares e hardwares inseguros.

Com o crescimento da terceirização em países como a Índia e a China, que deixou Friedman tão animado, a possibilidade de nossos concorrentes invadirem as principais companhias de hardware e software em que confiamos e inserir códigos nos softwares de que dependemos apenas aumentou. No mundo da ciência da computação e das redes de computador, especialistas debatem há tempos que os dois sistemas operacionais (software que diz ao hardware o que fazer) mais onipresentes são também os mais mal escritos ou que contêm mais falhas. Eles são o sistema operacional Windows da Microsoft para desktops e laptops e o sistema dos grandes roteadores Cisco da Internet. Ambos são sistemas proprietários, o que significa que não estão disponíveis de forma pública. Você pode comprar o software como um produto pronto, entretando você não pode ter acesso ao código-fonte. Existiram, contudo, várias situações conhecidas em que a segurança da Microsoft foi comprometida e o código foi roubado, dando ao destinatário dessa informação a oportunidade de identificar erros no software e explorá-los.

Eu mencionei anteriormente (no Capítulo 2) que os chineses praticamente chantagearam a Microsoft para que ela cooperasse com eles. A China tinha anunciado que desenvolveria seu próprio sistema operacional baseado no Linux, chamado *Red Flag*, e exigiria que ele fosse utilizado no lugar do Windows. Logo a Microsoft começou a negociar com o governo chinês usufruindo de uma ajuda de alto nível por meio de seu consultor Henry Kissinger. A Microsoft abaixou seu preço, entregou à China seu código secreto e estabeleceu um laboratório de pesquisa de software em Pequim (o laboratório que está diretamente conectado à sede da Microsoft dos EUA). O acordo foi acertado; e deve ter sido um bom negócio: em seguida, o presidente da China visitou Bill Gates em sua em casa, perto de Seattle. O governo chinês agora utiliza Microsoft, Mais é uma variação especial do Windows, com um módulo de criptografia chinês.

Um ex-oficial de inteligência dos EUA nos disse: "isso talvez signifique que ninguém poderá invadir o Windows facilmente para espionar a China. Mas certamente não significa que a China é menos capaz de 'hackear' o Windows e espionar os outros".

O que pode ser feito em milhões de linhas de código também pode ser feito com milhões de circuitos impressos em chips dentro de computadores, roteadores e servidores. Os chips são as entranhas do computador, como um software no silício. Eles podem ser customizados assim como um software. A maioria dos especialistas não consegue determinar, a olho nu, se um complexo chip de computador tem uma parte extra aqui ou ali, como um *backdoor* físico. Os chips de computador foram originalmente feitos nos EUA, embora agora sejam produzidos em sua maioria na Ásia. O governo dos EUA já teve sua própria fábrica de chips, chamada de *fab* (abreviação para "instalação de fabricação"). No entanto, a instalação não acompanhou o ritmo da tecnologia e não podia fabricar os chips necessários para os sistemas modernos.

Recentemente, a segunda maior fabricante de chips do mundo, a AMD, anunciou sua intenção de construir a *fab* mais avançada do mundo no estado de Nova Yorke. Ela será parcialmente financiada pelo governo – mas não pelo governo dos EUA, e sim dos Emirados Árabes Unidos.

Não que o governo dos EUA não tenha consciência do problema de haver software e hardware sendo criados globalmente. De fato, em seu último ano de mandato, o presidente George W. Bush assinou o PDD-54, um documento secreto que define medidas a serem tomadas para melhor defender o governo da guerra cibernética. Um desses programas é descrito como uma iniciativa de "Segurança da Cadeia de Fornecimento". Contudo, vai ser difícil para o governo dos EUA comprar apenas hardware e software feitos nos EUA em condições seguras. Atualmente, é difícil encontrar qualquer hardware ou software feito de forma segura.

3.4. Máquinas Controladas a Partir do Ciberespaço

Nem as vulnerabilidades do projeto da Internet, nem as falhas de hardware e software, explicam como os guerreiros cibernéticos poderiam fazer ataques por computadores. Como é que algo tão destrutivo pode partir do ciberespaço até o mundo real e causar tanto estrago?

As respostas decorrem da rápida adoção da Internet e do ciberespaço pelas indústrias dos Estados Unidos a partir da década de 1990. Durante essa década, as empresas de tecnologia da informação mostraram como outras corporações poderiam poupar grandes quantidades de dinheiro utilizando sistemas de computador para efetuar suas próprias operações. Muito além do e-mail ou do processamento de texto, essas práticas de negócio envolviam controles automatizados, monitoramento de estoques, entregas em tempo real, análise de banco de dados e aplicações limitadas de programas de inteligência artificial. No final de 1990, um CEO do Vale do Silício me disse com entusiasmo como tinha aplicado essas técnicas para a sua própria empresa. "Se alguém quer comprar algo, ele vai *on-line* ao nosso site, personaliza o produto da forma que quiser e pressiona o botão para a compra. Nosso sistema notifica os fabricantes das peças, planeja o envio para a fábrica de montagem e faz o agendamento. Na fábrica de montagem, dispositivos robóticos colocam o produto em uma caixa já com o rótulo de entrega. Nós não somos donos do computador servidor que fez o pedido, das fábricas de peças, da fábrica de montagem ou das aeronaves e caminhões que realizam a entrega. O que nós somos donos é do departamento de pesquisa, do time de desenvolvimento e de alguma supervisão corporativa". Em empresas como a dele, e na economia dos EUA em geral, a rentabilidade aumentou.

O que tornou tudo isso possível foi a profunda invasão na década de 90 de sistemas de tecnologia de informação em todos os departamentos das empresas. Em muitas indústrias, controles que antigamente eram ativados de forma manual foram convertidos para acionamento por processadores digitais.

Imagine uma fábrica ou instalação do século XX, onde um cara com um capacete recebia um telefonema de seu supervisor dizendo-lhe para acionar algumas válvulas ou mudar alguma configuração. Eu posso imaginar isso claramente, meu pai trabalhava em um lugar assim. Hoje, em quase todos os setores, cada vez menos pessoas são necessárias. Sistemas de controle digital monitoram as atividades e acionam os comandos para motores, válvulas, interruptores, braços robóticos, luzes, câmeras, portas, elevadores, trens e aviões. Sistemas inteligentes de inventário monitoram as vendas em tempo real e enviam ordens para fazer e enviar sobressalentes, muitas vezes sem a intervenção humana.

A conversão para sistemas de controle digital e operações gerenciadas por computador foi rápida e intrusiva. Na virada do século, a maioria dos antigos sistemas foi aposentada, até mesmo os que tinham papel de *backup*. Como Cortez queimando seus navios depois de chegar ao Novo Mundo, empresas americanas e agências do governo construíram um novo mundo onde existem apenas sistemas baseados em computadores. Quando os computadores falham, os empregados ficam parados ou vão para casa. Tente achar uma máquina de escrever e você verá um retrato dessa nova realidade.

Assim como a Internet e o ciberespaço são repletos de problemas de hardware, software e deficiências de configuração, as redes de computadores que fazem funcionar grandes corporações de serviços, transporte e manufatura também o são. Redes de computadores são essenciais para a operação de empresas e agências do governo. "Essencial" é uma palavra escolhida com cuidado, pois ela transmite o fato de que somos dependentes de sistemas computacionais. Sem eles nada funciona. Se eles fornecerem dados errados, os sistemas podem até funcionar, mas fazendo coisas erradas.

Apesar de todo o dinheiro investido em sistemas computacionais de segurança, ainda é possível inserir dados errados nas redes. Isso significa que sistemas se desligam, se autodanificam, danificam outras coisas ou enviam coisas ou pessoas para lugares errados. Em 11 de junho de 1999, às 15:28, um gasoduto pegou fogo em Bellingham, Washington. A gasolina começou a derramar riacho abaixo. A gasolina rapidamente se espalhou por mais de uma milha (um quilômetro e meio) ao longo do riacho e depois pegou fogo. Dois meninos de dez anos que estavam brincando perto do vazamento morreram, bem como um jovem de 18 anos que se encontrava mais abaixo no riacho. As centrais municipais de tratamento de água das proximidades foram severamente afetadas pelo fogo. Quando o Conselho Nacional de Segurança nos Transportes dos EUA examinou o motivo da explosão da tubulação, descobriu-se que o foco estava no "desempenho e segurança do sistema de controle, supervisão e aquisição de dados (SCADA)". Em outras palavras, o software falhou. O relatório, nesse caso, não concluiu que o motivo da explosão foi intencionalmente causado por um *hacker*, mas pela análise se tornou óbvio que oleodutos semelhantes ao de Bellingham podem ser manipulados de forma destrutiva a partir do ciberespaço.

O exemplo mais claro da dependência e da vulnerabilidade trazidas pelos controles computacionais aparece também em um sistema do qual tudo depende: a rede de energia elétrica. Como resultado da desregulamentação da década de 1990, as empresas de energia elétrica foram divididas em empresas de geração e de transmissão. Elas também foram autorizadas a comprar e vender energia para qualquer uma das três maiores redes elétricas da América do Norte. Ao mesmo tempo, como qualquer outra empresa, elas estavam implementando controles computacionais de forma ampla em suas operações. Controles computacionais também foram implementados para gerenciar compra e venda, geração e transmissão. Um sistema SCADA já controlava as subestações das empresas elétricas, os transformadores e os geradores. Esse sistema recebe e envia sinais para todos os milhares de dispositivos na rede da empresa. Sistemas SCADA são programas de software e a maioria das empresas elétricas utilizam um em cada seis produtos disponíveis comercialmente no mercado.

Esses programas de controle enviam sinais para que dispositivos regulem a carga elétrica em várias localidades. Os sinais, em sua maioria, são enviados através de uma rede interna e ocasionalmente por rádio. Infelizmente, muitos desses dispositivos também possuem outras conexões.

Uma pesquisa mostra que um quinto deles tem acesso sem fio ou por rádio, quarenta por cento possui conexões com a rede de computadores interna da empresa e quase metade tem conexão direta com a Internet. Muitas dessas conexões com a Internet são disponibilizadas para permitir diagnóstico remoto pelos fabricantes.

Outra pesquisa mostra que em uma empresa elétrica de grande porte oitenta por cento dos dispositivos estão conectados à rede interna corporativa e existem, evidentemente, conexões da rede interna com a Internet. Isso significa que, uma vez que você consiga invadir a rede interna por meio da Internet, você conseguirá enviar comandos aos dispositivos da rede elétrica. Talvez isso possa até ser feito a partir de um cibercafé do outro lado do planeta. Várias auditorias conduzidas por respeitados especialistas em segurança cibernética em empresas de energia elétrica descobriram que tudo isso é muito factível. Que tipo de coisas se pode fazer com controles de rede?

Em 2003, o *worm* chamado *Slammer* (grandes e bem-sucedidos ataques de código malicioso recebem um nome próprio) invadiu e retardou os controles de uma rede elétrica. Uma falha em um software amplamente utilizado em um sistema SCADA também contribuiu para a lentidão dos controles. Então, quando uma árvore caída criou um surto em uma linha de Ohio, os dispositivos que deveriam interromper o efeito cascata não foram rápidos o suficiente para evitar o apagão que atingiu o sul de Nova Jersey. Como resultado, oito estados, duas províncias canadenses e cinquenta milhões de pessoas ficaram sem eletricidade e tudo que dependia dela (tal como o sistema de água de Cleveland). A árvore foi a origem, porém os mesmos efeitos poderiam ser alcançados através de um comando enviado ao sistema de controle por um *hacker*. De fato, em 2007, o especialista da CIA Tom Donahue foi autorizado a dizer em uma audiência pública para especialistas que a Agência estava ciente de ocorrências dessa natureza feitas por *hackers*. Embora Tom não tenha mencionado onde os *hackers* causaram o apagão com um esquema criminoso, mais tarde foi revelado que o incidente ocorrera no Brasil.

O apagão de 2003 durou para a maioria das pessoas algumas longas horas, mas mesmo sem ninguém ter tentado prolongar o efeito, em alguns lugares ele durou quatro dias.

Em 1998, em Auckland, na Nova Zelândia, os danos causados pela sobrecarga de linhas de energia dispararam um blecaute que manteve a cidade no escuro por cinco semanas. Se um sistema de controle envia muita energia para uma linha de alta tensão, esta pode ser destruída ou originar um incêndio. No entanto, durante o processo, o pico de energia pode sobrecarregar disjuntores de casas e escritórios e torrar dispositivos eletrônicos, computadores, televisões e refrigeradores. Isso aconteceu recentemente em minha casa de campo durante uma tempestade de raios.

Entretanto, o melhor exemplo de como comandos por computador podem fazer coisas se autodestruírem são os geradores elétricos. Os geradores produzem eletricidade pela rotação, e o número de vezes que eles rodam por minuto cria energia em unidades expressas em hertz. Nos Estados Unidos e no Canadá, os geradores da maioria das sub-redes giram a 60 Megahertz. Quando um gerador é acionado, ele é mantido de fora da rede até atingir essa medida. Se ele é conectado à rede em outra velocidade, ou se a sua velocidade se altera muito enquanto está ligado à rede, a energia de todos os outros geradores da rede rodando a 60 MHz fluirá para o de geração mais lenta, possivelmente destruindo as pás de sua turbina.

A fim de testar se um guerreiro cibernético poderia destruir um gerador, um laboratório do governo federal em Idaho configurou uma rede de controle padrão e a conectou a um gerador. No experimento, chamado de Aurora, os *hackers* que participavam do teste invadiram a rede de controle pela Internet e encontraram o programa que enviava as velocidades de rotação para o gerador. Mais uma tecla apertada e o gerador poderia ser severamente danificado. Como tantas outras coisas, os geradores enormes que fornecem energia aos Estados Unidos são fabricados, quando solicitado, no princípio de entrega *just-in-time*. Eles não ficam prontos, esperando para ser vendidos. Caso um gerador esteja bastante comprometido ou destruído, é pouco provável que seja substituído em poucos meses.

Felizmente, em 2008, a Agência Regulatória Elétrica Federal finalmente exigiu que as empresas elétricas adotassem algumas medidas específicas de segurança cibernética e avisou que haveria uma multa acima de um milhão de dólares por dia às empresas por motivo de não conformidades.

Até o lançamento deste livro nos EUA, ninguém havia sido multado. As empresas tinham até meados de 2010 para cumprir a obrigação. Em seguida, a comissão prometeu que iria começar a inspecionar algumas instalações para determinar se elas estão ou não em conformidade. Infelizmente, a iniciativa *Smart Grid* do presidente Barack Obama fará com que a rede elétrica fique ainda mais conectada e ainda mais dependente de tecnologias de redes de computadores.

Da mesma forma que alguém pode chegar pelo ciberespaço e destruir uma linha de transmissão elétrica ou um gerador, comandos por computadores podem descarrilar um trem, enviar vagões de carga para um lugar errado ou fazer com que um gasoduto exploda. Enviar comandos computacionais para um sistema de armas pode fazer com que ele funcione incorretamente ou que seja desligado. Então, um guerreiro cibernético pode, a partir do ciberespaço, provocar ações para desligar ou explodir coisas, como uma rede elétrica ou um milhão de outros sistemas críticos, como o armamento de um oponente.

Em conjunto, o design da Internet, as falhas de hardware e software e a adoção de máquinas críticas controladas a partir do ciberespaço fazem com que a guerra cibernética seja possível. Mas então por que esses problemas ainda não foram resolvidos?

CAPÍTULO 4
A Defesa Falha

Até agora vimos evidências de "experiências" na guerra cibernética em sua maioria usando ataques primitivos de negação de serviço. Nós vimos como os Estados Unidos, a China e a Rússia, entre outros, estão investindo fortemente em unidades de guerra cibernética. Avaliamos como seriam os primeiros minutos de um devastador ataque cibernético de alta intensidade nos Estados Unidos. E investigamos por que o uso da tecnologia cibernética traz a possibilidade de um ataque tão devastador acontecer.

Por que ninguém fez nada para mitigar essas vulnerabilidades? Por que estamos pondo tanta ênfase em nossa habilidade de atacar os outros, em vez de priorizar nossas defesas contra esses ataques? Algumas pessoas tentaram criar uma defesa cibernética para os Estados Unidos, mas, obviamente, não foram bem-sucedidas.

Neste capítulo revisaremos quais esforços foram realizados para se defender contra uma guerra cibernética (crime cibernético e espionagem cibernética) e veremos o porquê de eles terem fracassado. Segure-se! Inicialmente viajaremos rapidamente por vinte anos de esforços dos Estados Unidos para fazer algo relacionado à segurança cibernética. Então, falaremos por que eles não estão funcionando.

4.1. Pensamentos Iniciais no Pentágono

No início da década de 1990, o Pentágono começava a se preocupar com a vulnerabilidade criada pela utilização de novos sistemas de informação para conduzir as guerras. Em 1994, algo conhecido como a "Comissão Conjunta de Segurança" foi criado pelo Departamento de Defesa e pela comunidade de inteligência com foco no novo problema introduzido pela disseminação da tecnologia de redes de computadores. O relatório final da comissão trouxe três conceitos importantes:

- "A tecnologia de sistemas de informação ... está evoluindo mais rapidamente do que a tecnologia de segurança em sistemas de informação".
- "A segurança de sistemas de informação e de redes de computadores é o maior desafio de segurança desta década e possivelmente do próximo século e ... há conhecimento insuficiente dos riscos graves que enfrentamos neste contexto".
- O relatório também nota que o aumento da dependência do setor privado por sistemas de informação tornou a nação como um todo, não apenas o Pentágono, mais vulnerável.

Atualmente, esses três pontos são ainda mais relevantes e verdadeiros. Um artigo premonitório da revista Time em 1995 apontava para o fato da guerra cibernética e das vulnerabilidades domésticas terem sido assunto para alerta em Washington quinze anos atrás. Nós continuamos redescobrindo esta roda. Na matéria da revista, o coronel Mike Tanksley, de forma educada, comentou sobre como, em um futuro conflito com uma potência mais fraca, os Estados Unidos forçariam o nosso inimigo a se render sem dar um disparo sequer.

Por meio de técnicas *hackers*, possíveis apenas em filmes, o coronel Tanksley descreveu como os guerreiros cibernéticos norte-americanos poderiam desligar o sistema de telefonia do inimigo, destruir o sistema de roteamento ferroviário do país, emitir comandos falsos aos militares inimigos e assumir as transmissões de rádio e televisão para inundá-los com propaganda. Nesse cenário de fantasia que Tanksley descreveu, o efeito do uso dessas táticas terminaria com o conflito antes mesmo que ele começasse. A revista Time escreveu que uma bomba-lógica "permaneceria dormente em um sistema inimigo até uma hora predeterminada até que fosse ativada e começasse a destruir dados. Tais bombas poderiam, por exemplo, atacar computadores que mantinham um sistema de defesa aéreo nacional ou um banco central". O artigo menciona que a CIA tinha um "programa clandestino para inserir armadilhas em chips de computadores de sistemas de armas de fabricantes de países estrangeiros potencialmente hostis – uma técnica chamada *chipping*. Uma fonte da CIA explicou aos repórteres como isso era feito: "você entra na rede de fornecimento dos fabricantes de armas, tira o material da rede momentaneamente, insere o *bug* e então deixa o material seguir o seu caminho para o país destinatário... quando o sistema de armas entra em situação de combate, tudo aparentemente funciona, mas a ogiva não explode".

O artigo da Time foi uma notável obra de jornalismo que capturou questões técnicas complicadas e problemas políticos relacionados muito antes de a maioria das pessoas do governo entender qualquer coisa sobre elas. Na primeira página, questiona-se: "os Estados Unidos se apressam para tornar os computadores armas de destruição do futuro. Mas quão vulnerável está a nossa nação?". Esta pergunta é hoje tão pertinente quanto era antes, e, notavelmente, a situação se alterou muito pouco. Os jornalistas concluem: "os Estados Unidos poderiam perder uma corrida armamentista na guerra de informações, pois já estão vulneráveis a esse tipo de ataque". Eles continuam: "na verdade, os avanços cibernéticos nos quais os militares estão investindo suas forças convencionais podem representar fendas na armadura da América". Assim, pela metade da década de 1990, os jornalistas estavam percebendo que o Pentágono e as agências de inteligência estavam excitadas com a possibilidade de criar capacidade para guerra cibernética. Contudo, isso criaria uma faca de dois gumes que poderia ser utilizada contra nós.

4.2. Marchando para o Brejo[5]

Em 1995, Timothy McVeigh e Terry Nichols acordaram muita gente. Seu ataque desumano em Oklahoma City matou crianças em uma creche e funcionários públicos em suas mesas. Isso realmente surpreendeu Bill Clinton, que fez um discurso especialmente comovente perto do local do ataque. Quando voltou para a Casa Branca, encontrei-me com ele, juntamente com outros funcionários de lá. Ele estava pensando conceitualmente, como sempre faz. A sociedade estava mudando. Algumas pessoas podem ter um poder destrutivo significativo. As pessoas estavam explodindo coisas nos EUA, e não apenas no Oriente Médio. E se um caminhão-bomba fosse direcionado para o mercado de ações, ou para o Capitólio, ou para algum edifício cuja importância nem sequer é reconhecida? Estávamos nos tornando uma nação mais tecnológica, mas, em alguns aspectos, também estávamos nos tornando uma nação mais frágil. Por insistência da procuradora-geral Janet Reno, Clinton nomeou uma comissão para investigar nossas vulnerabilidades como nação diante de ataques a importantes instalações.

As importantes instalações foram traduzidas burocraticamente para "infraestrutura crítica", um termo que ainda continua confuso hoje. O novo júri foi chamado de Comissão Presidencial de Proteção a Infraestruturas Críticas (PCCIP). Então, não

---

[5] Nota do tradutor: trocadilho com o sobrenome Marsh.

surpreendentemente, a maioria das pessoas se refere a ela pelo nome de seu presidente, o general aposentado da Força Aérea Robert Marsh. A Comissão Marsh foi um esforço em tempo integral com uma grande equipe profissional. Eles realizaram reuniões em todo o país e conversaram com especialistas em indústrias, universidades e várias agências governamentais. O que eles concluíram em 1997 não era o que esperávamos.

Em vez de focar em extremistas de direita como McVeigh e Nichols ou em terroristas da Al Qaeda que atacaram o World Trade Center em 1993, Marsh soou um alto alarme sobre a Internet. Notando a recente tendência, a Comissão Marsh concluiu que importantes funções, de transportes ferroviários a atividades bancárias, de energia elétrica a manufatura, estavam todas conectadas à Internet, e, ainda, que a rede das redes era completamente insegura. Um atacante poderia desligar ou danificar uma "infraestrutura crítica" invadindo sistemas através da Internet.

Levantando a possibilidade de estados-nação criarem unidades de ataque de "guerra da informação", Marsh solicitou um grande esforço para proteger os Estados Unidos. Ele identificou o principal desafio como sendo no setor privado, que detinha a maioria das "infraestruturas críticas". As indústrias estavam receosas de uma possível regulamentação governamental para adotar a segurança cibernética. Em vez de fazer isso, Marsh solicitou uma "parceria público-privada", aumentando a conscientização, o compartilhamento de informações e as pesquisas em projetos mais seguros.

Na época fiquei desapontado, embora com o tempo eu tenha entendido que o general Marsh estava certo. Como oficial sênior da Casa Branca responsável por assuntos de segurança e contraterrorismo, eu esperava por um relatório que me ajudasse a obter a infraestrutura e os fundos necessários para lidar com a Al Qaeda e outros. Contrário a isso, Marsh falava sobre computadores, o que não era meu trabalho. Meu grande amigo Randy Beers, Assistente Especial do Presidente para Assuntos de Inteligência e o homem que guiara a Comissão Marsh pela Casa Branca, foi até o meu escritório (com teto de seis metros de altura e uma excelente vista para o National Mall), sentou em uma cadeira e falou: "você tem que assumir a infraestrutura crítica. Eu não posso fazer isso por causa do chip Clipper".

O chip Clipper foi um plano desenvolvido em 1993 pela NSA, em que o governo exigia que qualquer pessoa nos Estados Unidos instalasse um chip criptografado em suas máquinas, permitindo a escuta pela NSA por meio de uma ordem judicial.

Os grupos de interesse que defendiam privacidade, liberdades civis e tecnologia se uniram em uma oposição veemente. Por alguma razão, eles não acreditavam que a NSA utilizaria a escuta apenas quando tivesse uma ordem judicial (o que ficou provado mais tarde durante o governo de George W. Bush). O chip Clipper acabou em 1996, porém causou muita desconfiança entre a emergente indústria de tecnologia da informação (TI) e a comunidade de inteligência dos Estados Unidos. Beers, sendo um sujeito inteligente, sentiu que não poderia obter a confiança da indústria de TI. Assim, ele veio até mim. Além do mais, essa decisão já havia sido tomada juntamente com Sandy Berger, Conselheiro de Segurança Nacional, que me solicitou que escrevesse um Documento de Decisão Presidencial estabelecendo nossa política sobre o assunto e me colocando como responsável.

O resultado foi uma declaração clara do problema e de nossa meta, mas dentro de uma estrutura com limitações que nos impediram de alcançá-la. O problema era "devido à nossa força militar, inimigos futuros ... poderiam tentar nos prejudicar... por meio de ataques não convencionais à nossa infraestrutura e sistemas de informação ... capazes de prejudicar de forma significativa o nosso poderio militar e a nossa economia". Até aí tudo bem, o objetivo era que "quaisquer interrupções ou manipulações de funções críticas fossem breves, infrequentes, gerenciáveis, geograficamente isoladas e minimamente prejudiciais". Algo muito bom.

Contudo, como fazer isso? Na época em que todas as agências do governo tinham ignorado a decisão, estava escrito: "os incentivos que o mercado provê são a primeira forma de tratar o problema de proteção da infraestrutura crítica ... [Nós somente consideraremos] regulamentar se houver falhas materiais do mercado ... [e mesmo assim] as agências identificarão alternativas para a regulamentação direta". Eu adquiri um novo título no Documento de Decisão, que não caberia no meu cartão de visita: "Coordenador Nacional para Segurança, Proteção de Infraestrutura e Contraterrorismo". Não é de se admirar que a mídia usou o termo "czar", uma vez que ninguém conseguia lembrar o título real. O Documento de Decisão, entretanto, esclareceu que o czar não poderia direcionar ninguém a fazer coisa alguma.

Os membros do gabinete tinham sido inflexíveis quanto a isso. Nenhum regulamento e nenhuma autoridade para tomar decisões significa pouco potencial para obter resultados.

Entretanto, começamos o trabalho com o setor privado e com as agências governamentais. Quanto mais eu trabalhava nesse assunto, mais preocupado eu ficava. Marsh não tinha sido assim tão alarmista, eu vim a reconhecer; na verdade, ele e sua comissão tinham subestimado o problema. Nosso trabalho no *Bug* do Milênio – ou falha Y2K (o fato de que a maioria dos softwares não funcionaria quando a data mudasse de 1999 para 2000) – incrementou, de forma ampla, meu entendimento do quanto tudo estava se tornando rapidamente dependente de sistemas e redes controladas por computadores conectados de alguma forma à Internet. No orçamento federal de 2000, eu pude adicionar dois bilhões de dólares para o aperfeiçoamento do esforço de segurança cibernética, somente uma fração do que era necessário.

Por volta do ano 2000, nós tínhamos desenvolvido um Plano Nacional para Proteção de Sistemas de Informação, porém ainda não existia interesse do governo em tentar regulamentar as indústrias que operavam infraestruturas críticas vulneráveis. Para destacar a ideologia da decisão de evitar a regulamentação, eu usei a expressão "abstenção de regulamentação" no Documento de Decisão, imitando a retórica maoísta, (Mao ordenara: "cavem túneis mais profundos, enterrem alimentos em qualquer lugar, evitem o hegemonismo"). Ninguém enxergou a ironia. Nem os departamentos do gabinete faziam o suficiente para proteger suas próprias redes, como solicitado na diretiva presidencial. Assim, o plano estava indo para o ralo. Contudo, deixou claro para a indústria e para o público quais eram as suas apostas. Na folha de rosto da carta de Bill Clinton não restavam dúvidas de que a revolução da TI tinha alterado a forma como a economia e a defesa nacional eram feitas. Desde acender lâmpadas até ligar para o 911, ou embarcar em um avião, tudo era agora invocado por sistemas controlados por computador. Um "ataque preciso" nos computadores de um importante setor econômico poderia "levar a resultados catastróficos". Isso não era uma possibilidade teórica; mas "nós sabemos que a ameaça é real". Oponentes que antes confiavam em "bombas e munição" agora podem usar "um laptop ... como uma arma capaz de ... um estrago enorme".

Eu mesmo adicionei na minha folha de rosto que "mais do que qualquer nação, os EUA são dependentes do ciberespaço". Ataques cibernéticos podem "derrubar redes elétricas ... sistemas de transporte ... instituições financeiras. Nós sabemos que outros governos estão desenvolvendo tal capacidade". Assim como nós, mas isso eu não disse...

4.3. Seis Nomes Esquisitos

Durante aqueles anos iniciais do meu foco em segurança cibernética, ocorreram seis grandes incidentes que me convenceram que esse era um problema sério. Primeiramente, em 1997, eu trabalhava com a NSA em um teste de segurança cibernética do Pentágono, num exercício que os militares chamavam de *Eligible Receiver* (Receptor Elegível). Em dois dias, nosso time de ataque invadiu a rede de comando sigilosa e estava a ponto de simular ordens. Eu parei o exercício mais cedo. O vice-secretário de Defesa ficou chocado com a vulnerabilidade do Pentágono e ordenou que todas as divisões comprassem e instalassem sistemas de detecção de intrusão (IDS). Logo descobriram que existiam milhares de tentativas por dia de invasão a redes do DoD. E esses eram os ataques conhecidos.

Em 1998, durante a crise do Iraque, alguém invadiu os computadores não secretos do DoD necessários para gerenciar a organização dos militares dos Estados Unidos. O FBI atribuiu um nome apropriado para o ataque: *Solar Sunrise* (foi um despertador para muitos). Depois de dias de pânico, os atacantes foram revelados como sendo de Israel e não do Iraque. Mais especificamente, um adolescente de Israel e dois da Califórnia provaram que nossa rede logística militar era pouco segura.

Em 1999, uma base da Força Aérea notou algo estranho em sua rede de computadores e chamou o FBI, que, por sua vez, chamou a NSA. O que se descobriu foi que um amontoado de dados estavam sendo extraídos dos arquivos de pesquisa da base aérea.

Certamente, grandes quantidades de dados estavam sendo retirados de vários computadores da rede de Defesa e de muitos sistemas de dados dos laboratórios nucleares nacionais do Departamento de Energia. O arquivo deste caso foi chamado pelo FBI de *Moonlight Maze* e também acabou sendo esquecido, já que ninguém tinha muito a falar sobre o que estava acontecendo, a não ser para dizer que os dados estavam sendo enviados por meio de uma série de pontos de vários países, antes de chegar em algum lugar. Dois aspectos profundamente perturbadores nesse caso foram que os especialistas em segurança de computadores não conseguiram interromper o furto de dados, mesmo quando eles já sabiam do problema, e ninguém tinha realmente certeza do que estava acontecendo (embora mais tarde algumas pessoas tenham atribuído publicamente o ataque aos russos). A cada instante que uma nova defesa era posta em prática, os atacantes a contornavam. Até que, um dia, os ataques pararam. Ou, mais provavelmente, eles começaram a atacar de uma forma que nós não podíamos ver.

No início do ano 2000, quando ainda estávamos comemorando o nosso sucesso em evitar o *bug* do milênio, varios sites novos de comércio eletrônico (AOL, Yahoo, Amazon, E-Trade) foram derrubados por ataques distribuídos de negação de serviço (DDoS), um termo que era novo para a maioria das pessoas nessa época. Este foi o primeiro "grande" ataque a derrubar várias empresas de forma simultânea. O motivo foi difícil de identificar. Não houve exigências financeiras, nem uma real mensagem política. Alguém parecia estar testando o conceito de invadir secretamente vários computadores pessoais a fim de utilizá-los para um ataque (posteriormente foi descoberto que esse alguém era um ajudante de garçom de Montreal). Eu vi nesse ataque de DDoS uma oportunidade para o governo lembrar ao setor privado que eles deviam levar a sério os ataques cibernéticos.

O presidente Clinton concordou em convidar os CEOs das empresas que tinham sido atacadas, bem como outros CEOs da indústria de TI e de infraestruturas importantes. Esse foi o primeiro encontro presidencial na Casa Branca com líderes do setor privado relacionado à preocupação com ataques cibernéticos. E também foi o último até a conclusão deste livro.

Embora tenha sido uma reunião extremamente sincera e detalhada, uma abertura de olhos para muitos, o resultado essencialmente foi que todos concordaram em trabalhar com mais afinco no problema.

Em 2001, a administração Bush sentiu um gostinho do problema quando o *worm Code Red* em poucas horas infectou mais de trezentos mil computadores, transformando os em zumbis e fazendo com que todos lançassem um ataque de DDoS contra o site da Casa Branca. Eu consegui distribuir o site da Casa Branca em vinte mil servidores usando uma empresa chamada Akamai e, assim, evitei os efeitos do ataque (nós também convencemos alguns dos principais provedores de Internet a desviar o tráfego de ataque). A tarefa de limpar o *worm* dos computadores zumbis infectados foi a tarefa mais complicada. Muitas empresas e indivíduos não queriam ser incomodados com a remoção, apesar dos efeitos perturbadores repetidos na Internet. Nem nós podíamos evitar o acesso dessas máquinas à Internet, mesmo com elas regularmente difundindo código malicioso na Internet. Dias após o ataque terrorista de 11 de setembro, outro *worm* mais perigoso ainda se espalhou. O *worm* NIMDA (ou "Admin" ao contrário) tinha como alvo os computadores mais seguros do setor privado: os do setor financeiro. Apesar da segurança sofisticada da indústria financeira, muitos bancos e empresas da Wall Street ficaram *off-line*.

4.4. A Segurança Cibernética Foi "Bushada"

A administração Bush estava convencida de que a segurança cibernética era um problema importante, e no verão de 2001 concordou em criar um setor separado na Casa Branca para a sua coordenação (Ordem Executiva 13.231). Eu trabalhei nesse setor com o cargo de Assessor Especial do Presidente para Segurança Cibernética do outono de 2001 até o começo de 2003. A maior parte do restante do governo Bush (o Assessor de Ciências, o Assessor Econômico e o Diretor de Orçamento) procuraram limitar a autoridade do novo cargo de segurança cibernética.

Sem se incomodar com isso, minha equipe pegou o Plano Nacional de Clinton e o modificou com base em dados enviados por equipes de 12 setores privados e com a participação de cidadãos em dez encontros (*town halls*) organizados por todo o país (felizmente, o tipo de pessoa que apareceu para participar dessas reuniões sobre segurança cibernética era muito mais civilizado do que as que apareceram em 2009 nas discussões sobre as questões de saúde). O resultado desse esforço foi a Estratégia Nacional para um Espaço Cibernético Seguro, que Bush assinou em fevereiro de 2003. Substancialmente, existem poucas diferenças entre as abordagens de Clinton e Bush, exceto pelo fato de a administração republicana não somente continuar a evitar a regulamentação, como também odiar a ideia de o governo publicar novas normas sobre qualquer assunto. Bush deixou cargos vagos por longos períodos em várias comissões reguladoras e, em seguida, nomeou comissários que não faziam cumprir as regras que existiam.

O entendimento pessoal e o interesse de Bush pela segurança cibernética no início de sua administração foram mais bem caracterizados em uma pergunta que ele me fez em 2002. Fui encontrá-lo no Salão Oval para levar a notícia da descoberta de uma falha generalizada em um software. Essa falha poderia permitir que *hackers* invadissem sistemas livremente, a menos que nós persuadíssemos a maioria das grandes redes e corporações a corrigi-la. A única reação de Bush foi: "o que John acha disso?". John era o CEO de uma grande empresa de tecnologia da informação e o principal doador do comitê eleitoral de Bush.

Com a criação do Departamento de Segurança Interna (DHS), eu pensei que haveria a oportunidade de unir em um centro de excelência as várias entidades espalhadas que trabalhavam com segurança cibernética. Como resultado disso, alguns escritórios de segurança cibernética do Departamento de Comércio, do FBI e do DoD foram reunidos no Departamento de Segurança Interna. Contudo, a soma acabou por ser muito menor que as partes, quando muitas das melhores pessoas dos escritórios incorporados aproveitaram a oportunidade para deixar o governo. Quando eu também trilhei minha saída do governo Bush, logo após começar a desastrosa Guerra do Iraque, a Casa Branca optou por não me substituir como Assessor Especial.

Então, o mais alto funcionário do governo encarregado de coordenar a segurança cibernética ficou posicionado várias camadas abaixo, em um setor que estava se transformando no departamento mais disfuncional do governo, o Departamento de Segurança Interna (DHS). Muitas pessoas boas tentaram fazer o trabalho funcionar, mas cada um deles acabou por sair frustrado. A mídia começou a falar sobre o "ciber czar da semana". O foco de alto nível no setor privado sobre a questão que tínhamos conquistado desapareceu.

Quatro anos mais tarde, Bush tomou uma decisão mais depressa do que sua equipe imaginava que ele faria. Existia uma operação secreta que o presidente deveria aprovar pessoalmente. Na agenda do presidente constava uma hora para a discussão sobre a decisão. A tomada de decisão durou apenas cinco minutos. Bush nunca havia visto uma proposta de operação secreta de que não gostasse. Agora, com 55 minutos restantes para o encontro, o Diretor Nacional de Inteligência, Mike McConnell, viu uma brecha. Todas as pessoas certas estavam na sala, os membros seniores do gabinete de segurança. McConnell perguntou se ele poderia discutir a ameaça ao setor financeiro e à economia dos Estados Unidos. Dada a oportunidade, ele falou sobre guerra cibernética e o quanto vulnerável estávamos. O setor financeiro, particularmente, estava vulnerável e não saberia se recuperar de um ataque do tipo *data-shredding*, capaz de causar danos inimagináveis para a economia. Estonteado, Bush passou a palavra para o Secretário do Tesouro Hank Paulson, que concordou com a questão.

Nesse ponto, Bush, que estava sentado atrás de uma grande cadeira no Salão Oval, quase deu um pulo. Ele caminhou rapidamente para a frente da cadeira e começou a gesticular para dar mais ênfase à sua fala. "Tecnologia da informação supostamente era para ser uma vantagem nossa e não uma fraqueza. Eu quero isso arrumado. Eu quero um plano rápido, realmente rápido". O resultado disso foi a Abrangente Iniciativa Nacional de Segurança Cibernética (CNCI) e a Decisão Presidencial de Segurança Nacional 54. Nenhum dos dois documentos se tornou público. Ambos têm apropriadamente um plano de 12 passos. No entanto, focam na segurança das redes governamentais.

Estranhamente, o plano não tratou do problema que deu origem à discussão no Salão Oval, a vulnerabilidade do setor financeiro à guerra cibernética.

Mesmo assim, Bush solicitou cinquenta bilhões de dólares por cinco anos para a Abrangente Iniciativa Nacional de Segurança Cibernética, que não é nem abrangente, nem nacional. A iniciativa é um esforço para, nas palavras de um conhecedor interno, "parar o sangramento" dos sistemas da comunidade de inteligência e do DoD, com um foco secundário no restante do governo. Também descrito como um multibilionário "programa de remendos e rezas", a iniciativa não trata das vulnerabilidades do setor privado, incluindo as infraestruturas críticas. Este problema mais difícil foi deixado para a próxima administração.

Supostamente, a iniciativa também deveria desenvolver uma "estratégia de dissuasão para a guerra da informação e uma doutrina declaratória". Mas esta parte foi quase que totalmente colocada em modo de espera. Em maio de 2008, o Comitê das

Forças Armadas do Senado criticou o sigilo da iniciativa em um relatório público, com o comentário de que "é difícil conceber como os Estados Unidos poderiam promulgar uma doutrina de dissuasão significativa se cada aspecto dos nossos conceitos operacionais e capacidades são confidenciais". Lendo isso, eu não poderia deixar de lembrar quando o Dr. Fantástico, no filme de mesmo nome, repreende o embaixador soviético por Moscou manter em segredo a existência da sua dissuasão nuclear, a Máquina do Fim do Mundo: "de fato, todo o sentido da existência da Máquina do Fim do Mundo é perdido se você o mantém como *um segredo*! Por que você não a mostra para o mundo?". A razão de estarmos mantendo a nossa estratégia de dissuasão cibernética em segredo provavelmente é por ela não ser tão boa assim.

4.5. A Transição para Obama

Foi outra vulnerabilidade do setor financeiro, resultado do bem-sucedido lobby que o setor fazia contra a regulamentação do governo, que se tornou o foco para Barack Obama assim que virou presidente em 2009.

A dificuldade financeira das hipotecas e as relações complexas dos mercados derivados criaram a pior crise financeira desde 1929. Além disso, com as guerras do Iraque e do Afeganistão, a ameaça de pandemia de gripe, a reforma nos planos de saúde e o aquecimento global exigindo toda a sua atenção, Obama não se concentrou na segurança cibernética. Contudo, ele tinha tratado disso durante a sua campanha em 2008. Nessa época, embora eu tivesse participado da campanha como conselheiro para terrorismo, utilizei esse acesso para importunar o até então candidato e seus assessores para que pensassem sobre a guerra cibernética. Não foi uma surpresa para mim quando Obama "captou" o assunto, uma vez que ele realizou a campanha presidencial mais tecnologicamente avançada e dependente do mundo cibernético da história.

Assim, como parte do esforço de campanha para demarcar um terreno em questões de segurança nacional, o então senador Obama, no verão de 2008, fez um discurso que reuniu especialistas nacionais sobre tecnologia e ameaças emergentes na Universidade de Purdue. No discurso, ele tomou o corajoso passo de declarar que a infraestrutura cibernética dos Estados Unidos era "um ativo estratégico", uma expressão importante na linguagem do governo que significa ser algo que vale a pena defender. Ele também se comprometeu em nomear um alto conselheiro da Casa Branca para tratar do assunto diretamente com ele e assumiu o compromisso geral de tornar a segurança cibernética "uma alta prioridade federal". Na ficha de acompanhamento, que meu coautor Rob Knake elaborou com dois cientistas da computação do MIT, John Mallery e Roger Hurwitz, ele deu um passo a mais, criticando a administração de Bush pela lentidão com que se moveu em relação a esse assunto, face aos riscos associados ao ciberespaço e se comprometeu a iniciar um "esforço em P&D para Computação Segura" e a "desenvolver a próxima geração de computadores e redes seguras para aplicações de segurança nacional", investindo mais em ciências e educação matemática e criando planos para tratar as vulnerabilidades do setor privado, o roubo de identidades e a espionagem corporativa.

Algumas semanas mais tarde, a ameaça cibernética foi direcionada para Obama de uma forma bem séria. O FBI informou discretamente que eles tinham razões para acreditar que *hackers* chineses tinham se infiltrado nos sistemas computacionais da campanha.

Eu solicitei a um dos meus parceiros de negócios, Paul Kurtz (que trabalhou em segurança cibernética nas equipes da Casa Branca de Clinton e Bush), que levasse um time de especialistas em segurança cibernética até a sede da campanha em Chicago para avaliar a extensão dos danos e verificar o que poderia ser feito para deixar os sistemas mais seguros. Os *hackers* chineses estavam com foco em documentos de propostas políticas. Eles tinham usado algumas técnicas sofisticadas, escondidas por baixo de atividades mais óbvias.

Quando a campanha silenciosamente reuniu um time de transição não oficial semanas antes do dia da eleição, eu solicitei a todos que trabalhavam no plano de segurança nacional que interrompessem o uso de seus computadores pessoais para esse fim. Mesmo que aquilo que eles estivessem escrevendo não fosse confidencial, era de interesse da China e outros (incluindo, possivelmente, John McCain, apesar de sua campanha não ter mostrado muito entendimento sobre tecnologia cibernética). Com o aval da campanha, nós distribuímos laptops da Apple "limpos" e travados de modo que pudessem fazer apenas conexão com uma rede privada virtual (VPN) que nós criamos usando um servidor com um nome completamente inócuo. Eu soube que teríamos problemas quando comecei a receber chamadas de reclamações a respeito dos recursos de segurança. "Dick, eu estou no Starbucks e essa porcaria de máquina não me deixa conectar na rede sem fio". "Dick, eu quero obter alguns arquivos da minha conta do Gmail, mas não posso acessar a Internet". Eu tentei salientar que, se você é um membro sênior de um time de transição informal de segurança nacional, você provavelmente não deveria estar planejando acessar a Casa Branca em um Starbucks, mas nem todo mundo parecia se importar com isso.

Pouco antes da instalação do governo, eu e Paul Kurtz providenciamos para a nova equipe da Casa Branca uma minuta de um documento de decisão formalizando as propostas de Obama que tinham sido defendidas no discurso de Purdue.

Nós argumentamos que se Obama demorasse as pessoas sairiam da toca para tentar impedi-lo. Embora o mais alto membro da equipe da Casa Branca entendesse o problema e quisesse uma decisão rápida, isso não era, compreensivelmente, uma questão de alta prioridade.

Como alternativa, a Casa Branca de Obama anunciou uma revisão de seis dias e solicitou aos redatores da CNCI de Bush que a executassem. Apesar do fato de Jim Lewis e da Comissão sobre Segurança Cibernética da 44ª Presidência terem despendido mais de um ano de trabalho para chegar a um consenso sobre o que o próximo Presidente precisaria fazer, o relatório foi entregue no dia 08 de dezembro de 2008. Depois de 110 dias, o presidente anunciou os resultados e adivinha o que aconteceu? Era a CNCI ressurgida. Ela também tinha um Comando Cibernético Militar, porém não tinha uma estratégia de guerra cibernética, nem uma grande política ou programa para defender o setor privado, e nada para iniciar um diálogo internacional sobre a guerra cibernética. E, novamente, mais um *déjà vu*, o novo Presidente democrata desviou o tema do seu caminho, colocando o regulamento fora de questão: "então deixe-me ser claro: minha administração não vai ditar padrões de segurança para as empresas privadas".

Mas Obama não anunciou em seu discurso público, depois da revisão de seis dias, quem seria o novo czar da segurança cibernética da Casa Branca. Poucas pessoas qualificadas queriam o emprego, em sua maioria devido ao fato de não ter autoridade aparente e ter que reportar diretamente ao Conselheiro Econômico e ao Conselheiro de Segurança Nacional. O Conselheiro Econômico era o ex-presidente Larry Summers, deposto de Harvard, e havia deixado claro o seu pensamento de que o setor privado e as forças de mercado fariam o suficiente para lidar com a ameaça da guerra cibernética sem regulamentações governamentais adicionais ou intervenções em seus assuntos. Meses se passaram, e os maiores esforços do departamento de pessoal da Casa Branca não conseguiram convencer cada um dos candidatos de que se tratava de um trabalho em que valeria a pena investir.

Então, em seu primeiro ano de administração, Obama não teve ninguém na Casa Branca tentando orquestrar a segurança cibernética integrada do governo ou o programa de guerra cibernética. Departamentos e agências fizeram suas próprias atividades, ou seja, não fizeram nada. As duas agências líderes na defesa dos EUA contra uma guerra cibernética eram o Comando Cibernético dos Estados Unidos (para defender os militares) e o Departamento de Segurança Interna (para defender, bem, alguma coisa).

O chefe do Comando Cibernético dos Estados Unidos se manteve discreto durante boa parte de 2009, porque o Senado ainda não havia concordado em lhe dar sua quarta estrela. Para obter essa promoção, o General Keith Alexander teria que responder a algumas questões para o comitê do Senado, e o comitê não tinha certeza se tinha entendido o que o Comando Cibernético dos Estados Unidos estava proposto a fazer. O senador Carl Levin, do Michigan, solicitou ao Pentágono que lhe enviasse uma explicação sobre a missão do comando e da estratégia antes que concordasse em agendar uma audiência de confirmação.

Enquanto o senador Levin tentava descobrir o que o Comando Cibernético previa proteger e o General Alexander estava "em período de silêncio" antes da sua audiência, para mim não estava claro o que o Departamento de Segurança Interna deveria proteger. Portanto, fui direto à fonte e perguntei à Secretária Janet Napolitano, que graciosamente concordou em me encontrar na sede de seu departamento. Ao contrário de outros departamentos ministeriais, que tendem a estar sediados em edifícios monumentais ou blocos de escritórios modernos perto do National Mall, o mais novo departamento está localizado em um acampamento de arame farpado fechado a noroeste de Washington, D.C. Atrás do arame existe uma série de edifícios baixos de tijolos vermelhos, como uma *kasern* do exército nazista. Não é de se admirar que, quando os funcionários públicos foram obrigados a se mudar para lá, eles apelidaram o lugar de *Stalag 13*, o campo de prisioneiros alemão fictício da série de comédia da televisão *Guerra, sombra e água fresca*.

Na verdade, o edifício tinha sido a sede do serviço criptográfico da Marinha dos Estados Unidos, o predecessor da nova 10ª Frota. Assim como as bases navais americanas de qualquer lugar, esta tinha uma pequena igreja branca e placas de rua bonitinhas. Uma rua é chamada de "Caminho da Inteligência". Para chegar no escritório da Secretária, nós caminhamos por meio de um enorme mar de cubículos cinzentos, ao estilo Dilbert. O escritório pessoal de Napolitano era apenas um pouco melhor. Para a ex-governadora do Arizona, o sombrio escritório dez por 12 metros era um claro revés.

Contudo, ela tinha conseguido espaço no canto do escritório para colocar a imagem de um cavalo de rodeio. Mas o lugar tinha uma sensação de temporário, mesmo após seis anos de criação. A Secretária explicou, tentando dar uma ênfase positiva: "nós estamos nos mudando para uma grande sede nova". A nova sede, em St. Elizabeth, Washington, de frente para o manicômio da capital, estaria pronta, talvez, após dez anos de existência do departamento.

Napolitano começou: "mesmo com o governo parado ontem devido ao feriado, eu me encontrei com executivos do setor financeiro para conversar sobre a segurança cibernética". Era o mês da Conscientização em Segurança Cibernética do departamento e vários eventos haviam sido agendados. Eu perguntei qual era a maior ameaça à segurança cibernética. Ela respondeu: "os *hackers* altamente qualificados, os cartéis criminosos cibernéticos...". Indaguei o que aconteceria se houvesse uma guerra cibernética. "O Pentágono comandaria a guerra, mas nós gerenciaríamos as consequências de qualquer dano aos Estados Unidos". E sobre a prevenção dos danos de modo que houvesse menos consequências para gerenciar? "Nós estamos aumentando nossa capacidade para que possamos proteger o domínio .gov".

Bem, se o Comando Cibernético dos Estados Unidos está protegendo o .mil e você um dia protegerá o .gov, quem está protegendo todo o resto, tal como as infraestruturas críticas do setor privado? "Nós trabalhamos com grupos do setor privado, os Centros de Análise e de Compartilhamento de Informações de 18 empresas críticas". Mas isso não é a mesma coisa que a proteção do governo dos Estados Unidos contra ataques de guerra cibernética às infraestruturas críticas, é? A Secretária admitiu que não. Ela sugeriu que esse papel não era trabalho da Segurança Interna.

A Segurança Interna estava desenvolvendo um sistema capaz de varrer o tráfego cibernético com destino a ou origem em departamentos federais, procurando por códigos maliciosos (vírus, *worms*, etc.). Seu nome, nada modesto, é "Einstein" e o sistema cresceu de um mero monitoramento de fluxo de tráfego (Einstein 1) para detecção de intrusão e de código malicioso (Einstein 2) e brevemente tentará bloquear pacotes de Internet que contenham códigos maliciosos (Einstein 3).

Como parte do esforço para defender os sites do governo, a Segurança Interna e a Administração de Serviços Gerais estavam tentando reduzir o número de portais da Internet sob o domínio .gov. Assim, a Segurança Interna colocaria o Einstein 3 em cada um desses portais .gov para varrer código malicioso. A rede Einstein rodaria na nova e consolidada divisão de segurança cibernética da Segurança Interna, o Centro Nacional para Segurança Cibernética e de Comunicações em Ballston, Virgínia.

Eu perguntei: se o Departamento de Segurança Interna conseguir fazer isso funcionar, por que limitá-lo a proteger apenas o governo federal? "Bem, mais tarde veremos se podemos aplicar isso mais amplamente". A Secretária Napolitano, que é advogada e ex-procuradora federal, acrescentou que haveria obstáculos legais e de privacidade para que o governo pudesse fazer uma varredura na Internet pública em busca de ataques cibernéticos. Bem, então será que ela poderia empregar autoridade reguladora para fazer com que as infraestruturas críticas melhorassem a sua capacidade de defesa própria contra ataques cibernéticos e regulamentar os provedores ou as empresas de energia elétrica? Em seu crédito, a Secretária Napolitano nem mencionou tais possibilidades, apesar de o próprio Presidente Obama ter mencionado isso em seu discurso sobre segurança cibernética em maio de 2009. Ela mencionou que a regulamentação viria somente após o compartilhamento de informações e as medidas voluntárias terem se mostrado falhas e, no primeiro ano de governo, era ainda muito cedo para se fazer este julgamento. Mas claro que essa abordagem de compartilhamento de informações e medidas voluntárias vinham sendo tentadas há mais de uma década.

O que estava dentro de suas responsabilidades era prover segurança ao domínio .gov, e Napolitano estava contente em informar que o DHS estava procurando por milhares de novos empregados com habilidades para segurança cibernética. Imediatamente os críticos se manifestaram publicamente sobre o porquê de especialistas altamente qualificados em cibersegurança trabalharem para o Departamento de Segurança Interna quando todos, desde o Comando Cibernético até a Lockheed e o Bank of America, já os estavam recrutando.

Napolitano disse que estava trabalhando para obter alterações nas regras de contratação de pessoal de forma que ela pudesse pagar salários competitivos em relação ao setor privado e que estava buscando a criação de escritórios satélites na Califórnia e em outros lugares distantes de Washington, onde os especialistas "pudessem preferir morar". Pensei ter ouvido em suas palavras o desejo secreto que muitos burocratas de Washington têm de voltar para as suas casas. Quando deixamos o escritório da Secretária, o chefe da Guarda Costeira dos Estados Unidos, almirante Thad Allen, a estava esperando do lado de fora. O almirante brincou: "estou feliz que você tenha sobrevivido à entrevista com Dick". A Secretária respondeu: "eu sobrevivi, mas agora estou deprimida em relação à guerra cibernética".

Por que Clinton, Bush e até então Obama falharam em lidar de maneira bem-sucedida com o problema apresentado pelas vulnerabilidades do setor privado dos EUA em relação à guerra cibernética? Pessoas que trabalharam na questão por anos tinham respostas ligeiramente diferentes, ou com ênfases diferentes. Vamos explorar seis das razões que são apontadas na maioria das vezes.

4.5.1. O maior truque

A primeira razão que você escuta é que muitos dos ataques cibernéticos que aconteceram não deixaram rastros, nenhuma cratera escancarada como o *Ground Zero* em Manhattan. Quando empresas do setor privado têm suas propriedades intelectuais furtadas, elas normalmente nem sabem o que aconteceu. Para entender o problema que isso gera, imagine que você trabalhe em um museu com objetos valiosos – por exemplo, esculturas e pinturas. Quando você sai do museu no fim do dia, você liga o sistema de alarme e se assegura de que o gravador de vídeo esteja funcionando conectado às câmeras de vigilância. De manhã, você retorna. O alarme não soou durante a noite, mas, apenas para ter certeza, você faz uma busca nos vídeos das últimas 12 horas e verifica que ninguém esteve no museu durante a sua ausência. Finalmente, você verifica todas as esculturas e pinturas para ter certeza de que ainda estão lá. E tudo está lá. Por que então você pensaria que teve um problema de segurança?

Essencialmente, esta era a situação que o Pentágono enfrentava no final da década de 1990 e continua a enfrentar nos dias de hoje. Pode existir alguma atividade nos níveis mais baixos de pessoas tentando invadir suas redes, mas os softwares de segurança (*firewalls*, sistemas de detecção de intrusão e sistemas de prevenção de intrusão) não lidam efetivamente com a maioria das ameaças. Por que oficiais de alto escalão acreditariam que suas propriedades intelectuais, suas joias da coroa, planos de guerra, projetos de engenharia ou softwares estavam agora armazenados em discos rígidos na China, na Rússia, ou em qualquer outro lugar em vez de estar apenas em seus próprios sistemas?

A diferença entre ladrões de obras de arte e *hackers* de alto nível é que, com os melhores ladrões cibernéticos, você nunca sabe quem foi uma vítima. Um oficial da inteligência me disse: "os Estados Unidos da América invadem [números não revelados] redes estrangeiras a cada mês". "Nós nunca fomos pegos. E outra, por que não estamos pegando ninguém em nossas próprias redes?" Como você convence alguém de que ele tem um problema quando não existe evidência para lhe provar? Os dados não estão faltando como o Vermeer que foi arrancado do Museu Isabella Stewart Gardner de Boston em 1990. Isso soa como um problema novo, que só acontece no ciberespaço. Contudo, historiadores da inteligência militar já tinham escutado essa história antes.

Na Guerra Fria, a Marinha dos Estados Unidos estava confiante de que poderia derrotar as forças navais soviéticas se travassem uma guerra de canhões, até descobrirem que uma família de americanos tinha dado aos soviéticos uma vantagem única. A família Walker, incluindo um empregado da Agência de Segurança Nacional e seu filho na Marinha dos Estados Unidos, tinha fornecido aos soviéticos códigos ultrassecretos da Marinha, a criptografia utilizada para codificar e decodificar mensagens transmitidas por nossos navios. A Marinha Vermelha sabia onde nossos navios estavam, para onde estavam indo, quais as suas ordens e quais das suas armas principais e outros sistemas de bordo não estavam funcionando.

Nós não imaginávamos que os soviéticos tinham essas informações porque, embora assumíssemos que eles interceptavam nosso tráfego de mensagens pelas frequências de rádio, nós estávamos confiantes de que eles nunca iriam decifrar nossos códigos. E provavelmente nunca teriam conseguido, até comprarem a chave criptográfica de alguns americanos em quem confiávamos.

A arrogante presunção da Marinha dos Estados Unidos sobre a segurança de seus códigos durante a Guerra Fria foi um caso quase exclusivo na história de quebra de código: os japoneses pensavam que ninguém poderia ler seus códigos navais durante a Segunda Guerra Mundial, porém os Estados Unidos e o Reino Unido fizeram exatamente isso. Alguns historiadores acreditam que a Marinha dos Estados Unidos derrotou a Marinha Imperial Japonesa exatamente devido à sua capacidade de quebra de código. Certamente, a vitória decisiva dos EUA na Batalha de Midway foi devido ao conhecimento avançado dos planos japoneses que os EUA obtiveram a partir da quebra do código. É razoável supor que por várias décadas vários códigos de nações, presumidamente inquebráveis por seus usuários, foram, ou certamente são, lidos por outros.

Embora historiadores e oficiais da segurança nacional saibam que existem inúmeros exemplos de instituições que pensam que suas comunicações são seguras, quando de fato não o são, ainda existe resistência em acreditar que isso possa estar acontecendo agora e conosco. Nos dias atuais, líderes militares americanos não concebem a possibilidade de sua Intranet secreta (SIPRNET) ou ultrassecreta (JWICS) estarem comprometidas, mas vários especialistas com os quais conversei estão convencidos de que essa afirmação é verdadeira. Muitos líderes corporativos também acreditam que os milhões de dólares gastos em sistemas de segurança cibernética já protegem de forma efetiva os segredos de suas companhias. Além do que, se alguém já tivesse acessado seus arquivos secretos, os alarmes do sistema de detecção de intrusão já teriam soado. Certo?

Não, não necessariamente. E mesmo que o alarme tivesse soado, em muitos casos isso não acarretaria em uma rápida ação como resposta. Existem meios de invadir redes e assumir o papel de um administrador ou usuário autorizado sem fazer nada que possa disparar um alarme.

Entretanto, se o alarme soar, isso é uma rotina tão frequente em uma rede grande que não terá nenhuma resposta. Talvez, no dia seguinte, alguém verifique os registros e note que alguns *terabytes* de informações foram descarregados e transmitidos para um servidor comprometido fora da rede. Este servidor comprometido é a primeira parada de uma viagem de vários estágios com a finalidade de esconder o destino final. Ou, talvez, ninguém notará que algo aconteceu. A arte de valor inestimável ainda está nas paredes do museu. E, se esse for o caso, por que o governo ou os executivos conscientes fariam alguma coisa?

Eu mencionei no Capítulo 2 um fenômeno ocorrido em 2003 chamado *Titan Rain*. Alan Paller, um amigo que comandou o Instituto SANS, grupo voltado para a educação em segurança cibernética, descreveu-me o que aconteceu naquela tarde durante esse caso de 1º de novembro de 2003.

Às 22:23 os *hackers* do *Titan Rain* exploraram vulnerabilidades do Comando de Engenharia de Sistemas de Informação do Exército dos Estados Unidos no Forte Huachuca, Arizona.

À 1:19 eles exploraram a mesma brecha em computadores da Agência de Sistemas de Informações de Defesa em Arlington, Virgínia.

Às 3:25 eles atingiram o Centro Naval de Sistemas Oceânicos, uma instalação do Departamento de Defesa em San Diego, Califórnia.

Às 4:46 atingiram as instalações de Defesa Estratégica e Espacial do Exército dos Estados Unidos em Huntsville, Alabama.

Foram muitos dias como esses e não somente foram atingidas unidades da Defesa, mas *terabytes* de informações sensíveis foram furtados de laboratórios da NASA, como também de computadores de corporações como Lockheed Martin e Northrop Grumman, que tinham contratos de milhões de dólares para gerenciar a segurança das redes do Departamento de Defesa. Equipes de segurança cibernética tentaram descobrir as técnicas utilizadas para invadir as redes e seus esforços pareceram funcionar. Um participante desses esforços defensivos nos disse que "todos parabenizavam a si mesmos".

Ele balançou a cabeça, fez uma careta e falou calmamente: "...até eles perceberem que o atacante tinha ido embora tão furtivamente que era provável que ainda estivesse nos roubando às cegas. Nós apenas não podíamos mais vê-lo". Os casos chamados de *Moonlight Maze* e *Titan Rain* são agora bem conhecidos como passagens fugazes de uma campanha muito mais ampla, a maioria das quais passou despercebida. Pode parecer inacreditável que *terabytes* de informações sejam removidos da rede de uma empresa sem a possibilidade de ela impedir que essas informações saiam pelas suas portas. Na maioria dos casos nós sabemos disso, as empresas e organizações federais geralmente nem mesmo detectam que uma coleta dos dados aconteceu até bem depois dela ter ocorrido. Todas essas vítimas possuem sistemas de detecção de intrusão encarregados de soar alarmes quando um intruso não autorizado tenta entrar na rede. Alguns sites até mesmo possuem sistemas de prevenção de intrusão mais avançados, que não somente soam um alarme como também automaticamente tomam ações para bloquear o intruso. Os alarmes permaneceram em silêncio. Se você fez uma imagem mental de cada laboratório, empresa ou centro de pesquisa dos Estados Unidos de interesse sendo sistematicamente varrido por alguma entidade estrangeira, você está correto. Isso era o que estava acontecendo. Muito de nossa propriedade intelectual como nação tinha sido copiada e enviada para o exterior. Nossa melhor esperança é que, quem quer que tenha feito isso, não tenha analistas suficientes para destrinchar tudo e encontrar as sementes, mas isso é uma tênue esperança, especialmente se o país por trás disso tudo, digamos, tenha uma população de um bilhão de pessoas.

Um aspecto positivo nesse quadro geral de dados saindo pela nossa porta sem barreiras é o que aconteceu no Laboratório de Física Avançada (APL) da Universidade Johns Hopkins, perto de Baltimore. O APL todo ano gasta centenas de milhões de dólares em pesquisas para o governo dos Estados Unidos, desde tecnologia espacial, biomedicina, até projetos secretos de "segurança nacional". O laboratório descobriu em 2009 que tinha várias quantidades de dados sendo extraviados secretamente de suas redes e interrompeu esse vazamento. O mais revelador foi como eles interromperam esse extravio. O APL possui verdadeiros especialistas em segurança cibernética e vários contratos com a Agência de Segurança Nacional.

Então poderíamos imaginar que eles seriam capazes de bloquear o roubo de dados com seus sistemas de detecção de intrusão. Mas não. O único modo que possibilitou que esses especialistas em segurança cibernética prevenissem a sua rede de ser roubada foi desconectar a organização da Internet. O APL desligou a tomada da Internet e isolou toda a sua rede, tornando-se uma ilha no ciberespaço. Por semanas, os especialistas do laboratório investigaram a rede, máquina por máquina, tentando descobrir *backdoors* e outros códigos maliciosos. E o estado da arte para garantir que seus dados não fossem copiados da rede interna foi fazer com que essa rede não estivesse conectada a ninguém. Mesmo isso foi uma tarefa mais difícil do que parece. Em grandes organizações, pessoas inocentemente estabelecem conexões com seus computadores de casa, com laptops através de conexões sem fio e com dispositivos como copiadoras, que têm a sua própria conexão com a Internet. Se você está conectado à Internet de qualquer maneira, isso significa que seus dados também já estão.

Hackers cibernéticos realmente bons, inclusive os melhores times dos governos de alguns países como Estados Unidos e Rússia, raramente encontram barreiras quando invadem uma rede, mesmo que os operadores dessa rede achem que não existe nenhuma conexão com a Internet pública. Além disso, essas equipes fazem algo que torna os defensores da rede parecerem paranoicos. Eles nunca deixam marcas de onde estiveram, exceto quando querem que você saiba que passaram por lá. Pense no personagem Kevin Spacey no filme *Os Suspeitos*: "o grande truque do diabo foi convencer o mundo de que ele não existia".

4.5.2. Vegas, baby

Outra razão para não existir vontade suficiente para lidar com a vulnerabilidade dos Estados Unidos em uma guerra cibernética é que o grupo que "lidera" o assunto não concorda sobre o que fazer. Para testar essa hipótese, fui em busca dos "líderes" e os encontrei em um dos mais improváveis lugares que você possa imaginar, o Caesars Palace em Las Vegas, sob uma temperatura de 40 graus em agosto de 2009.

O Caesars é um lugar incongruente em qualquer dia, com suas estátuas e símbolos de um império que caiu há mais de quinze séculos, espalhadas no meio de máquinas caça-níqueis piscando e mesas de *blackjack*. No Caesars, as salas de conferência com nomes de Coliseu e Palatino não estão em ruínas, mas são instalações de alto nível para reuniões, com quadros brancos, telas planas e piscantes consoles de controle. A cada verão, nos últimos 12 anos, quando a maioria dos principais congressos já encerrou a temporada de conferências em Vegas e o preço dos quartos cai, um tipo ligeiramente diferente de pessoas toma a Las Vegas Strip. São principalmente homens, geralmente usando shorts e camisetas, e frequentemente com mochilas, BlackBerrys e Macbooks. Poucos deles vão às lojas da moda como Hugo Boss, Zegna e Hermès localizadas no Forum Shops do Caesars contudo, quase todos eles estiveram no show *Star Trek* do Hilton. Essa multidão são os *hackers*, e em 2009 mais de quatro mil deles participaram da conferência *Black Hat*, que reúne em um único lugar habilidades em tecnologia da informação suficientes para fazer uma guerra cibernética em grande escala.

Apesar do nome, a *Black Hat* atualmente é um encontro de *hackers* "éticos", ou *whitehats*, pessoas que são ou trabalham para diretores de tecnologia da informação (CIO) ou diretores de segurança da informação (CISO) em bancos, empresas farmacêuticas, universidades, agências governamentais e praticamente toda grande (ou média) empresa imaginável. O nome *Black Hat* vem do fato de que os melhores momentos do encontro, todos os anos, são as divulgações feitas pelos *hackers* que descobriram novas maneiras de fazer com que softwares e aplicações populares se comportem de maneira distinta das que foram projetadas previamente. As empresas de software veem a conferência como um encontro de marginais.

As demonstrações comprovam que os desenvolvedores de software normalmente não têm consciência suficiente sobre segurança, resultando na possibilidade de invasão de uma rede de computadores sem autorização, ou até mesmo de assumir o controle total dela.

A Microsoft foi o alvo dessa conferência *hacker* por anos, e os executivos em Redmond aguardavam anualmente a *Black Hat* do mesmo modo que a maioria de nós espera uma auditoria fiscal. Em 2009 a atenção voltou-se para a Apple, devido ao aumento da popularidade de seus produtos. A demonstração mais comentada foi a de como *hackear* um iPhone usando uma simples mensagem de texto SMS. Tanto Bill Gates quanto, na época, Steve Jobs poderiam achar ilegal o fato de pessoas descobrirem e publicarem falhas de seus produtos, contudo isso não é um crime. O crime ocorre somente quando um *hacker* utiliza um método desenvolvido por ele (o *exploit*), na falha que ele descobriu no software (a "vulnerabilidade"), para invadir uma corporação ou rede do governo ("o alvo") sem autorização. De fato, uma vez que uma vulnerabilidade é publicada na *Black Hat*, ou, ainda pior, uma vez que ela é disseminada, qualquer um pode atacar qualquer rede que estiver executando aquele software com falhas.

Eu tive um pequeno problema quando sugeri em 2002 na minha palestra principal da *Black Hat* que o fato de *hackers* descobrirem falhas em softwares era bom. Eu era o Assessor Especial para Segurança Cibernética do presidente Bush na época. Alguém, provavelmente de Redmond, pensou que era estranho que uma Casa Branca conservadora e republicana encorajasse atos ilegais. Na verdade, o que eu realmente disse foi que quando os *hackers* éticos descobrissem falhas, eles deveriam primeiramente informar ao fabricante do software e, então, caso não obtivessem resposta, avisassem ao governo. Eu disse que somente se o fabricante de software se recusasse a corrigir a falha os *hackers* deveriam ir a público. Minha lógica era que, se *hackers* da *Black Hat* eram capazes de descobrir falhas de software, os da China, da Rússia e de outros países provavelmente também poderiam. Uma vez que os envolvidos em espionagem e crime iriam descobrir de qualquer maneira, era melhor que todo mundo soubesse.

O conhecimento público de um *bug* em um software provavelmente significaria duas coisas: (1) a maioria das redes críticas interromperia o uso desse software até ele ser corrigido e (2) o fabricante do software seria responsável por, ou pressionado a, corrigi-lo para os seus clientes pagantes, tais como bancos e o Pentágono.

Comentários como esse não me enaltecem diante de certos interesses corporativos. Eles também não gostaram quando, novamente em 2002, eu fui o principal orador da conferência anual da RSA. A conferência da RSA é um encontro de mais ou menos 12 mil praticantes de segurança cibernética. É uma ocasião com muitas festas que duram a noite toda. Minha palestra foi no início da manhã. Eu estava nos bastidores pensando em como precisava de mais café. A banda Kansas tinha sido convidada e estava tocando no salão principal. Quando eles acabassem, eu deveria entrar no palco no meio de uma nuvem de fumaça teatral. Visualize a situação: com o pensamento nas minhas necessidades de cafeína, observei, logo no início da minha palestra, que uma pesquisa recente havia mostrado que muitas grandes empresas gastam mais dinheiro com café de cortesia para seus empregados e clientes do que gastam com segurança cibernética. E acrescentei: "se você é uma grande empresa e gasta mais em café do que em segurança cibernética, você certamente será *hackeado*". Uma pausa e continuei: "e mais, se essas são as suas prioridades, você *merece* ser 'hackeado'". O que se seguiu foram dezenas de telefonemas de funcionários de grandes corporações enfurecidos.

A RSA é bem mais corporativa. A *Black Hat* é mais diversão. A emoção está no ambiente do salão mal iluminado e na vinda de alguém não acostumado a falar publicamente projetando linhas de código em uma tela de apresentação. Os funcionários do hotel da conferência sempre olham com curiosidade quando uma das salas de reuniões explode em risadas ou aplausos – o que acontece com frequência –, devido ao fato de que para essas pessoas comuns nada do que está sendo dito é obviamente engraçado, louvável ou, até mesmo, compreensível. Talvez a única coisa que, em geral, a maioria dos americanos consiga acompanhar nesta conferência, se eles se desviarem do caminho enquanto procuram por mesas de roleta no cassino, é a Corte dos *Hackers*, julgamentos montados para estabelecer que tipo de pirataria deve realmente ser considerada antiética.

Aparentemente, "hackear" *hackers* não está nessa categoria. A maioria dos conferencistas simplesmente aceita que deve desligar as redes sem fio de seu laptop. Nota-se pelos sinais ao longo da grande área da conferência que a rede sem fio deve ser considerada "um ambiente hostil". O aviso é quase tão necessário quanto um cartaz em um aquário avisando que não há salva-vidas de plantão no tanque de tubarões.

Em 2009, o organizador da conferência, Jeff Moss, quebrou a tradição agendando um encontro da *Black Hat* em Vegas que não era aberto para todos os participantes. Na verdade, Moss, que estava vestindo somente preto durante toda a conferência, limitou o público desse encontro a trinta pessoas em vez das habituais 500 a 800 pessoas que enchem as seis sessões simultâneas que ocorrem cinco ou mais vezes por dia durante a conferência. A sessão somente para convidados foi preenchida por um grupo das "antigas", pessoas que sabiam onde os corpos virtuais estavam enterrados no ciberespaço: ex-funcionários governamentais, atuais burocratas, diretores de segurança de grandes empresas, acadêmicos e altos funcionários de empresas de TI. Moss os questionou: o que nós queremos do novo governo Obama a fim de prover segurança ao espaço cibernético? De um modo não ortodoxo, a administração Obama colocou Moss no Conselho Consultivo de Segurança Interna. Então, havia uma chance de que seu relato com as opiniões consensuais do grupo fosse ouvido, assumindo que o grupo chegaria a um consenso.

Para sua surpresa, o grupo chegou a um acordo geral em alguns pontos, assim como divergiu em outros. O consenso surgiu em torno de cinco pontos. Primeiramente, todo o grupo ficou a favor de voltar ao tempo em que o governo federal gastava mais com pesquisa e desenvolvimento para segurança cibernética. A agência que fazia isso e que também fundou a Internet, a DARPA (Agência de Projetos de Pesquisas Avançadas de Defesa), tinha essencialmente abandonado o campo da segurança da Internet durante a administração Bush (a 43ª), concentrando sua atenção na "guerra centrada em redes", aparentemente alheia ao fato de que tal combate dependia de um ciberespaço seguro.

Segundo, existia uma pequena maioria a favor de uma "regulamentação inteligente" de alguns aspectos da segurança cibernética, como talvez diretrizes federais para as operadoras do *backbone* da Internet. A parte inteligente se refere à ideia da especificação de objetivos pelos reguladores governamentais em vez de apenas microgerenciar meios ditados. Contudo, a maioria imaginava que grupos de interesse bem relacionados em Washington iriam pressionar, com sucesso, o Congresso para bloquear qualquer regulamentação nessa área. Em terceiro lugar, o grupo pensou que a questão da determinação da autoria dos ataques cibernéticos, o chamado problema da atribuição, era infrutífera e que as pessoas deviam se concentrar na "resiliência", conceito que assume que um ataque perturbador ou destrutivo irá ocorrer e defende o planejamento com antecedência para saber como se recuperar de tal devastação.

A quarta observação consensual foi que não deveria existir de fato conectividade entre redes de serviços e a Internet. A ideia de separar as "infraestruturas críticas" da Internet aberta parecia bastante óbvia para todos que faziam parte daquele grupo de especialistas em segurança da informação. Contudo, em um salão no final do corredor, as ideias do governo Obama sobre Redes Elétricas Inteligentes estavam sendo debatidas por centenas de especialistas em segurança, especialmente porque os planos tornariam a rede de energia elétrica, e se não todas as outras infraestruturas, ainda mais vulnerável a invasões não autorizadas e interrupções causadas pelas criaturas anônimas que circulam na Internet.

O último ponto que os "sábios homens" (incluindo três mulheres) conseguiram concordar em geral foi que nada seria feito para resolver os males da segurança do ciberespaço até que alguém apresentasse o que mais falta nos dias de hoje: liderança. Essa observação não parecia ser irônica para o grupo, que, sem dúvida, era formado por líderes da elite dos especialistas em segurança de tecnologia da informação do país.

Assim, foram à procura de um líder nesta área para a administração de Obama. Nessa altura, a Casa Branca já havia convocado mais de trinta pessoas a fim de encontrar alguém que tivesse interesse em liderar a segurança do espaço cibernético para o governo. A pesquisa ocorreu por Washington, assim como as manifestações pelo corredor sobre como *hackear* sistemas. À medida que os "líderes pensantes" saíam do salão Pompeii, focados na esperança de conseguir a liderança, eles podiam ouvir, provavelmente vindo do salão Vesuvius, o som de centenas de pessoas comentando sobre como um *hacker* tinha fatiado virtualmente outro iPhone aos pedaços. Nós não nos apressamos para ver qual aplicação tinha sido *hackeada*. Em vez disso, fomos para as mesas de *blackjack*, onde as chances de perder pareciam ser menores do que a esperança das empresas e agências governamentais americanas de permanecerem seguras no ciberespaço.

4.5.3. Direitos de privacidade

Quando ambas, a esquerda e a direita, discordam de sua solução para um problema, você sabe duas coisas: (1) você provavelmente está no caminho correto e (2) praticamente não há nenhuma chance de que a sua solução seja adotada. Muitas das atitudes que precisam ser tomadas para reduzir a vulnerabilidade dos EUA à guerra cibernética são anátemas para um ou outro lado do espectro político. É por isso que elas não foram adotadas até o presente momento.

Eu discutirei os detalhes do que pode ser feito no próximo capítulo, mas posso dizer agora que algumas das ideias exigirão regulamentação e outras, se houver abuso, terão potencial de violar a privacidade. Em Washington, assim como alguém pode aleatoriamente defender abortos forçados, pode também sugerir uma nova regulamentação ou criar qualquer risco maior para a privacidade.

Minha posição sobre a regulamentação é que ela, inerentemente, não é nem boa, nem má; isso vai depender somente do que defender.

Regulamentos federais complexos dos anos 60 geralmente servem apenas aos escritórios de advocacia de Washington, onde eles foram escritos e onde a criação de políticas para evitá-los custa US$ 1.000 a hora. O "Regulamento Inteligente", discutido na *Black Hat*, articula um estado final e permite ao regulado descobrir qual é a melhor maneira de atendê-lo. Regulamentos que colocam empresas dos Estados Unidos em desvantagem econômica em relação a competidores estrangeiros geralmente são imprudentes, mas uma regulamentação exequível, que exija custos mínimos para os usuários, não me parece ser um trabalho de Satanás. Regulamentos onde a conformidade não é auditada ou exigida são inúteis e quase tão problemáticos quanto regulamentos que exijam a presença de autoridades federais orbitando a questão. Auditorias feitas por terceiros e verificações remotas de conformidade geralmente são abordagens mais sensíveis. Negar regulamentação, auditorias ou exigências frequentemente leva a coisas como a quebra do mercado financeiro de 2008 e recessão, ou a tinta com chumbo em brinquedos infantis. Regulamentação excessiva algumas vezes cria, artificialmente, um aumento de preços para os consumidores e de requisitos que faz pouco, ou até nada, para solucionar o problema original e ainda inibe a criatividade e a inovação.

Sobre direitos à privacidade e liberdades civis em geral, eu sou muito mais categórico. Nós precisamos estar atentos para que o governo não destrua nossos direitos. Isso não é um medo injustificado. As disposições bem-intencionadas do Ato Patriota foram abusadas nos últimos anos. Outras restrições à ação do governo, incluindo as da Declaração de Direitos e da Lei de Vigilância e Inteligência Estrangeira, foram simplesmente ignoradas. Se o que precisamos para nos defender da guerra cibernética abre a possibilidade de abuso pelo governo futuro, nós precisaremos fazer mais do que simplesmente aprovar leis que tornem ilegais as ações do governo. Isso não impediu algumas coisas no passado (Cheney, estou me referindo a você). Nós também teremos que criar organizações independentes e habilitadas a investigar a ocorrência de abusos e que conduzam ações legais contra aqueles que violem as leis de privacidade e de liberdades civis. É claro que a maneira mais segura de lidar com a ameaça de abusos no futuro não é criando novos programas onde oficiais do governo possam utilizar negativamente e violar nossos direitos. Entretanto, podem acontecer momentos, como no caso da guerra cibernética, quando devemos verificar a possibilidade de pôr em prática garantias eficazes para que possamos iniciar novos programas, mesmo que impliquem algum risco.

4.5.4. Cassandra e pistas falsas

Uma das razões de estarmos tão despreparados atualmente é o fenômeno do "menino que chorou cedo demais por causa do lobo". Às vezes o menino que chorou pode ter visto o lobo vindo ao longe, antes de todos os outros. A Comissão Conjunta de Segurança de 1994, a Comissão Marsh de 1997, a comissão do Centro de Estudos Estratégicos e Internacionais (CSIS) de 2008, a comissão da Academia Nacional de Ciências de 2009, dentre muitas outras, mencionavam um grande risco para a segurança cibernética ou uma guerra cibernética. Elas foram criticadas por muitos como sendo Cassandra da mitologia grega, um tipo de pessoa que está sempre prevendo desastres. A terra será atingida por um meteoro gigantesco. Uma deslocação do polo norte magnético ao sul causará um vento solar que destruirá a atmosfera. Bem, quase todos os reais especialistas em campos relevantes da ciência acreditam que os cenários do meteoro e da mudança do polo magnético vão acontecer. Eles apenas não sabem quando e, por isso, nós provavelmente não devemos ficar muito alarmados. As várias comissões e grupos que nos alarmaram sobre a guerra cibernética não estão totalmente equivocados quanto ao momento; eles estavam nos avisando para termos tempo suficiente para fazer alguma coisa antes que aconteça um desastre. Vale lembrar que, apesar da má reputação que Cassandra teve, ela não estava errada sobre suas previsões. Ela simplesmente foi amaldiçoada por Apolo para que nunca fosse acreditada.

Infelizmente, uma coisa bem comum de se acreditar é a existência de uma ameaça de "ciberterrorismo". Ciberterrorismo é em grande parte uma pista falsa e, em geral, as duas palavras "cibernética" e "terrorismo" não devem ser usadas em conjunto porque elas evocam imagens de Bin Laden fazendo guerra cibernética de sua caverna. O que, provavelmente, ele não podia fazer, pelo menos não até aquele momento (além do mais, ele não estava em uma caverna, e sim em uma casa confortável). Certamente, nós não temos nenhuma boa evidência que comprove que terroristas já tenham utilizado ataques de guerra cibernética contra infraestruturas.

Até o momento, os terroristas não atacaram a Internet ou a usaram para atacar sistemas físicos, assim como não a utilizaram para planejar e coordenar ataques a embaixadas, ferrovias e hotéis. Eles têm utilizado a Internet para arrecadação de fundos, recrutamento e treinamento. Depois de a Al Qaeda ter perdido seus campos de treinamento no Afeganistão após o 11 de setembro, muito do que era feito nesses campos foi transferido para a web. Vídeos ensinando como construir dispositivos explosivos improvisados ou como encenar decapitações foram entregues de forma tão eficaz, por meio de um sistema de ensino à distância, quanto se eles estivessem em um campo de treinamento remoto. A web evitou que os terroristas tivessem que viajar para o treinamento, o que costumava ser uma oportunidade muito boa para aplicar a lei internacional e capturar supostos terroristas. O treinamento remoto também mantinha um bando de terroristas reunidos em um só lugar, o que dava tempo suficiente para ataques com mísseis de cruzeiro. Enquanto o treinamento pela Internet representa um enorme perigo, gerando ataques de terroristas tipo "lobo solitário", que nunca tiveram qualquer ligação com a Al Qaeda central, o que a Al Qaeda e outros grupos realmente planejam é a utilização da Internet para propaganda. A produção de vídeos de decapitações e a disseminação de interpretações radicais do Alcorão por toda a Internet permitem que grupos terroristas atinjam um público mais amplo com relativo anonimato.

Enquanto a Al Qaeda não é até agora capaz de fazer um ataque cibernético, essa situação poderia muito bem ser contornada. Como qualquer tecnologia que se desenvolve, barreiras como o alto custo são superadas a cada ano. A realização de um ataque cibernético devastador não exigiria um grande esforço industrial como a construção de uma bomba nuclear. Contudo, o entendimento de um software para controle de uma rede elétrica não é uma capacidade disponível tão facilmente. Uma coisa é descobrir como invadir uma rede e outra bem diferente é saber o que fazer quando você está dentro dela. Um grupo terrorista bem financiado pode encontrar um clube de *hackers* altamente qualificado que faria um ataque cibernético em troca de muito dinheiro, mas isso não aconteceu até o momento. Uma das razões para isso pode ser simplesmente porque a maioria dos *hackers* acha que os membros da Al Qaeda são loucos, perigosos e nada confiáveis. Enquanto grupos de *hackers* criminosos pensam assim, podemos estar seguros de que os verdadeiros terroristas ainda estão muito longe.

4.5.5. O poder do dinheiro

Outra razão para a inércia é que algumas pessoas gostam que as coisas fiquem do jeito que estão. Algumas dessas pessoas fizeram isso comprando seu próprio acesso. Eu mencionei anteriormente que a primeira reação de George W. Bush no momento em que soube de uma possível crise de segurança cibernética foi perguntar o que um certo CEO de uma empresa de computadores, que era seu maior doador de campanha, pensava sobre isso. Você provavelmente já adivinhou que o governo Bush não estava interessado em investir pesado no setor privado. A primeira *Estratégia de Segurança Interna dos Estados Unidos*, revelada em 2003, se assemelha a um livro econômico conservador sobre o poder do mercado livre. Porém, você pode se surpreender com a forma como as administrações democratas também reagiram a esses argumentos. Se você pensa que o novo governo democrata seria a favor de finalmente resolver a deficiência do mercado em segurança cibernética com a implantação de algum novo regulamento, você está errado. Para entender o porquê, vamos a uma festa.

Foi um caso pródigo. Todos os grandes nomes em Washington estavam lá. Mais de 250 pessoas se juntaram para celebrar o casamento de Melody Barnes com Marland Buckner. Barnes, assessora de política doméstica do presidente Barack Obama, conheceu seu marido anos antes de eles começarem a namorar. A união deles remonta ao tempo do Capitólio, ela trabalhando para Ted Kennedy e ele como Chefe de Gabinete de Harold Ford Jr., do Tennessee. Depois de uma breve cerimônia na Igreja Congregacional Popular Unida de Cristo, os noivos e seus convidados foram para o auditório Mellon em Washington, que tinha sido convertido em um salão no estilo de "South Beach", com toques de prata e temas florais, carregados de orquídeas em cada mesa.

O menu local contou com costelas, robalo e uma seleção de vegetais elegantemente dispostos em caixas, seguidos de acompanhamentos e batatas fritas para manter alta a energia dos convidados até depois da meia-noite.

O que os colunistas sociais de Casamentos e Celebrações do New York Times descreveram como "um grupo de funcionários da administração Obama" incluía o Chefe de Gabinete da Casa Branca, Rahm Emanuel, Valerie Jarrett, conselheira sênior da Casa Branca e Assistente do Presidente para Relações Intergovernamentais. Minha amiga Mona Sutphen, Vice-Chefe de Gabinete, dançou a noite toda, como também fez o ex-Chefe de Gabinete de Clinton, John Podesta. Também estava presente, mas não foi notado pelo Times, um grupo de executivos da Microsoft. Buckner, ex-diretor para assuntos governamentais da maior empresa de software do mundo, e agora um lobista registrado e independente, também tinha sido convidado, incluindo alguns amigos. Desde que começou a trabalhar sozinho em 2008, mais de um terço de suas taxas de lobby se origina da Microsoft. É muito ruim a revista Mother Jones não cobrir casamentos. Seus repórteres investigativos poderiam ter notado que, naquela noite, o governo Obama literalmente estava na cama com a Microsoft.

De acordo com a lista publicada no site opensecret.org, a Microsoft faz parte das trinta maiores empresas "Peso Pesado" doadoras para causas políticas. Enquanto a maioria das organizações dessa lista são associações comerciais, a Microsoft é apenas uma das sete empresas que fazem a diferença. É claro que ela estava recuperando o tempo perdido. Antes da batalha da empresa contra o Departamento de Justiça sobre questões antitruste no final da década de 1990, a empresa da costa oeste queria nada mais do que ser deixada em paz e longe da política. Antes de 1998, a Microsoft e seus empregados estavam pouco inclinados a gastar suas cotas de ações em apoio a políticos da costa leste. Isso tudo mudou quando os advogados da administração Clinton argumentaram que a comercialização do Windows tinha intenção de criar um monopólio. A seguir, as doações começaram a chegar a partir de comitês de ação política (PAC) recém-criados e de funcionários da Microsoft.

Durante os anos de 1998 até 2002, a maioria do dinheiro foi para os republicanos. Depois de 2004, talvez revoltados com a guerra ou subestimando a campanha de Bush, a Microsoft começou a doar para os democratas quase duas vezes o que doava para os republicanos. Em 2008, ela bateu esses números doando US$ 2,3 milhões para os democratas e somente US$ 900 mil para os republicanos.

Talvez os PACs e empregados da Microsoft tivessem boas intenções, assim como muitos americanos que doaram dinheiro e tempo para a campanha de Obama e que não queriam nada mais do que vê-lo na presidência. Marland Buckner disse a um repórter do Serviço Geral de Mídia e Notícias que seguiria as regras da Casa Branca "ao pé da letra" para evitar qualquer conflito de interesses devido ao novo trabalho de Barnes e prometeu não usar a sua relação com seu cônjuge para atrair clientes. Mas a Microsoft tem uma agenda muito clara: não regulamentar o setor de segurança na indústria de software, não deixar que o Pentágono pare de usar nosso software, não importando quantas falhas de segurança ele possua, e não falar nada sobre a produção de software no exterior ou os negócios com a China.

A Microsoft tem vastos recursos, literalmente bilhões de dólares em dinheiro ou reservas líquidas de ativos. Ela é um império incrivelmente bem-sucedido, construído com a premissa de dominar o mercado com produtos de baixa qualidade. Durante anos, o sistema operacional da Microsoft e suas aplicações, como o onipresente navegador de Internet, vêm pré-instalados nos computadores que compramos. Obter uma alternativa era uma tarefa demorada e problemática, até a Apple começar a abrir lojas e anunciar seus produtos.

Para sermos justos, a Microsoft inicialmente não pretendia que seu software fosse utilizado em sistemas críticos. Portanto, seu objetivo era ter o produto pronto o mais rápido possível com o menor custo de produção. Originalmente não se viu nenhum motivo para investir em processos de garantia e controle de qualidade, como a NASA tanto insistia em fazer para os seus softwares utilizados em sistemas de voos espaciais com seres humanos.

O problema surgiu quando os produtos da Microsoft começaram a ser usados em sistemas críticos, desde plataformas para armamento militar até redes financeiras centrais e bancárias. Eles eram, antes de mais nada, mais baratos que as aplicações desenvolvidas de forma customizada.

De vez em quando surge uma onda de melhorias de eficiência no setor público que faz com que as agências do governo federal sejam atualizadas com soluções mais baratas utilizadas pela indústria. Uma delas foi a chamada campanha COTS. A ideia era utilizar softwares comerciais de prateleira (*comercial off-the-shelf*) para substituir softwares especializados que o governo tinha comprado no passado. Durante a Guerra Fria, o Pentágono conduziu grande parte da inovação tecnológica deste país. Eu me lembro de terem me dito uma vez que estavam sendo desenvolvidas câmeras sem filme para o governo (eu não pude entender bem como aquilo funcionava até comprar uma na *Best Buy* uma década depois). Somente depois das aplicações militares serem desenvolvidas é que a tecnologia eventualmente foi para uso comercial.

O COTS virou esse processo de cabeça para baixo. Antes da década de 1990, a maioria das aplicações de software do Pentágono era construída internamente sob encomenda ou por um pequeno número de indústrias de defesa de confiança. Não existiam dois sistemas parecidos, porque os empreiteiros de defesa queriam que assim fosse. Além de extremamente cara, eles também fizeram com que fosse muito difícil a interoperabilidade entre os sistemas de defesa. O movimento COTS reduziu os custos e permitiu que o Pentágono criasse sistemas interoperáveis, uma vez que todos eles utilizavam as mesmas linguagens de programação e os mesmos sistemas operacionais. Mais e mais aplicações foram desenvolvidas. Redes de sensores foram conectadas. Uma rede de 5,5 milhões de computadores, a *global information grid*, foi criada. A guerra centrada em redes proporcionou uma enorme vantagem para os militares dos Estados Unidos, mas também introduziu uma enorme vulnerabilidade.

Os COTS levaram ao Pentágono as mesmas falhas e vulnerabilidades que existem em seu computador pessoal. Em 1997, a Marinha dos Estados Unidos descobriu como era perigoso confiar nesses sistemas para operações de combate.

O USS *Yorktown*, um navio da classe Ticonderoga, foi atualizado para um conjunto de testes do programa "Navio Inteligente" da Marinha. O *Yorktown* tinha sido equipado com uma rede de 27 estações de trabalho com computadores Pentium executando Windows NT e todos ligados a um servidor Windows. O sistema controlava cada aspecto das operações do navio, desde as operações do passadiço, passando pelo disparo de armamentos até o controle da velocidade dos motores. Quando o sistema Windows parou de funcionar, como o Windows muitas vezes o faz, o navio se tornou um tijolo informatizado flutuante, boiando na água.

Em resposta ao incidente de *Yorktown* e a uma legião de outras falhas baseadas em sistemas Windows, o Pentágono começou a olhar para o Unix e sistemas relacionados ao Linux para operações críticas. O Linux é um sistema de código aberto (*open source*), o que significa que o código dos programas do sistema operacional pode ser visto e editado pelo usuário. Com o Windows (e a maioria dos outros softwares comerciais), o código-fonte é considerado proprietário, sendo mantido em sigilo. O código aberto possui várias vantagens para o Pentágono. Primeiramente, os programadores do Pentágono e os desenvolvedores da indústria de defesa podem customizar o software para fazer o que eles querem. Eles podem fatiar o código eliminando partes do sistema operacional de que eles não necessitam e que poderiam introduzir falhas no sistema. Em segundo lugar, depois de reduzir o código do sistema operacional, eles poderiam executar o que a indústria chama de "ferramentas" nas linhas remanescentes de código para tentar identificar falhas, código malicioso e outras vulnerabilidades.

A Microsoft entrou em pé de guerra contra o Linux para retardar a sua adoção por parte dos órgãos do governo, completando a ação com aparições em comissões do Congresso, inclusive de Bill Gates. No entanto, devido ao fato de existirem agências governamentais que usam Linux, eu solicitei à NSA que fizesse uma avaliação. Em uma jogada que surpreendeu a comunidade de código aberto, a NSA se juntou a ela e ofereceu publicamente correções ao sistema operacional Linux para melhorar sua segurança. A Microsoft me passou uma impressão muito clara de que iria parar de cooperar com o governo dos EUA se ele promovesse o uso do Linux. Embora isso não tenha me intimidado, pode ter surtido efeito sobre outros. O software da Microsoft ainda é comprado pela maioria das agências federais, apesar de o Linux ser gratuito.

As empresas financeiras e bancárias também começaram a olhar para alternativas em código aberto, depois das repetidas falhas nos sistemas da Microsoft custarem às empresas financeiras centenas de milhões de dólares por ano. Em 2004, uma organização de empresas bancárias, a Financial Services Roundtable, enviou uma delegação de especialistas em segurança de computadores dos bancos à Redmond, em Washington, para confrontar a Microsoft. Eles exigiram acesso ao código-fonte secreto e aos padrões de controle de qualidade que a Microsoft utilizava de modo a compará-los com outras empresas de software. Contudo, a Microsoft negou fornecer tais informações. A posição da Microsoft em relação aos bancos norte-americanos contrasta com o programa anunciado em 2003 onde, nos termos do acordo, ela forneceria o acesso ao código-fonte do Windows a entidades nacionais e internacionais, um movimento destinado a responder às preocupações sobre a segurança do funcionamento do sistema. A Rússia, a China, a OTAN e o Reino Unido foram os primeiros participantes.

Os bancos ameaçaram começar a usar o Linux. A Microsoft declarou que a migração para o Linux sairia muito cara. E mais, a próxima versão do Windows estava sendo desenvolvida sob o codinome Longhorn. O Longhorn seria muito melhor. Ele se tornou o Windows Vista e veio ao mercado muito depois do que o esperado, atraso que ocorreu devido a falhas descobertas durante o extensivo programa de testes da Microsoft. Quando o Vista começou a ser vendido, muitos usuários corporativos tiveram problemas com ele. Assim que a notícia se espalhou, várias empresas decidiram não comprar o novo sistema. A Microsoft insinuou que interromperia o suporte de alguns de seus sistemas antigos de forma a forçar os clientes a se atualizarem.

Fontes internas da Microsoft admitiram para mim que a empresa realmente não levava a segurança muito a sério, mesmo quando eram constrangidos publicamente por frequentes invasões de grande repercussão. Por que eles deveriam? Não havia uma alternativa real para o seu software, e eles estavam nadando em dinheiro com seus lucros.

Quando o Linux apareceu, e depois quando a Apple começou a competir de forma direta, a Microsoft tomou medidas para aperfeiçoar a qualidade de seu software. Contudo, primeiramente enviaram vários porta-vozes a conferências, a clientes e a agências governamentais, a fim de fazer lobby contra movimentos que forçavam melhorias em segurança. A Microsoft pode investir em vários porta-vozes e lobistas por uma fração do custo que teria em criar sistemas mais seguros. Eles são uma das várias empresas dominantes no setor cibernético para quem a vida é boa exatamente agora e qualquer mudança pode ser ruim.

4.5.6. Não, eu pensei que você estivesse fazendo isso

Entretanto, a mudança está a caminho. Assim como os Estados Unidos, muitas outras nações estão estabelecendo organizações ofensivas de guerra cibernética. O Comando Cibernético dos Estados Unidos também tem a missão de defender o Departamento de Defesa. Quem defende o resto?

Até agora, o Departamento de Segurança Interna defende a parte do governo federal que não pertence ao DoD. O restante está por sua própria conta. Não existe uma agência federal que tenha a missão de defender o sistema bancário, as redes de transporte ou a rede elétrica de um ataque cibernético. O Comando Cibernético e o DHS pensam que defendendo seus clientes do governo podem, coincidentemente, ajudar um pouco, talvez, o setor privado. O governo acha que é de responsabilidade individual das corporações se defenderem da guerra cibernética. Oficiais do governo dirão que é o setor privado que quer assim, manter o governo fora de seus sistemas. Afinal, eles estão certos de que ninguém no governo saberia como operar as redes de um grande banco, de uma estrada de ferro ou uma rede de eletricidade.

Ao discutir o assunto com diretores executivos e outros funcionários de alto escalão de grandes companhias – tais como diretores operacionais, diretores de segurança, CIO, diretores de segurança da informação –, todos dizem basicamente a mesma coisa: nós gastaremos o suficiente em segurança para nos proteger contra as ameaças cotidianas de crime cibernético.

Eles sustentam que podem não saber como, ou quanto gastar, para se defender de um ataque de um estado-nação em uma guerra cibernética. Em seguida, costumam adicionar palavras de efeito como "a defesa contra militares de outras nações é trabalho do governo, e é por isso que pagamos impostos".

Nos primórdios da era da estratégia das capacidades em guerra nuclear, os Estados Unidos implantaram milhares de aviões de caça para defesa aérea e mísseis terrestres a fim de defender a população e a base industrial, não apenas para proteger instalações militares. Toda grande cidade foi cercada de bases de mísseis Nike para abater bombardeiros soviéticos. No início da era da guerra cibernética, o governo dos EUA está dizendo à população e à indústria para se autodefenderem. Como um amigo indagou: "você pode imaginar se em 1958 o Pentágono dissesse à U.S. Steel ou à General Motors para ir comprar seus próprios mísseis Nike para se protegerem? Na verdade, é exatamente isso o que o governo Obama está dizendo para a indústria de hoje".

Sobre essa questão fundamental de quem é o trabalho de defender a infraestrutura dos EUA diante de uma guerra cibernética, o governo e a indústria estão passando a bola uns para os outros. Como resultado, ninguém está defendendo os prováveis alvos de uma guerra cibernética, pelo menos não nos Estados Unidos. Em outros países, incluindo os que algum dia podem vir ser nossos adversários, pode ser que se esteja fazendo um pouco mais pela sua defesa de guerra cibernetica do que se está fazendo por aqui.

4.6. A Lacuna da Guerra Cibernética

Nós notamos anteriormente que os Estados Unidos podem ter a mais sofisticada e complexa capacidade de guerra cibernética, brevemente seguidos da Rússia. A China e, talvez, a França estão em um segundo nível, mas mais de vinte nações têm uma certa capacidade nessa área, incluindo o Irã e a Coreia do Norte. Sendo ou não esta classificação precisa, ela é amplamente confirmada pelos guerreiros cibernéticos.

Então, alguém pode quase imaginar guerreiros *geek* americanos sentados depois do trabalho em algum local seguro bebendo seus Red Bulls e cantando "U-S-A, U-S-A", como nas Olimpíadas, ou "nós somos o número um!", como em um jogo de futebol americano de escola (minha escola era tão *nerd* que nós cantávamos "Sumus Primi!"). Mas será que somos realmente o número 1? Isso, obviamente, depende de quais critérios você utiliza.

Em capacidade ofensiva cibernética, os Estados Unidos provavelmente estariam em primeiro se um concurso apropriado pudesse ser realizado. Mas em uma guerra cibernética é preciso mais do que uma ofensiva cibernética. Existe também a dependência cibernética, que representa o grau no qual uma nação depende de sistemas controlados ciberneticamente. Em uma guerra cibernética bilateral, isso importa. Quando perguntei sobre o plano de guerra cibernética antes de se ir à guerra contra o Afeganistão em 2001, descobri que algumas vezes não existem alvos para os guerreiros cibernéticos. Em uma guerra cibernética bilateral, o Afeganistão poderia ter certa vantagem se tivesse alguma capacidade cibernética ofensiva, mas eles não a tinham. O saldo de guerra cibernética poderia ter sido alterado de uma forma interessante. Existe também a questão sobre se uma nação pode se defender de uma guerra cibernética. Obviamente, o Afeganistão pode se proteger apenas pelo simples fato de não ter redes, mas, teoricamente, uma nação pode ter redes e, ao contrário de nós, ser capaz de se proteger. A capacidade de defesa cibernética também é, portanto, um critério: pode uma nação desligar a sua conectividade cibernética do resto do mundo ou detectar ataques cibernéticos vindo de dentro de seus limites geográficos e detê-los?

Enquanto os Estados Unidos, muito provavelmente, possuem as capacidades mais sofisticadas de guerra cibernética ofensiva, esta proeza pode não compensar as nossas deficiências na posição defensiva. Como o ex-almirante McConnell observou: "devido ao fato de sermos o país mais desenvolvido tecnologicamente – temos a maior largura de banda conectando nossa sociedade e somos os mais dependentes dela –, somos também os mais vulneráveis". Nossa economia é mais conectada à Internet do que qualquer outra nação. Dos 18 setores da infraestrutura civil identificados como críticos pelo Departamento de Segurança Interna, todos aumentaram sua grande dependência da Internet para realizar as suas funções básicas e todos são vulneráveis a ataques cibernéticos realizados por estados-nação.

Compare isso com a China. Enquanto ela tem desenvolvido a sua capacidade ofensiva cibernética, ela também tem focado na defesa. Os guerreiros cibernéticos do PLA (Exército Popular de Libertação) são encarregados tanto do ataque quanto da defesa no ciberespaço. Ao contrário das forças armadas dos Estados Unidos, em que a defesa fica restrita às redes militares, para a China a defesa engloba toda a nação. Embora eu não defenda que se estenda o papel do Pentágono na proteção de sistemas civis dos Estados Unidos, não existe nenhuma outra agência ou órgão do governo federal que tenha assumido essa responsabilidade. À luz da abstenção de regulamentação que começou no governo Clinton, continuou no de Bush e no de Obama, nada tem sido exigido do setor privado para melhorar sua segurança e nem o governo tem feito intervenções para participar ativamente desse papel. As redes que fazem parte da infraestrutura da Internet chinesa são todas controladas pelo governo com a sua participação direta ou com uma parceria muito estreita com o setor privado. Não existem discussões sobre o custo da segurança quando autoridades chinesas demandam novas medidas para ela. As redes são em grande parte segmentadas entre os usos governamentais, acadêmicos e comerciais. O governo chinês tem tanto o poder como os recursos para desconectar uma parte da China da Internet do restante do mundo, o que pode ser muito interessante no caso de um conflito com os Estados Unidos. O governo norte-americano não tem essa autoridade ou capacidade. Nos Estados Unidos, a Comissão de Comunicações Federal (FCC) possui poder legal para regulamentar, mas ela claramente escolheu não fazer isso. Na China, o governo pode definir normas e impor seu cumprimento, mas também vai muito mais fundo.

A "Internet" da China é muito mais como uma Intranet, uma rede interna de uma empresa. O governo é o provedor de serviços e portanto tem a responsabilidade de defesa da rede. Na China, o governo está ativamente defendendo a rede. Isso não acontece nos Estados Unidos, onde o papel do governo está pelo menos um passo atrás.

Como mencionado brevemente no Capítulo 2, a muito discutida censura na Internet da China, incluindo o "Grande *Firewall* da China", também pode trazer vantagens para a segurança. A tecnologia que os chineses usam para rastrear e-mails com conteúdos considerados ilegais também pode fornecer a infraestrutura necessária para bloquear código malicioso. A China também tem investido no desenvolvimento de seu próprio sistema operacional proprietário, que não seja suscetível a ataques existentes, apesar de problemas técnicos terem atrasado a sua implementação. A China lançou e em seguida suspendeu temporariamente uma medida para instalar esse software em todos os computadores do país, um software supostamente feito para manter as crianças longe do acesso à pornografia. A intenção real, que a maioria dos peritos acredita, era fornecer à China o controle sobre cada computador do país (quando a notícia do plano vazou para a comunidade *hacker*, eles rapidamente encontraram vulnerabilidades que poderiam dar a quase qualquer um o controle sobre o sistema, e a China imediatamente adiou o programa). Esses esforços mostram a seriedade com que os chineses tratam a sua defesa, assim como a direção em que esses esforços são conduzidos. A China, enquanto isso, permanece atrás dos Estados Unidos na automação de seus sistemas críticos. O sistema de energia elétrica, por exemplo, é baseado em sistemas que requerem elevado grau de controle manual. Isso é uma vantagem na guerra cibernética.

4.7. Medindo a Força da Guerra Cibernética

Seria ótimo se a única coisa que tivéssemos que levar em consideração para medir nossa força de guerra cibernética fosse nossa habilidade de atacar outras nações. Se assim fosse, os Estados Unidos poderiam estar muito bem em comparação com outras nações. Infelizmente para nós, uma medida realística de força na guerra cibernética também precisa incluir a avaliação de outros dois fatores: defesa e dependência. "Defesa" é a medida da habilidade de uma nação em tomar ações diante de um ataque. Essas ações bloquearão ou mitigarão o ataque. "Dependência" é a extensão da conectividade de uma nação, o grau de confiança que é depositado em redes e sistemas que podem se tornar vulneráveis em caso de ataque cibernético.

A fim de ilustrar como esses três fatores (ataque, defesa e dependência) interagem, eu criei uma tabela atribuindo pontuações para vários países em cada um dos três fatores. Pode-se dizer que a metodologia é simplista demais: eu dei a cada uma das três medidas um peso igual e em seguida somei os três para obter uma pontuação total para cada nação. As pontuações atribuídas a cada país são baseadas em minha avaliação sobre o seu poder de ataque, a sua capacidade de defesa e a medida de dependência de sistemas cibernéticos. Existe um aspecto contraintuitivo nessa tabela: quanto menor a conectividade de uma nação, maior é a sua pontuação no ranking de dependência. Ser uma nação conectada geralmente é uma coisa boa, mas não quando você está medindo sua capacidade de resistir a uma guerra cibernética.

FORÇA TOTAL NA GUERRA CIBERNÉTICA

Nação	Ataque Cibernético	Dependência Cibernética	Defesa Cibernética	Total
Estados Unidos	8	2	1	11
Rússia	7	5	4	16
China	5	4	6	15
Irã	4	5	3	12
Coreia do Norte	2	9	7	18

Os resultados são reveladores. A China tem uma alta pontuação de "defesa", em parte porque tem planos e capacidade para desconectar as redes de todo o país do resto do ciberespaço. Ao contrário dos Estados Unidos, que não têm nem planos, nem a capacidade de fazer isso, porque as conexões cibernéticas americanas são privadas e privativamente operadas. A China pode limitar a utilização do ciberespaço em uma crise, desligando usuários não essenciais. Os EUA não podem. A Coreia do Norte tem um alto valor de "defesa" e "falta de dependência".

A Coreia do Norte pode cortar sua limitada conexão ao ciberespaço ainda mais facilmente e eficazmente que a China. Além disso, ela tem tão poucos sistemas dependentes do ciberespaço que um grande ataque cibernético contra a Coreia do Norte quase não causaria dano. Lembre-se de que a dependência cibernética não é sobre o percentual de lares com banda larga ou o número de telefones inteligentes *per capita,* e sim sobre até que ponto infraestruturas críticas (energia elétrica, trilhos, dutos, cadeias de logísticas) são dependentes de sistemas em rede e não possuem um *backup* real.

Quando você pensa de forma conjunta na capacidade de "defesa" e na "falta de dependência", muitas nações tem pontuações melhores que os Estados Unidos. As habilidades dessas nações para sobreviver a uma guerra cibernética, com baixos custos, quando comparado com o que aconteceria com os Estados Unidos, cria uma "lacuna de guerra cibernética". Eles podem usar guerra cibernética contra nós e nos causar grandes danos, enquanto podem, ao mesmo tempo, se defender de respostas de guerra cibernética dos Estados Unidos. A existência dessa "lacuna de guerra cibernética" pode instigar uma nação a atacar os Estados Unidos. O fechamento dessa lacuna deveria ser a alta prioridade dos guerreiros cibernéticos dos Estados Unidos. O aperfeiçoamento de nossa capacidade ofensiva não fecha essa lacuna. É impossível reduzir nossa dependência de sistemas em rede neste momento. Assim, a única maneira de fechar a lacuna, o único meio pelo qual podemos incrementar nossa força total de guerra cibernética, é através do aperfeiçoamento de nossas defesas. Vamos ver como podemos fazer isso.

CAPÍTULO 5
Em Busca de Uma Estratégia de Defesa

Militares teóricos e estadistas, de Sun Tzu a von Clausewitz e Herman Kahns, durante séculos definiram e redefiniram várias formas de estratégias militares, mas todos tendem a concordar que elas envolvem uma ligação entre objetivos, meios (amplamente definidos), (talvez) limites e possivelmente um sequenciamento. Em suma, a estratégia militar é uma teoria integrada sobre o que queremos fazer e, em geral, como planejamos fazer isso. Em parte devido a uma exigência do Congresso, sucessivas administrações norte-americanas publicaram periodicamente uma Estratégia de Segurança Nacional e uma Estratégia Militar Nacional para conhecimento mundial. Dentro da área militar, os Estados Unidos têm muitas sub-estratégias, como uma estratégia naval, uma estratégia de contrainsurgência e uma estratégia nuclear. O governo dos Estados Unidos também divulgou publicamente estratégias sobre como lidar com assuntos nos quais os militares desempenham apenas um papel limitado, tal como controlar o tráfico de narcóticos, conter o terrorismo e interromper a proliferação de armas de destruição em massa.

Ah sim, desde 2003 também existe uma Estratégia Nacional para Segurança do Espaço Cibernético; contudo, não há disponível publicamente uma estratégia de guerra cibernética.

Na ausência de uma estratégia de guerra cibernética, nós não temos uma teoria integrada sobre como tratar assuntos-chave. Para provar isso, vamos fazer um jogo de vinte questões para ver se existem respostas em comum acordo a algumas perguntas muito óbvias sobre como conduzir a guerra cibernética:

- O que nós faremos se um dia, ao acordar, encontrarmos a metade oeste dos Estados Unidos sem energia elétrica como resultado de um ataque cibernético?

- O advento da guerra cibernética é uma coisa boa ou nos coloca em desvantagem?
- Nós visamos o uso de armas cibernéticas apenas em resposta ao uso de armas de cibernéticas contra nós?
- As armas cibernéticas serão algo que empregaremos rotineiramente tanto em conflitos pequenos como grandes? Nós as utilizaremos no começo do conflito porque elas nos dão uma vantagem única na busca por nossos objetivos, tal como uma antecipação do fim do conflito?
- Nós acreditamos que buscamos planos e capacidades para conduzir uma guerra cibernética independente contra outra nação? Será que vamos lutar no ciberespaço mesmo quando não estivermos disparando contra o outro lado no espaço físico?
- Nós vemos o ciberespaço como mais um domínio (como o mar, o espaço aéreo ou o espaço sideral), onde temos de ser militarmente dominantes e onde vamos envolver o adversário ao mesmo tempo em que conduzimos operações em outros domínios?
- Com que precisão nós temos que identificar quem nos atacou no espaço cibernético antes de responder? Quais padrões usaremos nessas identificações?
- Será que vamos esconder o fato de que fomos nós que utilizamos armas cibernéticas?
- Nós deveríamos estar invadindo redes de outras nações em tempos de paz? Se sim, deveria existir alguma restrição sobre o que poderíamos fazer em tempos de paz?
- O que nós faremos se descobrirmos que outras nações invadiram nossas redes em tempos de paz? E se eles deixassem bombas-lógicas em nossas redes de infraestrutura?
- Nós pretendemos usar armas cibernéticas primariamente ou inicialmente somente contra alvos militares? Como definimos alvos militares?
- Nós vemos utilidade nas armas cibernéticas devido à sua capacidade de infligir interrupção na infraestrutura econômica ou na sociedade em geral?
- Qual é a importância de evitar danos colaterais com nossas armas cibernéticas? Como tal desvio pode limitar o uso dessas armas?
- Se fôssemos atacados com armas cibernéticas, em quais circunstâncias poderíamos, ou deveríamos, responder com armas cinéticas? Quanto da resposta a esta pergunta deve ser conhecida publicamente com antecedência?
- Que tipo de objetivos específicos ao emprego de armas cibernéticas nós queremos alcançar se realizarmos esse tipo de guerra em conjunto com uma guerra cinética ou como uma atividade autônoma?

- A linha divisória entre a paz e a guerra cibernética deve ser totalmente delineada ou temos alguma vantagem em esconder essa distinção?
- Nós lutaríamos uma guerra cibernética em coalisão com outras nações, ajudando a defender seus espaços cibernéticos e compartilhando nossas armas cibernéticas, táticas e alvos?
- Que nível de autoridade de comando deve autorizar o uso de armas cibernéticas, selecionar as armas e aprovar os alvos?
- Existem tipos de alvos que acreditamos que não devam ser atacados usando armas cibernéticas? Será que os atacaremos de qualquer maneira se instalações similares dos Estados Unidos forem atingidas primeiramente por armas cibernéticas ou outros tipos de armas?
- Como podemos indicar nossas intenções em relação às armas cibernéticas em tempos de paz e de crise? Existem formas de poder usufruir da nossa posse de armas cibernéticas para deter um oponente?
- Se um oponente for bem-sucedido no lançamento de um amplo e incapacitante ataque à nossa infraestrutura militar ou econômica, como isso irá afetar nossas outras estratégias políticas e militares?

Estavam estas respostas contidas em documentos do governo dos Estados Unidos, audiências do Congresso ou discursos de oficiais? Não. Para ser justo, essas questões não são fáceis de responder – o que, sem dúvida, é parte da razão de não terem sido conectadas e transformadas em uma estratégia. Tal como acontece muitas vezes, a maneira que se responde a essas e a outras perguntas depende da experiência e da responsabilidade, bem como das perspectivas que ambas criam, de cada um. Qualquer general gostaria de ser capaz de virar uma chave e desligar uma força oponente, especialmente se o mesmo não puder ser feito contra suas próprias forças. Generais modernos sabem, no entanto, que as forças armadas são um dos muitos instrumentos do estado, e o sucesso final de um militar não mais é julgado apenas por aquilo que ele faz contra um adversário, mas também pela forma como ele protege e apoia o resto do seu estado, incluindo a economia subjacente. Líderes militares e diplomatas aprenderam com experiências passadas que existe uma linha tênue entre uma preparação prudente para autodefesa e atividades provocativas que podem, na verdade, aumentar a probabilidade de um conflito. Assim, a elaboração de uma estratégia de guerra cibernética não é tão óbvia quanto simplesmente abraçar nossas armas recém--descobertas, como os militares dos Estados Unidos fizeram com as armas nucleares direcionadas a Hiroshima.

Levou uma década e meia depois das armas nucleares terem sido usadas pela primeira vez até que uma complexa estratégia para empregá-las, e, melhor ainda, para que não fossem mais utilizadas, fosse articulada e implementada. Durante esses primeiros anos da era das armas nucleares, guerras acidentais quase ocorreram por diversas vezes. A estratégia feita para armas nucleares reduziu significantemente o risco de uma guerra. A estratégia de guerra nuclear será muito referenciada neste e no próximo capítulo. As grandes diferenças entre a guerra cibernética e a guerra nuclear são óbvias, mas alguns conceitos desenvolvidos na criação da estratégia de guerra nuclear têm aplicabilidade nesse novo campo. Outros não. Contudo, nós podemos aprender algo sobre como uma complexa estratégia para o uso de novas armas pode ser desenvolvida revisando o que aconteceu nas décadas de 1950 e 1960. E, quando apropriado, podemos atribuir e adaptar alguns desses conceitos para, juntos, tentarmos tecer uma estratégia para a guerra cibernética.

5.1. O Papel da Defesa na Nossa Estratégia de Guerra Cibernética

No início deste livro eu argumentei: nós estamos melhores em um mundo com armas e guerra cibernéticas do que em um universo paralelo em que elas nunca existiram? Os capítulos que se seguiram demonstraram, pelo menos para mim, que atualmente, no caminho que o mundo está tomando, os Estados Unidos apresentam novas vulnerabilidades porque outros estados têm capacidades de guerra cibernética. Na verdade, devido à sua maior dependência a sistemas controlados de forma cibernética e à sua incapacidade, até o momento, de criar defesas cibernéticas nacionais, os Estados Unidos estão atualmente muito mais vulneráveis à guerra cibernética do que a Rússia ou a China e possuem um maior risco de guerra cibernética do que estados menores, como a Coreia do Norte. Podem até mesmo, em algum momento, estar em risco diante de nações ou personagens não estatais que, apesar de não possuírem capacidade de guerra cibernética, podem contratar equipes de *hackers* altamente capacitados.

Coloque de lado por um momento a questão de como ela poderia ser iniciada e considere uma guerra cibernética entre os Estados Unidos e a China, por exemplo. Nós podemos ter armas de ataque cibernéticas melhores que as deles, mas o fato de termos a capacidade de desligar o sistema de defesa aéreo chinês torna-se incômodo se pensarmos que, em uma crise futura, os guerreiros cibernéticos do Exército de Libertação Popular serão capazes de desligar o sistema elétrico de várias cidades americanas por semanas, fechar os mercados financeiros por meio da corrupção dos dados e gerar escassez nacional de alimentos e sobressalentes, embaralhando os sistemas de roteamento das grandes ferrovias norte-americanas. Embora muitas coisas na China sejam altamente avançadas, ela está muito longe de ser dependente de redes controladas do ciberespaço. O governo chinês também pode ter menos preocupações com exigências passageiras de seus cidadãos ou com a aceitabilidade política das medidas que poderá ter que impor em caso de emergência.

Rede por rede, a guerra cibernética coloca os EUA em desvantagem no presente. Qualquer coisa que possamos fazer a "eles", é uma brecha para que eles possam fazer com maior intensidade contra nós. Nós precisamos mudar essa situação.

A menos que reduzamos nossas vulnerabilidades a ataques cibernéticos, vamos sofrer de autodissuasão. A noção sobre o que outros podem fazer conosco pode criar uma situação em que ficamos relutantes em usar nossa superioridade em outros campos, tal como o de armas convencionais, em situações onde o nosso envolvimento possa ser justificado. As armas cibernéticas de outras nações podem nos impedir de agir, não apenas no ciberespaço, mas também em outras áreas. Em cenários futuros, como os que envolvem a China e Taiwan, ou a China e a sua disputa petrolífera no mar, um presidente americano realmente poderia ter a opção de enviar grupos de batalha para evitar uma ação chinesa? Que presidente iria enviar a sua Marinha ao Estreito de Taiwan, como Clinton fez em 1996, se ele ou ela desconfiasse que o apagão que acabou de atingir Chicago fosse um sinal de que amplos apagões poderiam se espalhar pelas grandes cidades americanas caso nos envolvêssemos na disputa? Ou que talvez as dificuldades na manipulação de dados que a Bolsa de Chicago tivesse sofrido pudessem se propagar para todas as grandes instituições financeiras do país? Ainda pior, e se o *Chairman* do Estado-Maior Conjunto dissesse ao presidente que ele não sabe de fato se os chineses podem fazer um ataque cibernético devastador que deixaria o grupo de batalha à deriva no mar? Será que um presidente correria o risco de enviar a nossa superioridade naval se essa tentativa só revelasse que um oponente consegue parar, confundir ou cegar as nossas forças?

O fato de nossos sistemas vitais serem tão vulneráveis à guerra cibernética também aumenta a instabilidade de crise. Enquanto nossos sistemas econômicos e militares forem tão obviamente vulneráveis à guerra cibernética, nossos oponentes se sentirão instigados a nos atacar em períodos de tensão. Os oponentes podem pensar que têm uma oportunidade de fazer uma reforma no balanço político, econômico e militar, demonstrando ao mundo o que eles podem fazer com os EUA. Eles podem acreditar que a ameaça de um dano ainda maior dará maior credibilidade e prevenirá uma resposta dos Estados Unidos. No entanto, depois que um ataque cibernético for lançado, a liderança norte-americana poderá se sentir obrigada a responder. E essa resposta pode não estar limitada ao ciberespaço, fazendo o conflito escalar rapidamente e ficar fora de controle.

Essa condição atual indica a necessidade de que rapidamente adotemos medidas para reduzir o desequilíbrio na estratégia que põe os EUA em desvantagem com o aparecimento das capacidades de guerra cibernética. A resposta a essa questão não é apenas aumentar a nossa superioridade em ataques cibernéticos. Esta é uma medida pouco provável para diminuir o desequilíbrio existente ou para acabar com um potencial período instável de crise. Ao contrário da guerra convencional, não se pode ter certeza que uma ofensiva superior vá encontrar e destruir todas as capacidades de ataque de um adversário. As ferramentas necessárias para inviabilizar os Estados Unidos talvez já estejam no próprio país. Pode até ser que eles não tenham entrado no país pelo ciberespaço, onde correria o risco de serem descobertos, mas sim por meio de CDs em malas diplomáticas ou *pendrives* em pastas de empresários.

Para reduzir o risco da ameaça de um estado-nação usar armas cibernéticas contra nós durante uma crise, é necessário que os Estados Unidos tenham uma defesa crível. Deve ser posta na mente de um potencial atacante tanta incerteza sobre o sucesso de um ataque contra nossas defesas que ele será dissuadido de tentar. O intuito é que potenciais oponentes pensem que suas flechas cibernéticas poderão ser desviadas por nossos escudos. Ou que pelo menos eles pensem que muitos dos nossos principais sistemas estão protegidos o suficiente para que o dano que eles podem nos causar não seja decisivo. Mas nós estamos longe disso nos dias atuais.

A defesa dos Estados Unidos contra ataques cibernéticos deveria ser o primeiro objetivo de uma estratégia de guerra cibernética. Afinal, o principal propósito de qualquer estratégia de segurança dos Estados Unidos é a sua defesa. Nós não desenvolvemos armas com o propósito de expandir nossa hegemonia em vários domínios (mar, espaço e ciberespaço), mas como uma maneira de salvaguardar a nação. Embora pareça ser simples, está rapidamente se tornando complicado, pois há aqueles que acreditam que o melhor caminho para a defesa é o ataque e a destruição dos oponentes antes que eles possam infligir danos a nós.

Quando o general Robert Elder foi comandante do Comando Cibernético da Força Aérea, afirmou em uma reportagem que, embora seu comando tivesse uma responsabilidade defensiva, ele planejava desabilitar as redes de computadores do oponente, alegando que: "nós queremos invadir e nocauteá-los no primeiro *round*". Esta afirmação lembra a frase de outro general da Força Aérea, Curtis LeMay, comandante do Comando Aéreo Estratégico na década de 1950, ao esclarecer aos analistas da Corporação RAND que seus bombardeiros não seriam destruídos em terra por um ataque soviético porque "nós estaremos indo na frente".

Esse tipo de pensamento é perigoso. Se nós não possuímos uma estratégia de defesa crível, seremos forçados a intensificar um conflito cibernético muito rapidamente. Nós precisaremos ser mais agressivos para controlar os sistemas do adversário, de modo que seus ataques possam ser parados antes que eles alcancem nossos sistemas indefesos. Isso será desestabilizador, forçando-nos a tratar potenciais adversários como adversários recorrentes. Também precisaremos ter uma forte postura assertiva para tentar conter ataques contra nossos sistemas, ameaçando usar "armas cinéticas" em resposta a um ataque cibernético, e provavelmente nossos adversários irão pensar que se trata de um blefe.

Uma razão para muitos guerreiros cibernéticos dos Estados Unidos pensarem que a melhor defesa é um bom ataque é a percepção da dificuldade que seria se defender somente com ações de proteção. Os militares veem quão extensos são os importantes alvos do ciberespaço americano e jogam a toalha quanto a se posicionarem como os defensores de todos. Além disso, eles observam (convenientemente) que não possuem autoridade legal para defender alvos de propriedades e operações privadas dos Estados Unidos, tais como bancos, empresas de energia, ferrovias e companhias aéreas.

Esse argumento é o mesmo que o governo Bush usou em relação à Segurança Interna depois do 11 de setembro: seria muito caro defendermos os Estados Unidos contra terroristas em casa, então precisaríamos ir para "a origem". Esse pensamento nos levou na última década a duas profundas guerras, com um custo projetado que pode alcançar US$ 2,4 trilhões, e que já levou mais de cinco mil vidas norte-americanas.

É evidente que não existe uma medida única (ou, como muitos no Pentágono dizem em uma homenagem ao *cowboy* conhecido como Cavaleiro Solitário, não há "bala de prata") que possa dar segurança ao espaço cibernético dos Estados Unidos. Contudo, existem uma série de passos para proteger nossos bens essenciais de forma eficiente, ou pelo menos levantar dúvidas na mente de um potencial atacante, dificultando a organização de um ataque cibernético bem-sucedido de grande escala nos EUA.

Proteger cada computador dos Estados Unidos de um ataque cibernético é impraticável, mas talvez seja possível fortalecer suficientemente as importantes redes que os atacantes dos estados-nação tivessem como alvo. Precisamos dificultar o bastante para que nenhum ataque venha a desativar a capacidade de resposta de nosso poder militar, ou que venha a minar severamente a nossa economia. Mesmo que nossa defesa não seja perfeita, essas redes protegidas podem ser capazes de sobreviver, ou se recuperar rapidamente, de modo que os danos causados por um ataque não sejam incapacitantes. Se não podemos defender os principais sistemas, o que vamos proteger? Existem três componentes-chave – ou, usando uma frase emprestada da estratégia nuclear, uma "tríade" no ciberespaço dos Estados Unidos que devem ser defendidos.

5.2. A Tríade Defensiva

Nossa estratégia de Tríade Defensiva seria uma continuação do que foi feito por Clinton, Bush e agora Obama. Tanto Clinton em seu Plano Nacional como Bush em sua Estratégia Nacional procuraram fazer com que todas as infraestruturas críticas essenciais se defendessem de ataques cibernéticos. Existiam eventualmente 18 empresas identificadas como infraestruturas críticas, variando em áreas que vão desde energia elétrica e serviços bancários até alimentação e varejo. Como notado previamente, todos os três presidentes "evitaram a regulamentação" como um meio de redução das vulnerabilidades cibernéticas. Pouco aconteceu. Bush, nos últimos dos seus oito anos de mandato, aprovou uma abordagem que ignorava completamente as infraestruturas operadas pela iniciativa privada. Ele focou em defender os sistemas do governo e a criação de um Comando Cibernético militar. Obama está implementando o plano de Bush, incluindo o comando militar, com pouca ou nenhuma modificação até o momento.

A Estratégia da Tríade Defensiva usaria a regulamentação federal como o principal meio para criar requisitos de segurança cibernética e focaria, pelos menos inicialmente, em esforços defensivos em apenas três setores.

O primeiro é o *backbone*. Como observado no Capítulo 3, existem centenas de empresas provedoras de serviço de Internet, mas somente cerca de meia dúzia de grandes ISPs fornecem o que é chamado de *backbone* da Internet. Nelas estão incluídas AT&T, Verizon, Level 3, Qwest e Sprint. Esses são os "troncos", ou ISPs de Nível 1, o que significa que eles podem se conectar diretamente à maioria dos outros provedores do país. Estas são as empresas que possuem os "grandes tubos" com milhares de quilômetros de cabos de fibra ótica ligados por todos os cantos do país que se unem aos cabos de fibra ótica submarinos que se conectam com o resto do mundo. Mais de noventa por cento do tráfego da Internet dos Estados Unidos circula sobre os ISPs de Nível 1, e é geralmente impossível chegar a qualquer lugar do país sem passar por um desses provedores de *backbone*. Então, protegendo os ISPs de Nível 1, você já está cuidando de grande parte da infraestrutura da Internet dos Estados Unidos, bem como de outras partes do ciberespaço.

Para atacar a maioria das redes do setor privado e do governo, você geralmente tem que se conectar a elas pela Internet e especificamente, em algum ponto, pelo *backbone*. Se você pudesse detectar um ataque entrando no *backbone*, você poderia pará-lo antes que ele atingisse a sua rede alvo. Ao fazer assim, você não teria que se preocupar tanto em fortalecer dezenas de milhares de alvos em potencial de um ataque cibernético. Pense nisso da seguinte maneira: se você tivesse conhecimento de que alguém em Nova Jersey estaria dirigindo um caminhão bomba em direção a uma construção em Manhattan, você poderia aplicar uma defesa em cada importante construção da ilha (divirta-se criando acordos sobre quais seriam os edifícios defendidos) ou você poderia inspecionar todos os caminhões antes que entrassem em uma das 14 pontes ou quatro túneis que dão acesso à ilha.

Teoricamente, a inspeção de todo o tráfego da Internet que circula pelo *backbone* traz consigo dois problemas importantes, um técnico e um político. O problema técnico é simplesmente este: existe um enorme volume de tráfego e ninguém quer retardá-lo para procurar um código malicioso ou *scripts* de ataque. O problema político é que ninguém quer que seus e-mails ou requisições de páginas web sejam vistos.

A questão técnica pode ser superada com a tecnologia existente. Com o aumento da velocidade, se a tecnologia de varredura não conseguir manter o mesmo ritmo, pode ser cada vez mais difícil que essa ação não provoque atrasos. Contudo, hoje em dia, várias empresas têm demonstrado combinações de hardware e software que conseguem varrer o que trafega na Internet, os pequenos pacotes de 1s e 0s que, combinados, traduzem um e-mail ou uma página web. A varredura pode ser feita de forma tão rápida que não provoque atrasos nos pacotes que fluem em uma linha de fibra ótica. E não são apenas as linhas dos cabeçalhos dos pacotes correspondentes ao emissor e receptor que seriam examinados, mas sim o conteúdo no nível de dados, onde os códigos maliciosos podem estar embarcados. Essa capacidade é chamada de "inspeção detalhada de pacotes" e a velocidade de "taxa de transmissão". A ausência de atraso é chamada de "inspeção sem latência". Nós podemos fazer atualmente inspeção detalhada de pacotes com uma boa taxa de transmissão sem latência. Assim, o obstáculo técnico foi cumprido, pelo menos por agora.

O problema político também pode ser resolvido. Nós não queremos que o governo e os ISPs leiam nossos e-mails. O sistema de inspeção detalhada de pacotes, aqui proposto, seria totalmente automatizado. Não procuraria por palavras-chave, e sim se a carga remete a padrões predeterminados de 0s e 1s existentes que correspondam a um software de ataque conhecido. O sistema está à procura de assinaturas. Caso encontre um ataque, ele poderia apenas jogar os pacotes em um "buraco negro", despejando-os no esquecimento cibernético, ou colocá-los em quarentena, a fim de analisá-los mais criteriosamente. Para os americanos estarem convencidos que de que tal sistema de inspeção detalhada de pacotes não será um Big Brother nos espionando, o sistema teria que ser operado pelos ISPs de Nível 1 e não pelo governo. Além disso, teria que existir uma supervisão rigorosa e ativa por um Conselho de Proteção da Privacidade e das Liberdades Civis para assegurar que nem provedores nem o governo estariam nos espionando de forma ilegal.

A ideia de colocar sistemas de inspeção detalhada de pacotes no *backbone* não cria o risco de o governo nos espionar. Esse risco já existe. Como vimos com as escutas ilegais no governo Bush, se os freios e contrapesos do sistema falham, o governo já pode indevidamente monitorar os cidadãos. Essa é uma grande preocupação e deve ser evitada por meio de mecanismos de fiscalização reais e de punição dura para aqueles que quebrarem a lei. A forte crença de nossa nação em direitos a privacidade e de liberdades civis não é incompatível com o que devemos fazer para defender o nosso ciberespaço. Em raras ocasiões, armar a polícia levanta a possibilidade do envolvimento de policiais em tiroteios injustos, mas nós reconhecemos que precisamos de policiais armados para nos defender e nós trabalhamos duro para assegurar que tiroteios injustos não aconteçam. Portanto, também podemos desenvolver sistemas de inspeção detalhada de pacotes nos provedores de *backbone* da Internet, reconhecendo que precisamos deles para nos proteger, e devemos ter a certeza de que eles não serão utilizados para outros fins.

Como um sistema desses seria desenvolvido? Os sistemas de inspeção detalhada de pacotes seriam aplicados no lugar onde os cabos de fibra ótica chegam do oceano e entram nos Estados Unidos, os "pontos de troca de tráfego", onde os ISPs de Nível 1 se conectam uns aos outros e às redes menores, e em vários outros pontos de redes de Nível 1. O governo, talvez a Segurança Interna, provavelmente pagaria por esses sistemas, embora eles sejam operados por ISPs e, possivelmente, empresas integradoras de sistemas. As assinaturas de códigos maliciosos que os varredores de teste de caixa preta procurariam viriam das empresas de segurança de Internet, como Symantec e McAfee, que elaboraram, sistemas globais para procura de código malicioso. Os provedores e as agências governamentais também providenciariam assinaturas.

Os inspetores de caixa preta teriam que estar conectados uns aos outros em uma rede fechada, a chamada "conectividade fora da banda" (fora da Internet), de modo que eles pudessem ser rapidamente atualizados mesmo se a Internet estivesse passando por dificuldades. Imagine que um novo pedaço de software de ataque entra no ciberespaço, um que nunca apareceu anteriormente. Este código malicioso chamado *zero day* começa a causar problemas quando ataca alguns sites. Os sistemas de inspeção detalhada de pacotes estariam atrelados às empresas de segurança da Internet, aos centros de pesquisa e às agências governamentais que procurariam por ataques *zero day*. Minutos após o código malicioso ser notado, sua assinatura seria gerada e carregada nos varredores, que começariam a bloqueá-lo, contendo o ataque.

Um precursor desse sistema de inspeção detalhada de pacotes já está sendo desenvolvido. A Verizon e a AT&T podem, em alguns pontos, varrer assinaturas que eles tenham identificado, mas eles têm sido relutantes em jogar fora tráfego malicioso devido ao risco de serem processados pelos clientes que tiverem seus serviços interrompidos. As operadoras de telecomunicações provavelmente venceriam qualquer ação desse tipo, porque os acordos de nível de serviço (*Service Level Agreements* – SLAs) com seus clientes geralmente deixam claro que as operadoras têm o direito de negar o serviço se a atividade do cliente for ilegal ou prejudicial à rede. No entanto, por causa da abundância de cautela, típica de advogados, as empresas estão fazendo menos do que poderiam para proteger o ciberespaço. Legislação ou regulamentação provavelmente são coisas necessárias para esclarecer essa questão.

O sistema "Einstein" do Departamento de Segurança Interna, discutido no Capítulo 4, foi instalado em algumas localidades onde departamentos governamentais se conectam aos ISPs de Nível 1. O Einstein somente monitora redes governamentais. O Departamento de Defesa tem um sistema similar em 16 localidades onde a Intranet não sigilosa do DoD se conecta com a Internet pública.

Um sistema mais avançado, com maior velocidade, memória e processamento, e com conectividade fora de banda, poderia ajudar a minimizar ou conter um ataque cibernético de grande escala, se ele fosse desenvolvido de forma mais ampla, não apenas no governo e sim no *backbone* onde todas as redes estão conectadas. Defendendo o *backbone* dessa maneira, nós seríamos capazes de interromper a maioria dos ataques contra pontos críticos do governo e de sistemas do setor privado. A independente Comissão de Comunicações Federais (FCC) tem hoje autoridade de emitir regulamentações que exijam que ISPs de Nível 1 estabeleçam esse sistema de proteção, podendo repassar esses custos para seus clientes e para os provedores menores que se conectam a eles. Alternativamente, o Congresso poderia arrecadar fundos para uma parte ou para a totalidade do sistema. Até agora, o governo está apenas começando a se mover nessa direção, e apenas para se proteger, não para proteger as redes do setor privado das quais nossa economia, governo e segurança nacional dependem.

Os ISPs também devem ser obrigados a fazer mais para manter limpa a porção da nossa nação no ecossistema cibernético. O diretor de segurança da AT&T, Ed Amoroso, me contou que o seu centro de operações de segurança observa computadores que foram transformados em uma *botnet* (ou rede de computadores zumbis) para realizar ataques de DDoS e spam. Eles sabem quais assinantes estão infectados, mas não se atrevem a lhes informar (e muito menos cortar o acesso deles) por medo que troquem de operadora e tentem processá-los por violação de privacidade. Essa equação precisa entrar em suas cabeças. Os ISPs devem ser *obrigados* a informar aos seus clientes quando os dados mostrarem que seus computadores fazem parte de uma *botnet* e devem desligar o acesso se eles não responderem após terem sido notificados. Eles também devem ser obrigados a fornecer um software antivírus gratuito para os seus assinantes, como muitos fazem agora, porque isso os ajuda a melhor gerir a sua banda larga, e os assinantes devem ser obrigados a usá-los (ou qualquer outro software antivírus de sua escolha). Nós não deixamos os fabricantes de automóveis venderem carros sem cintos de segurança, e na maioria dos estados não permitimos que pessoas dirijam seus carros sem estarem utilizando o cinto. A mesma lógica deve ser aplicada à Internet, pois a falta de segurança no computador de um único indivíduo cria um problema de segurança nacional para todos nós.

Além dos ISPs de Nível 1 realizarem a triagem do tráfego de Internet no nível dos pacotes à procura de códigos maliciosos conhecidos, poderiam, a fim de tornar o sistema mais robusto, também bloquear pacotes que correspondessem a ataques conhecidos previamente. Primeiro, com relativamente pouco investimento de tempo e dinheiro, o software poderia ser desenvolvido para identificar "códigos maliciosos mutantes". O software buscaria pequenas variações em assinaturas de ataques conhecidos, que poderiam ser utilizadas pelos invasores na tentativa de escapar da inspeção detalhada de pacotes de ataques identificados anteriormente. Em segundo lugar, além de os ISPs de Nível 1 buscarem código malicioso, o governo e as grandes instituições comerciais, como bancos, também contratariam centros de hospedagem de dados para realizar a inspeção detalhada de pacotes. Nos grandes centros de hospedagem de dados espalhados por todo o país, as fibras de ISPs de Nível 1 se juntam para fazer comutação entre redes. Nesses locais, algumas grandes instituições também possuem seus próprios servidores fechados em salas altamente seguras escondidos de forma enfileirada entre paredes. Os operadores desses centros podem procurar por códigos maliciosos conhecidos em um segundo nível de defesa. Além disso, operadores de centro de dados ou empresas de segurança de TI podem também inspecionar os dados depois de serem passados. Os centros de dados podem fornecer serviços de segurança gerenciados, procurando por anomalias que podem ser causadas por códigos maliciosos não identificados anteriormente. Em vez de tentar bloquear um código malicioso conhecido quando ele aparecer, os serviços de segurança gerenciados iriam procurar padrões de comportamento suspeitos e anomalias nos pacotes de dados ao longo do tempo. Ao fazer isso, eles podem ser capazes de detectar ataques mais complicados em duas etapas e códigos maliciosos *zero day*. Então, esse novo código malicioso seria adicionado à lista de coisas a serem bloqueadas. Buscas podem ser realizadas nos locais dos bancos de dados por onde o novo código malicioso passou, permitindo talvez que se interrompa o extravio de dados em grande escala.

Por meio do pagamento aos provedores de Internet e de serviços gerenciados de segurança para que realizem esse filtro de dados, o governo permaneceria suficientemente fora do processo para proteger a privacidade e encorajaria a competição. O papel do governo, além do pagamento das defesas, seria prover sua própria informação sobre código malicioso (caso necessário, trancada em uma caixa preta), incentivar empresas a descobrir ataques e a criar um mecanismo para permitir ao público confirmar se as informações privadas e as liberdades civis estão bem protegidas. Em vez de uma única linha de defesa operada e de propriedade do governo (tal como o sistema "Einstein" que está sendo criado pelo Departamento de Segurança Interna para proteger as agências federais civis), esta seria uma defesa multicamadas, um sistema de provedores múltiplos que encorajaria inovação e competição entre as empresas privadas do setor de TI. Se o governo tivesse conhecimento de que uma guerra cibernética estava prestes a acontecer, ou que já estava acontecendo, uma série de centros de operação de redes federais poderia interagir com esses defensores de TI privados e com os centros operacionais de rede (NOCs) de instituições privadas para coordenar a defesa. Para isso acontecer, o governo teria que criar previamente uma rede de comunicações dedicada entre os NOCs, uma rede que seria altamente segura, totalmente separada e diferenciada da Internet (o fato de ser necessária uma nova rede deve lhe dizer alguma coisa sobre a Internet).

A segunda frente da tríade defensiva é uma rede elétrica segura. A maneira mais simples de pensar nisso é perguntar: por que diabos alguns têm a rede de energia totalmente conectada ao ciberespaço? Sem eletricidade, a maioria das outras coisas de que nós dependemos não funciona, ou pelo menos não por muito tempo. A coisa mais fácil que um atacante cibernético de outra nação poderia fazer atualmente para causar grande impacto nos Estados Unidos seria desligar as seções de interconexões elétricas do leste e do oeste, as duas grandes redes elétricas que cobrem os Estados Unidos e o Canadá (o Texas, que tem a sua própria rede, é a terceira). Os sistemas *backup* de energia são limitados na sua duração e notórios por não funcionar quando necessário (como aconteceu em minha casa ontem à noite durante uma tempestade de raios que atingiu uma rede de energia rural, criando um apagão localizado. Meu gerador de arranque automático ficou lá, parado, como se fosse uma porta gigante).

Podem esses três sistemas de compartilhamento de energia norte-americanos, compostos por centenas de empresas de geração e transmissão, ser seguros?

Certamente sim, mas não sem a adição de uma regulamentação federal. Essa regulamentação seria focada em desconectar a rede de controle das empresas de geração e distribuição de energia da Internet e, então, fazer com que o acesso a essas redes requeira autenticação. Isso não seria muito caro, mas tente dizer isso para as empresas de energia. Quando questionada sobre quais de seus recursos críticos deveriam estar cobertos por regulamentações de segurança cibernética, a indústria respondeu que 95 por cento de seus recursos não deveriam ser regulamentados em relação à segurança cibernética. Um especialista nessa área que trabalha em uma grande empresa de auditoria de segurança contou que perguntou a cada empresa de auditoria em que tinha trabalhado com empresas de energia se eles já tinham conseguido, em suas auditorias, assumir o controle de redes elétricas pela Internet. Todas as seis empresas disseram que obtiveram êxito. Quanto tempo demorou? Nenhuma levou mais que uma hora. Essa hora foi gasta invadindo o site público da empresa, partindo de lá para a Intranet da empresa e, por meio da "ponte" entre eles, chegando aos sistemas de controle.

Algumas auditorias ainda reduziram mais o tempo invadindo através de telefones baseados na Internet (voz sobre IP, ou VoIP) instalados na sala de controle. Esses telefones estão, por definição, conectados com a Internet; é assim que eles se ligam à rede de telefonia. Se eles estão na sala de controle, eles provavelmente também estão conectados à rede que controla o sistema de energia. Boa ideia, certo? E fica ainda melhor. Em alguns casos, os comandos para os componentes da rede elétrica são enviados claramente (isto é, não criptografados) via rádio, incluindo micro-ondas. Basta posicionar-se nas proximidades e transmitir o seu sinal na mesma frequência e com mais energia que o da companhia, e você estará enviando comandos (se conhecer os comandos de software necessários).

A Comissão Federal de Regulamentação de Energia (FERC) prometeu que em 2010 começaria a penalizar as empresas elétricas que não tivessem sistemas cibernéticos seguros. Contudo, eles não disseram como a Comissão saberá quem estará fora do padrão, uma vez que a FERC não possui equipes regulares de inspeção. Porém, o Departamento de Energia dos Estados Unidos contratou especialistas em segurança para verificar se os recursos de US$ 3,4 bilhões em Redes Inteligentes que estão sendo encaminhados para novos programas têm a segurança adequada. Redes Inteligentes é um projeto da Administração de Obama para fazer a rede elétrica mais integrada e digitalizada. Empresas de energia podem solicitar parte dessa verba por meio de propostas que serão submetidas ao Departamento de Energia. Quando o fizerem, dois especialistas analisarão as propostas para verificar se existe alguma seção chamada "segurança cibernética". O Departamento de Energia se nega a dizer quem serão os dois especialistas ou o que eles procurarão na seção de "segurança cibernética" da proposta. Não existem padrões disponíveis publicamente. Uma ideia para um padrão seria a não distribuição de nenhuma parte dos US$ 3,4 bilhões destinados às Redes Inteligentes para empresas que não forneçam segurança em seus sistemas atuais. Não espere que o Departamento de Energia utilize esse padrão tão cedo. Isso significaria tirar vantagem desse programa único de doação federal para incentivar as pessoas a fazer produtos com maior segurança. Isso soa como regulamentação, o que, claramente, é socialismo, e isso é antiamericano. Então, em breve teremos uma Rede Inteligente mais digital que também será menos segura. Como podemos tornar o sistema elétrico nacional dos Estados Unidos uma Rede Inteligente e Segura?

O primeiro passo nessa direção seria a publicação de regulamentos sérios exigindo que as companhias elétricas tornem quase impossível obter acesso restrito à rede de controle, assegurando o cumprimento desses regulamentos. Isso significaria não existir nenhum caminho possível para acesso ao sistema de controle pela Internet. E mais, o mesmo tipo de caixa de inspeção detalhada de pacotes que eu propus pôr no *backbone* da Internet poderia ser colocado em pontos de conexão dos sistemas de controle das Intranets das companhias. Então, para dificultar as tarefas de um adversário cibernético, nós poderíamos exigir que os sinais de controle enviados aos geradores, transformadores e outros componentes-chave fossem criptografados e autenticados. O fato de os sinais serem criptografados significa que, mesmo que você pudesse ter acesso ao sinal para enviar uma instrução a um gerador, você não teria o código secreto para fazer isso. A autenticação dos comandos significa que, por meio de um procedimento de prova de identidade, ou "aperto de mãos" eletrônico, o gerador ou transformador teria a certeza de que o sinal de comando veio do lugar certo. Devido ao fato de algumas partes da rede ainda poderem ser comprometidas por um *hacker* de outro estado-nação, algumas seções-chave devem ter um sistema de comunicação de *backup* de envio de sinais de comandos e controle para uma possível restauração do serviço.

Muitas pessoas não entendem o significado de um ataque à rede elétrica. Como um oficial sênior do governo dos Estados Unidos me disse: "apagões ocorrem o tempo todo. Depois de poucas horas, as luzes voltam". Nem sempre. A energia volta depois de poucas horas quando o que ocasiona a falta dela é uma tempestade de raios. Caso a falha seja resultado de uma atividade intencional, é mais provável que o apagão dure mais tempo. É algo conhecido como *Repeated Smackdown Scenario*, ataques cibernéticos derrubam a rede elétrica e a mantêm fora do ar por meses.

Caso os ataques destruam geradores, como nos testes Aurora, a reposição deles pode levar até seis meses, já que cada um é construído de forma customizada. A possibilidade de um ataque simultâneo direcionado a várias localidades, e que se repete quando o sistema retorna, poderia paralisar a economia travando a distribuição de alimentos e outros bens de consumo, fechando fábricas e forçando o fechamento dos mercados financeiros.

Nós realmente precisamos aperfeiçoar a regulamentação? Devemos forçar as companhias elétricas a gastar mais dinheiro para deixar as suas redes mais seguras? Essa é uma necessidade real? Vamos analisar o que disse o chefe do Comando Cibernético dos Estados Unidos, o General Keith Alexander o homem que poderia fazer com que os guerreiros cibernéticos atacassem redes elétricas de outras nações –, quando, em uma audiência do Congresso em 2009, o perguntaram: devido a seu conhecimento sobre o assunto, o General realmente acha que nós precisamos fazer mais pela proteção de nossa própria rede elétrica? Ele respondeu: "então as empresas de energia vão ter que parar e alterar a configuração de suas redes.... Para atualizá-las e se certificar de que elas são seguras, elas necessitam de um salto no orçamento.... E agora, vocês vão ter que trabalhar através dos comitês de regulamentação para aumentar as taxas, de modo que as companhias realmente possam proteger as suas redes.... como o governo, porque talvez estejamos interessados em ter uma energia confiável, como nós podemos garantir que isso aconteça com uma infraestrutura crítica?" Foi um pouco desconexo, mas o que o General Alexander parecia estar dizendo é que as empresas de energia precisariam reconfigurar as suas redes para que pudéssemos ter uma eletricidade segura e confiável. Isso poderia significar que elas teriam que gastar mais e que os órgãos reguladores teriam que ajudar a fazer isso acontecer. Ele está certo.

O terceiro pino da Tríade Defensiva é a própria defesa – o Departamento de Defesa. Existe pouca chance que um estado-nação realize um grande ataque cibernético contra os Estados Unidos sem tentar paralisar o Departamento de Defesa no processo.

Por quê? Para que um estado-nação tente prejudicar nosso país e nosso bem estar destruindo nossos sistemas do setor privado, tais como redes elétricas, oleodutos, transportes ou o sistema financeiro, é difícil imaginar que tais ações venham na forma de um raio em um céu azul. Ataques cibernéticos provavelmente podem vir em um período de tensões elevadas entre os Estados Unidos e uma nação ofensiva. Nessa atmosfera, o atacante provavelmente já temeria a possibilidade de ações convencionais, ou cinéticas, pelos militares dos Estados Unidos. Mais do que isso, se um oponente está vindo nos atingir com um grande ataque cibernético, ele teria que assumir que nós poderíamos responder cineticamente. Um ataque cibernético aos militares dos Estados Unidos praticamente se concentraria nas redes do Departamento de Defesa.

Para simplificar, vamos dizer que existem basicamente três redes no Departamento de Defesa. A primeira é a NIPRNET, que é uma Intranet não sigilosa. Os sistemas dessa rede usam endereços .mil. A NIPRNET se conecta com a Internet pública em 16 nós. Embora os dados que trafegam nesta rede não sejam sigilosos, isso não significa que eles não sejam importantes. A maioria das informações logísticas, tais como as unidades de fornecimento de comida para o Exército Americano, está nessa rede. A maior parte das unidades militares dos Estados Unidos não pode se manter por longos períodos sem o suporte de empresas do setor privado, e a maioria dessas comunicações trafega pela NIPRNET.

A segunda rede do Departamento de Defesa é a chamada SIPRNET e é utilizada para repassar informação sigilosa de nível secreto. Muitas ordens militares são transmitidas nesta rede. Existe supostamente uma "separação física" entre as redes não sigilosa e de nível secreto. Usuários da rede sigilosa baixam coisas da Internet e as enviam por meio da SIPRNET. Então, algumas vezes, códigos maliciosos são enviados de forma despercebida. Os especialistas em segurança da informação do Pentágono chamam esse problema de "ameaça *sneakernet*".

Em novembro de 2008, um *spyware* de origem russa começou a vasculhar endereços .mil, que pertencem à rede não sigilosa NIPRNET. Uma vez que o *spyware* conseguiu invadir os computadores da NIPRNET, ele começou a procurar por *pendrives* para se autoarmazenar. Então o "efeito *sneakernet*" veio à tona.

Alguns desses *pendrives* eram então inseridos pelos seus usuários autorizados em computadores da rede sigilosa SIPRNET. Supostamente, devido à separação física, o fato da rede secreta não estar conectada à Internet já a protegeria de vírus e *worms*. Por isso, a maioria dos computadores da rede não possuía antivírus, *firewalls* ou software de segurança similares. Em suma, a maioria dos computadores do Departamento de Defesa, da rede mais importante, tinha menos proteção do que você provavelmente tem em seu computador de casa.

Em poucas horas, o *spyware* tinha infectado milhares de computadores de nível secreto de militares dos Estados Unidos do Afeganistão, Iraque, Qatar e em algum lugar do Comando Central. Em mais algumas horas, o oficial de maior escalão militar dos Estados Unidos e Chefe do Estado Maior das Forças Armadas, Almirante Mike Mullen, estava percebendo o quanto os seus militares eram realmente vulneráveis. De acordo com uma fonte de alto nível do Pentágono, Mullen gritou para os especialistas de rede que estavam lhe informando do ocorrido: "vocês realmente querem me dizer que eu não posso confiar em nossa rede operacional?". Os especialistas de rede das Forças Armadas não pareciam estar surpresos e confirmaram a conclusão do Almirante. Horrorizado com a grande fraqueza que majores e capitães pareciam considerar comum, mas que havia sido escondida dele, Mullen procurou por um oficial superior e perguntou olhando para o Diretor de Operações: "onde está o J-3? ele sabe disso?".

Pouco depois, Mullen e seu chefe, o Secretário de Defesa Robert Gates, estavam explicando suas descobertas ao presidente Bush. A SIPRNET estava provavelmente comprometida. A vantagem baseada nas redes que militares dos Estados Unidos pensavam que fosse algo almejável provou apenas ser seu calcanhar de Aquiles. Talvez Mullen não devesse estar surpreso. Existem mais de cem mil terminais da SIPRNET ao redor do mundo. Em poucos minutos, em um terminal não monitorado, você pode transferir código malicioso ou executar uma conexão secreta com a Internet. Um amigo me descreveu um terminal da SIPRNET nos Bálcãs que poderia facilmente ser utilizado por um "pacificador" russo sem que ele fosse observado.

Tal como na Segunda Guerra Mundial, quando os Aliados precisaram somente da máquina de códigos Enigma para quebrar a criptografia dos nazistas, se um terminal da SIPRNET é comprometido, o código malicioso pode ser inserido de forma que afete toda a rede. Muitos especialistas que trabalharam em assuntos relacionados à segurança da SIPRNET me confirmaram essa conclusão assustadora. Como um deles me disse: "você pode assumir que ela não irá funcionar quando nós precisarmos dela". Ele me explicou que se, em uma crise, a rede de comando e controle fosse derrubada por um inimigo, ou pior, se o inimigo introduzisse comandos espúrios, "os militares dos Estados Unidos estariam em grande desvantagem".

A terceira maior rede do Departamento de Defesa é a rede de Nível Ultrassecreto de Informações Sensíveis Compartimentadas (TS/SCI) chamada JWICS. Esta rede é mais limitada e destina-se ao repasse de informações de inteligência para os militares. Seus terminais estão em salas especiais altamente seguras conhecidas como Instalações de Informações Secretas Compartimentadas ou SCIFs. As pessoas também se referem a essas salas como "o cofre". O acesso a esses terminais é mais restrito devido à sua localização. Porém, o fluxo de informações da rede ainda precisa seguir através de cabos de fibra ótica, roteadores e servidores, assim como em qualquer outra rede. Os roteadores podem ser atacados para cortar as comunicações. O hardware utilizado nos computadores, servidores, roteadores e *switches* pode ser comprometido durante a fabricação ou em uma fase posterior. Portanto, não podemos assumir que nem mesmo esta rede seja confiável.

No planejamento CNCI, o Departamento de Defesa está contido em um extenso programa de atualização de segurança de todas as três redes. Parte do que está sendo feito é confidencial, muita coisa é cara e alguma parcela desse programa vai levar um longo tempo para ficar pronta. Uma possibilidade real é o uso de *lasers* de alta largura de banda para transportar comunicações por satélites. Assumindo que os satélites sejam seguros contra *hackers*, tal sistema poderia reduzir as vulnerabilidades associadas aos cabos de fibra ótica e roteadores espalhados ao redor do mundo. Existem, no entanto, alguns conceitos importantes de design, com a tecnologia disponível atualmente, que podem ser incluídos rapidamente no programa de atualização do Departamento de Defesa, e eles não são grandes devoradores de orçamento:

- além de proteger a própria rede, proteger também os pontos finais, instalando *firewalls*, software antivírus e sistemas de prevenção de intrusão em todos os computadores pessoais de todas as redes do Departamento de Defesa, sendo eles conectados ou não à Internet;
- exigir de todos os usuários de todas as redes do Departamento de Defesa que, ao se conectarem, provem a sua identidade através de pelo menos dois fatores de autenticação;
- segmentar as redes em sub-redes com regras de acesso do tipo "necessário conhecer" para limitar as conexões externas;
- ir além da limitada prática atual de criptografia em massa, que embaralha todo o tráfego que se move nos cabos de fibra ótica, e criptografar todos os arquivos em todos os computadores, incluindo os dados armazenados em servidores de dados;
- monitorar todas as redes à procura de novas conexões não autorizadas, desligando automaticamente dispositivos desconhecidos.

Mesmo que as suas redes sejam seguras, o Departamento de Defesa corre o risco de que o software e/ou hardware em que rodam seus sistemas de armas possam estar comprometidos. Sabemos que os projetos para o novo avião de combate F-35 foram roubados por meio de uma invasão em uma empresa de defesa. E se o *hacker* adicionasse aos projetos um programa oculto, que fizesse com que a aeronave avariasse no ar quando recebesse um determinado comando enviado por rádio, a partir de um caça inimigo? Bombas-lógicas como essa podem ser escondidas aos milhões nas linhas de código do F-35, ou nas muitas peças de *firmware* e hardware dos computadores da aeronave. Como um piloto me disse: "os aviões dos dias de hoje, seja um F-22 Raptor ou um Boeing 787... todos eles são um monte de software planando no ar. Mexer no software pode fazê-los parar de voar". Eu lembrei do Airbus da Air France, que caiu no Atlântico Sul porque seu computador tomou uma decisão errada.

Os chips de computador que o armamento dos Estados Unidos usa, bem como alguns dos computadores e seus componentes, são feitos em outros países. O sistema operacional mais ubíquo do Departamento de Defesa é o Microsoft Windows, que está implantado em redes de todo o mundo e já provou ser vulnerável no passado. Essa questão de cadeia de fornecimento não é nem rapidamente nem facilmente resolvida. É uma das áreas em que o plano de 2008 de Bush focou. Novas fábricas de chips, ou *fabs*, estão sendo construídas nos Estados Unidos. Algumas empresas do setor privado estão desenvolvendo softwares para verificar falhas em outros softwares. Além de incorporar rapidamente segurança em suas redes, uma das coisas mais importantes que o Pentágono poderia fazer seria desenvolver padrões rigorosos, inspeções e programas de pesquisa, para assegurar que o software e o hardware utilizados em seus sistemas de armas, de comando e controle e logísticos não contenham *backdoors* e bombas-lógicas.

Então essa é a estratégia da Tríade Defensiva. Se o governo Obama e o Congresso concordarem em deixar mais seguro o *backbone* da Internet, separar e fortalecer os controles da rede elétrica e de forma vigorosa atuar na atualização da segurança nos sistemas de TI da Defesa, nós poderemos colocar dúvidas na mente de potenciais atacantes de outras nações sobre como lançar um ataque em larga escala e bem-sucedido contra nós. E mesmo se eles lançassem tal ataque, a Tríade Defensiva poderia mitigar seus efeitos. Sabe-se da dificuldade de mensurar o custo financeiro desses programas no momento de seu desenvolvimento, mas, em termos de dificuldades de implementação, todos eles poderiam ser faseados em mais de cinco anos. Se fossem implementados com o pensamento de que poderíamos usufruir de alguns benefícios desses aperfeiçoamentos antes mesmo deles estarem totalmente desenvolvidos, poderia haver um aumento considerável no grau de dificuldade de uma nação que pensasse em nos atacar ciberneticamente durante esses cinco anos. A menos que este plano ou alguma estratégia de defesa similar que inclua as redes do setor privado seja implementada, entrar em uma guerra cibernética provavelmente não traria boas notícias para os Estados Unidos.

Caso façamos a Tríade Defensiva, teremos credibilidade para agir de modo a aumentar a nossa habilidade para conter um ataque cibernético. De vez em quando, apenas o fato de dizer algo, às vezes gratuitamente, pode incrementar a segurança caso você tenha credibilidade. A parte principal da tríade é nossa "postura declarativa" para nações que poderiam pensar em nos atacar por meio do espaço cibernético. Uma postura declarativa é uma afirmação da política e da intenção do governo articulada formalmente. Atualmente nós não temos uma política articulada de forma autoritária sobre como nos comportaríamos diante de um ataque cibernético e como responderíamos. Nos conselhos de um atacante em potencial, alguns poderiam argumentar que a resposta dos Estados Unidos diante de um ataque cibernético pode ser mínima ou confusa.

Nós não queremos estar em uma situação similar àquela com que John Kennedy deparou *após* descobrir que existiam mísseis nucleares armados em Cuba. Ele declarou que qualquer míssil disparado por alguém (russo ou cubano) a partir de Cuba, tendo como alvo "qualquer nação deste hemisfério seria considerado um ataque da União Soviética contra os Estados Unidos, exigindo uma retaliação completa como resposta". Essas palavras me amedrontaram quando as ouvi pela primeira vez quando eu tinha 12 anos de idade; e elas permanecem me amedrontando nos dias de hoje. Se os Estados Unidos tivessem dito isso antes que os misseis fossem para Cuba, o Kremlin poderia não tê-los enviado.

Uma declaração pública sobre o que nós faríamos no caso de um ataque cibernético, contudo, não deve limitar nossas decisões futuras. É preciso haver uma "ambiguidade construtiva" no que é dito. No caso de um grande ataque cibernético, provavelmente haverá uma ambiguidade inútil sobre quem nos atacou, e nossa política declaratória também precisa levar isso em conta. Então, imagine o Barack Obama discursando para a classe de formandos de uma das quatro academias dos militares dos Estados Unidos, algo que ele tem que fazer quatro vezes em seu primeiro mandato. Ele olha para o mar de novos oficiais uniformizados e seus parentes, descreve o fenômeno da guerra cibernética e então diz: "então vou deixar claro para qualquer nação que possa pensar em utilizar armas cibernéticas contra nós. Os Estados Unidos vão considerar responder a um ataque cibernético que perturbe ou destrua nossos militares, nosso governo ou a nossa infraestrutura crítica com um ataque cinético para o mesmo destino e sentido. Iremos considerar tal ataque um ato hostil em nosso território. Em resposta a tal agressão em nosso ciberespaço, eu, como comandante-em-chefe, vou contar com toda a panóplia de poder disponível nos Estados Unidos da América e a nossa resposta não será limitada ao tamanho ou à natureza das características do ataque feito contra nós".

"Panóplia de poder" é uma expressão presidencial. Ela diz que ele pode responder por meios diplomáticos, econômicos, cibernéticos ou cinéticos, como julgar apropriado, levando em conta o alvo e o efeito. Advogados internacionais irão discutir sobre a fala de "não ser limitado a", notando que as respostas defensivas deveriam ser proporcionais ao ataque, como ditam as convenções do direito internacional. No entanto, o fato de sugerir que a resposta poderia ser desproporcional contribui para a dissuasão. Na estratégia nuclear essa ideia foi chamada de "escalada de dominação"

– responder a um ataque de baixo nível, movendo-se rapidamente na escalada de níveis, para, em seguida, dizer que as hostilidades devem acabar. Essa ação envia uma mensagem de que você não está disposto a se envolver em algum conflito prolongado com lento derramamento de sangue. É uma opção que o presidente deve ter, mesmo que ele não a use.

E se, como é provável, ocorrer um problema de atribuição e o atacante se esconder por trás das saias de "cidadãos hacktivistas", ou ele reivindicar que o ataque meramente transitou em seu país, mas não se originou de lá? Antecipando essa reivindicação, Obama faz uma pausa em seu discurso e, em seguida, acrescenta: "não vamos ser enganados por alegações de que um ataque cibernético foi trabalho de cidadãos hacktivistas ou que a atribuição é duvidosa. Nós temos capacidade para determinar a atribuição de forma satisfatória. Além disso, reservamo-nos o direito de considerar que a recusa de parar, em tempo hábil, um ataque vindo de um país equivale ao governo desse país estar envolvido nele. Nós também julgaremos que a falta de uma verdadeira cooperação na investigação de ataques corresponde à participação neste".

A Doutrina Obama seria uma *equivalência cibernética*, onde ataques cibernéticos são julgados pelos seus efeitos e não pelos seus meios. Eles seriam julgados como se fossem ataques cinéticos e poderiam ser respondidos com ataques cinéticos ou outros meios. O corolário é que nações têm *responsabilidade pelo ciberespaço nacional* e a *obrigação de auxiliar*, o que significa que elas têm a responsabilidade de evitar ações hostis vindas de servidores em seu país e devem prontamente caçar, desligar e trazer à justiça aqueles que usam seu ciberespaço para interromper ou danificar sistemas de outros lugares. Os EUA também teriam essas obrigações e teriam que desligar *botnets* que estivessem atacando nações como a Geórgia a partir de lugares como o Brooklyn. Se um ISP de Nível 1 estiver varrendo suas redes, a *obrigação de auxiliar* seria facilmente conduzida.

Seja a articulação de tal doutrina feita por Obama ou por outro futuro presidente, os Estados Unidos têm que deixar claro que consideram de forma séria ataques cibernéticos, apesar de não resultarem em explosões ou pilhas de corpos. Se o presidente também adotar algo como a Tríade Defensiva, os Estados Unidos finalmente teriam uma estratégia defensiva crível para a guerra cibernética.

Então, uma vez que nós tivéssemos defesas razoáveis à disposição, seríamos nós capazes de sermos ofensivos, usando nossos novos guerreiros cibernéticos a fim de adquirir o domínio do ciberespaço para os Estados Unidos da América?

CAPÍTULO 6
Quão Ofensivo?

No filme *Jogos de Guerra*, de 1983, sobre guerra de computadores, estrelado por um jovem Matthew Broderick, uma fina voz de computador perguntava de forma hesitante: "você quer jogar um jogo de guerra termonuclear?" Por que nós não jogamos um jogo de guerra cibernética a fim de elucidar algumas escolhas políticas que moldam uma estratégia? Anualmente, o Departamento de Defesa realiza tais exercícios que são chamados de *Cyber Storm*. O exercício de guerra cibernética anual da CIA, o *Silent Horizon*, acontece desde 2007. Para o propósito dessa análise, eu farei para você a mesma solicitação que fiz para estudantes da Kennedy School de Harvard e para os burocratas da segurança da informação, sentados ao redor da mesa de conferência da Sala de Situação da Casa Branca: "não lute contra o enredo". Com isso, eu quero dizer para não gastar muito tempo rejeitando a premissa de que algum dia podem haver circunstâncias que resultem nos Estados Unidos estarem à beira de um conflito com a Rússia ou a China.

Quando guerreiros cibernéticos dos Estados Unidos falam sobre o "grande adversário", eles geralmente têm em mente um conflito no espaço cibernético com a Rússia ou com a China, duas nações com a mais sofisticada capacidade ofensiva além dos Estados Unidos. Ninguém quer que hostilidades aconteçam com esses países. Levando isso em consideração, o entendimento de como uma guerra cibernética poderia ser não a torna mais provável. De fato, ao entender os riscos da nossa postura atual de guerra cibernética, podemos reduzir as chances de uma guerra cibernética real. E se, apesar de nossas intenções, uma guerra acontecer, seria melhor ter pensado antecipadamente sobre como ela poderia ser.

Certamente, eu não queria ter visto o ataque de 11 de setembro acontecer, mas eu tinha presidido incontáveis "exercícios de mesa", ou cenários de jogos de guerra, para que eu e a burocracia estivéssemos prontos caso algo como aquele ataque acontecesse. Quando ele veio, já tínhamos pensado em como responder no dia do ataque e nos dias subsequentes. Nós fizemos enormes esforços para tentar prevenir ataques, mas também dedicamos um tempo para pensar no que faríamos caso um ataque fosse bem-sucedido. Se não tivéssemos feito isso, aquele dia terrível teria sido ainda pior. Então, nesse espírito de aprendizado por meio da visualização, vamos pensar em um período de crescentes tensões entre os Estados Unidos e a China.

Vamos chamá-lo de Exercício do Mar do Sul da China e configurá-lo para alguns anos no futuro. Não ocorreram muitas mudanças, exceto que a China depende um pouco mais das redes de computadores. Por sua vez, os Estados Unidos não fizeram muito para melhorar suas defesas cibernéticas. Nós teremos três equipes: o Comando Cibernético dos Estados Unidos, a Divisão Cibernética do Exército de Libertação Popular da China e os controladores, que fazem o papel de todos os outros. Os controladores também decidem o que acontece em consequência dos movimentos das outras duas equipes. Vamos dizer para fins de exercício que a China tem pressionado, de forma agressiva, o Vietnã e outros países da ASEAN (Associação das Nações do Sudeste Asiático) para lhe ceder os direitos que têm sobre uma vasta e rica área submarina de campos de gás e petróleo (a China tem reivindicado, de fato, águas que estão a centenas de quilômetros a sul, ao longo das costas do Vietnã e das Filipinas). Vamos estipular que estão ocorrendo pequenos confrontos entre as marinhas deles. Em uma ironia da história, vamos dizer que o governo do Vietnã solicitou apoio militar aos Estados Unidos, assim como outros países da região, reivindicando as águas contestadas. Em resposta, o presidente autorizou um exercício naval do ASEAN com os Estados Unidos e enviou duas transportadoras norte-americanas de batalha, com cerca de vinte navios, 150 aeronaves e vários submarinos. A China e os Estados Unidos trocaram notas diplomáticas e pronunciamentos públicos, essencialmente dizendo que o outro deveria ficar fora do caso. Nesse momento, as redes de notícias a cabo norte-americanas começaram a mostrar quadros dramáticos com as palavras "Crise Marítima no Sul da China".

Como nosso exercício hipotético começa no Fort Meade, o Pentágono solicitou à equipe do Comando Cibernético para preparar uma série de passos a serem tomados caso a situação política se agrave. A ordem do secretário de Defesa foi desenvolver opções para:

> *Em primeiro lugar, dissuadir o governo chinês de agir militarmente sobre as águas contestadas. Em segundo lugar, caso a primeira falhe, reduzir ao máximo a capacidade dos militares chineses de representar um risco para as forças dos Estados Unidos e as forças aliadas na área. Em terceiro lugar, em caso de aumento das tensões ou início de hostili-*

dades, ser capaz de interromper de forma mais ampla os militares chineses para reduzir sua capacidade de força. Em quarto lugar, manter a liderança chinesa ocupada por meio da interrupção da infraestrutura interna para que levante questionamentos populares e do Partido acerca das atividades externas do governo chinês. Em quinto lugar, trabalhar com entidades adequadas do governo dos Estados Unidos para evitar ataques cibernéticos do governo chinês ou inspirados pelos chineses contra os militares ou contra infraestruturas críticas dos Estados Unidos.

Nessa situação, a equipe do Comando Cibernético depara com um dilema em sua mesa de exercícios. Eles não querem expor todas as suas técnicas de ataque cibernético, ou seja, os *exploits* que foram desenvolvidos. Uma vez que um *exploit* é utilizado, defensores cibernéticos dedicarão tempo e energia necessários para descobrir como bloqueá-lo no futuro. Entretanto, embora eles não consertem todos os sistemas que poderiam ser explorados, eles podem modificá-los o suficiente de forma a dificultar uma técnica de ataque. Assim, mesmo que o Comando Cibernético guarde seus ataques mais inteligentes, caso demorem a utilizá-los, os chineses podem agir para dificultar ainda mais a sua execução.

Caso as tensões comecem a aumentar, a China reduzirá o fluxo de pacotes dentro do país, varrerá e filtrará possíveis ataques dos Estados Unidos. Então, isso pode derrubar toda a conectividade do país com o mundo externo. Se os Estados Unidos não tivessem já lançado o ataque cibernético, seria muito mais difícil contornar o Grande *Firewall* da China. O Comando Cibernético terá que criar, com antecedência, túneis dentro do espaço cibernético chinês, escondendo, talvez, telefones via satélite para descarregar ataques e inseri-los na Internet por detrás do *Firewall*. Ou talvez o Comando Cibernético, em conjunto com a CIA, tenha que alocar agentes dentro da China com ferramentas de ataque já presentes em seus laptops.

Se os Estados Unidos esperarem para usar as suas melhores armas, a China pode dificultar o lançamento de um ataque vindo do espaço cibernético dos Estados Unidos confundindo ou derrubando nosso espaço cibernético e nosso *backbone* da Internet. A cifragem de dados em servidores de alto nível do Sistema de Nomes de Domínios (DNS), que provê endereços de Internet para websites, ou tabelas de roteamento (listas do protocolo *Border Gateway*) dos provedores de *backbone* de Nível 1 corromperá o espaço cibernético dos Estados Unidos por dias. O efeito poderia ser o envio de tráfego mais ou menos aleatório para um local errado da Internet. Como notado no Capítulo 3, muito pouco é feito para prevenir que isso aconteça nos dias de hoje, uma vez que os programas de software que fazem a Internet funcionar não exigem que exista alguma verificação sobre a autenticação dos comandos transmitidos.

Se os chineses conseguissem introduzir agentes nos grandes edifícios sem janelas, onde os ISPs de Nível 1 se conectam uns aos outros, os chamados pontos de troca de tráfego, ou até mesmo em qualquer lugar de suas redes, eles poderiam transmitir comandos diretamente aos roteadores, responsáveis pelo roteamento e direcionamento do tráfego da Internet e do resto do ciberespaço. Apesar de o Departamento de Defesa e das agências de inteligência dos Estados Unidos terem seus meios no ciberespaço separados da Internet pública, o tráfego tende a ser realizado nos mesmos tubos de cabos de fibra ótica da Internet pública. A linha da Internet pode ser apenas uma "cor" diferente na mesma fibra, ou talvez uma fibra diferente no mesmo tubo. As chances são de que existam muitos lugares onde o tráfego do Departamento de Defesa e das agências de inteligência estejam em execução por meio dos mesmos roteadores da Internet pública. Como discutido anteriormente, a China é muito familiarizada com os roteadores. Muitos deles foram projetados pela empresa norte-americana Cisco, mas são fabricados na China.

Todo esse potencial que os chineses têm para corromper a Internet e imobilizar a capacidade dos Estados Unidos de lançar ataques cibernéticos por meio de sua equipe do Comando Cibernético seria um incentivo para, em estágios iniciais de uma crise, o armazenamento de seus ataques em redes localizadas fora do país. Certamente, ao fazer isso, ampliaria o envolvimento global em uma possível guerra cibernética.

Para iniciar as operações, a equipe do Comando Cibernético decide sinalizar o seu envolvimento com a esperança de dissuadir a China de se envolver em futuras operações militares. A condução da ação do Comando Cibernético deve ser negada publicamente, mas as autoridades chinesas devem perceber que não foi um acidente. O sinal deve demonstrar uma capacidade de realizar ações de nível técnico altamente superior e que sejam significativas o suficiente para serem notadas pela liderança chinesa, mas sem serem tão prejudiciais a fim de provocar uma guerra cibernética em grande escala.

Tendo invadido a fechada Intranet militar chinesa, o Comando Cibernético envia aos oficiais superiores chineses uma foto adulterada de um porta-aviões da China em chamas e afundando. A mensagem não tão sutil é que o orgulho da Marinha da China, seu único transportador, poderia facilmente ser afundado pela 7ª Frota, causando uma grande perda para os militares chineses; talvez seja melhor não entrar em uma luta que poderia provar-se vergonhosa.

Em seguida, a inteligência dos Estados Unidos descobre que os chineses estão carregando sua Frota do Mar do Sul para um desembarque de veículo anfíbio nas ilhas disputadas no Mar do Sul da China. O Comando Cibernético é solicitado pelo Pentágono para ganhar algum tempo retardando o carregamento de suprimentos e de tropas dos chineses ainda no porto. A Frota do Mar do Sul chinesa está sediada em Zhanjiang, na península de Leizhou, e a força aérea para apoio às operações do Mar do Sul da China está em Hainan, no Golfo de Tonkin. Os Quartéis-Generais da Frota e da Base Aérea Naval não têm a sua própria rede elétrica, estão ligados ao sistema de energia público. Eles não têm geradores próprios, apenas pequenas unidades de *backup* de emergência.

O Comando Cibernético, através de sua unidade subordinada, a 10ª Frota, utiliza um *backdoor* preexistente na energia elétrica chinesa e acessa os controles da rede elétrica local. Uma vez no sistema de controle, ele emite sinais que causam surtos, ativando o desligamento dos disjuntores de transmissão e parando os geradores, sem fazer com que se danifiquem.

O time da China em nosso exercício hipotético percebe que o apagão foi causado por uma invasão e solicita um rastreamento do ataque. Os rastros levam a um provedor de serviços de Internet na Estônia, onde é muito frio. Ninguém em Pequim acredita que haja um *hacker* real na Estônia. Assim, o alerta é enviado, mas de forma que pudesse ser negado. O alerta chama a atenção da equipe chinesa. Eles são informados de que o apagão na península de Leizhou ocasionou um apagão em cascata por toda a província de Guangdong, deixando mais de uma centena de milhões de chineses no escuro por aproximadamente 24 horas. A cidade de Hong Kong também foi afetada. O Escritório Central do Partido Comunista da China considera o apagão um passo de escalada e questiona a equipe da divisão de guerra cibernética do Exército de Libertação Popular sobre as opções de resposta.

A equipe do Exército de Libertação Popular recomenda que a China responda de alguma maneira proporcional, indo atrás de cidades com bases marítimas. Mas eles querem ainda mais, querem enviar a mensagem de que podem nos ferir mais do que nós a eles. O Escritório Central do Partido Comunista da China aprova todas as seis etapas propostas por seus guerreiros cibernéticos:

1) Reforçar a Frota do Mar do Sul e enviar mais aviões para Hainan e para os aeroportos da costa sul.
2) Direcionar o submarino esquadrão chinês em Yulin, na ilha de Hainan, para o mar.
3) Ativar as bombas-lógicas já plantadas nas redes elétricas de Honolulu, San Diego e Bremerton, no estado de Washington, três cidades onde estão localizadas grande parte da Frota Pacífica dos Estados Unidos (e, embora os chineses não saibam, o apagão se estenderia para Tijuana, no México, até Vancouver, na British Columbia).

4) Corromper a rede não sigilosa do Departamento de Defesa por meio do envio de um novo *worm* nunca antes visto (um *exploit zero-day*) que infecta uma máquina atrás da outra, fazendo com que seus discos rígidos sejam apagados (ataque a ser lançado de dentro da Intranet do Departamento de Defesa).
5) Atacar o provedor de serviço de Internet da Estônia de onde o ataque à rede elétrica chinesa aparentemente foi originado.
6) Causar um apagão em Yokosuka e em seu entorno no Japão, onde a 7ª Frota dos Estados Unidos está sediada.

No começo do próximo movimento do exercício, com tensões elevadas, o Comando Cibernético é informado de que a China está prestes a interromper o tráfego da Internet do restante do mundo. O time de Fort Meade, portanto, propõe ao Pentágono que o autorize a lançar mais duas ondas de ataque cibernético e a ficar preparado para uma terceira onda. Os dois ataques seriam na rede de defesa aérea chinesa e no sistema de controle e comando militar nacional. Esses ataques usariam *exploits* altamente secretos e ativariam bombas-lógicas já implantadas nessas redes. Nos bastidores seria um amplo ataque contra a rede ferroviária chinesa, o controle de tráfego aéreo, o sistema bancário e o hardware da rede elétrica (geradores e transformadores).

Para a surpresa da equipe do Comando Cibernético, eles recebem instruções da Equipe de Controle da Casa Branca e do Pentágono para evitar ataques contra o sistema de comando e controle militar e em armas de defesa, como as da defesa aérea. Os estrategistas do Comando Cibernético também são orientados a evitar tanto o sistema de controle de tráfego aéreo como o setor bancário.

Enquanto a equipe do Comando Cibernético reformula seu próximo movimento, é relatado que os bancos de dados da Security Industries Automation Corporation e do Deposit Trust de Nova Iorque estão seriamente danificados e destruídos. Dados também foram extremamente modificados na CSX da Union Pacific e nas ferrovias da Burlington Northern Santa Fe, bem como nos da United, Delta e American Airlines. Como resultado, o New York Stock Exchange foi fechado, trens de carga pararam e aviões estão parados em seus portões por todo o país. A Agência de Sistemas de Informação de Defesa, que controla as redes internas do Departamento de Defesa, declara emergência porque tanto a SIPRNET de nível secreto como as redes JWICS ultrassecretas foram corrompidas por *worms* de propagação rápida que estão destruindo os discos rígidos. Nenhum desses ataques se originaram no exterior; assim, a Inteligência dos Estados Unidos e o Comando Cibernético não avistaram suas chegadas e não puderam pará-los antes que atingissem os Estados Unidos. Os ataques aparentemente empregaram técnicas novas, nunca antes vistas, fazendo com que o Comando Cibernético não fosse capaz de bloqueá-las por meio de assinaturas de ataques anteriores.

Com a exclusão dos ataques destinados à defesa aérea chinesa, aos bancos, ao controle e comando militar nacional e ao controle do tráfego aéreo por pedidos de autoridades superiores, o Comando Cibernético dos Estados Unidos tinha menos opções do que pensava. Mais do que isso, devido ao fato de ter um papel defensivo ao proteger as redes do Departamento de Defesa, alguns dos membros da equipe foram realocados para lidar com os *worms,* atuando nos caminhos destrutivos que ele faz em direção ao Departamento de Defesa. Tendo em vista o agravamento significativo que a equipe chinesa utilizou em seu primeiro movimento, a equipe dos Estados Unidos opta por lançar um apagão de energia em toda a China, incluindo ataques direcionados para danificar vários geradores. Ao mesmo tempo, eles tentam fazer um número máximo de descarrilamentos de trens de carga e embaralhar o banco de dados do sistema ferroviário. Para substituir os alvos militares que foram excluídos por seus superiores, a equipe dos Estados Unidos decide atacar o satélite de comunicações usado pela marinha chinesa e pela sua rede de logística.

O relatório do Time de Controle sobre os efeitos da segunda rodada de ataques dos Estados Unidos não é muito bom. A China desconectou suas redes da Internet, limitando, assim, o impacto do ataque dos Estados Unidos. Além disso, quando foi lançado o primeiro ataque à rede elétrica, Pequim já tinha solicitado a todos os setores da rede que adotassem uma postura defensiva, desconectando as ligações da Internet e separando as redes regionais em "ilhas", a fim de prevenir apagões. Somente poucos geradores podiam ser atingidos pelos Estados Unidos, e suas destruições causariam somente apagões isolados. Ao mesmo tempo em que defesas foram levantadas em outros lugares, o sistema ferroviário foi deslocado para um sistema de controle manual e baseado em rádio. Portanto, a segunda tentativa de ataque no sistema de carga ferroviária pelos Estados Unidos não funcionou.

Os Estados Unidos invadiram as comunicações via satélite chinesas, ocasionando a queima de combustível dos propulsores da estação de manutenção, tentando enviá-los para Júpiter. No entanto, dentro de uma hora, a marinha chinesa ativou um sistema de *backup* de rádio criptografado. Contudo, o ataque dos Estados Unidos contra a rede de computadores da logística da marinha chinesa foi bem-sucedido e, juntamente com apagões regionais, retardou o carregamento da tropa chinesa dentro dos navios. O Time de Controle também reportou que um submarino chinês foi avistado entre dois transportadores de aeronaves dos Estados Unidos. Ele tinha invadido o perímetro de defesa, similar ao incidente que realmente aconteceu em 2009, quando um submarino da classe Song apareceu perto do transportador USS *Kitty Hawk*. À tona, o submarino revelou a sua posição, mas também enviou uma mensagem para os Estados Unidos de que a localização de seus transportadores é bem conhecida, possibilitando à China lançar mísseis teleguiados caso uma guerra aconteça.

Nesse ponto, a equipe do Comando Cibernético dos Estados Unidos é informada de que a Casa Branca solicitou a dois grupos de batalha de porta-aviões que prosseguissem para a Austrália. O Departamento de Estado enviou um time de alto nível para Pequim para discutir suas reivindicações territoriais. O Comando Cibernético recebe ordens para cessar a ação ofensiva.

O jogo acabou.

Após cada exercício de mesa no governo, existe um encontro dos controladores e jogadores chamado de "água quente". É um tempo para escrever as lições aprendidas e fazer anotações para um estudo mais aprofundado. Então, o que podemos aprender com o exercício da Marinha Sul da China? Quais questões destacaríamos? Dez questões importantes de guerra cibernética surgiram da conduta de simulação dos jogadores: o uso de dissuasão, o conceito de começar primeiro, a preparação do campo de batalha antes da guerra, a disseminação global de um conflito regional, danos colaterais, controle de escalada, guerra acidental, atribuição, instabilidade de crise e assimetria defensiva. Vamos analisar cada uma delas.

6.1. Dissuasão

Neste caso, obviamente, a dissuasão falhou. Em nosso cenário hipotético, a equipe do Comando Cibernético não foi dissuadida pelas considerações do que a China poderia fazer com os Estados Unidos. Provavelmente, no mundo real, nós seríamos dissuadidos de iniciar uma guerra cibernética de grande escala por temer os efeitos assimétricos que a retaliação poderia fazer às redes americanas. Atualmente, dissuasão ainda é um espaço teórico não desenvolvido para a guerra cibernética. A teoria da dissuasão foi a base da estratégia nuclear dos Estados Unidos, da União Soviética e da OTAN durante a Guerra Fria. O horror que poderia ser causado por armas nucleares (e o medo de que qualquer utilização conduzisse a uma ampla utilização) dissuadiu as nações com poderio nuclear de usar as suas armas. Também dissuadiu nações, com poderio nuclear ou não, de realizar qualquer ação que pudesse provocar uma reação nuclear. Estrategistas desenvolveram teorias complexas sobre a dissuasão nuclear. Na década de 1960, Herman Kahn desenvolveu em seus trabalhos uma tipologia com três classes distintas de dissuasão nuclear. Suas teorias e análises foram amplamente estudadas por líderes civis e militares, tanto dos Estados Unidos como da União Soviética. Sua escrita clara e objetiva sobre o provável alcance de uma destruição foi relatada nos livros: *On Thermonuclear War* (1960) e *Thinking about the Unthinkable* (1962), que, sem dúvida, contribuíram para que uma guerra nuclear fosse impedida.

Contudo, de todos os conceitos de estratégia nuclear, a teoria da dissuasão é provavelmente a menos transferível para a guerra cibernética. Na verdade, a dissuasão no ciberespaço pode vir a ter um significado muito diferente do que o das obras de Kahn e dos estrategistas de 1960. A dissuasão nuclear foi baseada nos efeitos concretos realizados por armas nucleares. O mundo tinha visto o que armas nucleares tinham feito em Hiroshima e Nagasaki em 1945. Armas nucleares muito maiores já tinham sido detonadas no espaço pelos Estados Unidos e pela União Soviética nas décadas de 1940 e 1950 e, em seguida, pelo Reino Unido em 1952, pela França em 1960 e pela China em 1968. Ao todo, as cinco potências nucleares declararam ter detonado mais de 2.300 armas acima e abaixo da superfície.

Ninguém sabe exatamente o que aconteceria se os Estados Unidos ou a União Soviética lançassem, simultaneamente, centenas de mísseis balísticos nucleares. Contudo, internamente, os militares americanos pensavam que se fossem lançados noventa por cento de seus mísseis, estes acabariam com as armas da União Soviética. Similarmente, eles tinham altas expectativas dos efeitos do uso das armas sobre os alvos. A fim de assegurar que um ataque em potencial funcionasse, caso acontecesse, os militares dos Estados Unidos planejavam atingir alvos importantes com ogivas nucleares a partir de três diferentes mecanismos de entrega (bombas a partir de aviões, ogivas de mísseis lançadas por terra e ogivas de mísseis lançadas por submarinos). Ambas as superpotências implantaram suas forças de tal forma que eles teriam muitas armas nucleares sobressalentes, mesmo depois de sofrerem um grande ataque surpresa. A retaliação era assegurada. Assim, existia uma certeza de que se um lado usasse armas nucleares, este estaria se convidando de algum modo para a sua própria destruição nuclear. O que aconteceria depois de uma enorme troca de armas nucleares seria assunto para debate, mas poucos duvidavam de que os dois combatentes nucleares teriam infligido um ao outro um nível de dano sem precedentes na história humana. Muitos acreditavam que isso provocaria um "inverno nuclear" que poderia causar o fim de toda a vida humana. Quase todos os especialistas acreditavam que uma troca de agressões em grande escala pelas duas superpotências levaria a "mortes imediatas" de dezenas de milhões de pessoas (Kahn, de forma áspera, observou: "ninguém quer ser o primeiro a matar uma centena de milhões de pessoas"). Qualquer utilização de armas nucleares, o que era mais temido, poderia sucumbir imprevisivelmente para o uso em larga escala. Tal receio impedem os Estados Unidos e a União Soviética de usarem suas armas nucleares até os dias de hoje.

Os testes nucleares criaram o que foi chamado de "efeito de demonstração". Alguns teóricos também sugeriram que em uma grande crise, como uma guerra convencional na Europa, os Estados Unidos poderiam detonar uma arma nuclear no mar como um outro efeito de demonstração, sinalizando que, a menos que os combates terminem, a Aliança da OTAN estava preparada para escalar o uso de armas nucleares. A OTAN planejou que, durante uma guerra convencional, ela poderia "sinalizar a sua intenção" por meio de um tiro de aviso. Apesar de já existirem alguns exemplos de guerra cibernética, o efeito de demonstração, até os dias de hoje, não tem sido convincente. Como discutido anteriormente, a maioria dos incidentes cibernéticos até agora tem sido de ataques não sofisticados, como ataques DDoS, invasões secretas em redes para coleta de informações ou o uso de *backdoors* e bombas-lógicas. Os efeitos limitados dos ataques DDoS não foram amplamente percebidos por outros países além dos atingidos. E, na maioria dos casos de ataques secretos, até mesmo as vítimas podem não ter notado.

Então, quanta confiança os guerreiros cibernéticos teriam no funcionamento de suas armas, e qual expectativa eles teriam sobre os efeitos causados por elas? O que eles sabem, sem dúvida, é que já usaram muitas de suas técnicas de ataque para invadir com sucesso redes de outras nações. Eles provavelmente fizeram todo o serviço por meio de poucas teclas, se comparado com o que fariam em uma guerra cibernética real. Em simulações de redes inimigas, eles provavelmente se envolveram em operações destrutivas. O teste de Aurora no gerador de Idaho foi uma dessas simulações. Ele deixou os experimentadores confiantes de que poderiam ter causado a destruição física de um grande gerador elétrico com uma arma cibernética.

Contudo, o que os guerreiros cibernéticos não sabem é se a nação que eles têm como alvo os surpreenderá com um vetor avançado de defesas durante uma crise. Qual seria o efeito se a China desconectasse as suas redes do espaço cibernético internacional? Será que os Estados Unidos planejam lidar com esse trabalho de contingência? Assumindo que a Rússia tivesse implantado *backdoors* e bombas-lógicas nas redes dos Estados Unidos, como eles saberiam se os norte-americanos as identificaram e que planejaram suas eliminações em um período de grande tensão? Quando um guerreiro cibernético utiliza a técnica de invasão que planejou para acertar um alvo, aquela rota de acesso pode ser bloqueada, e um sistema de prevenção de intrusão efetivo e não esperado pode funcionar de repente. Ao contrário de um sistema antimíssil nacional, um sistema de prevenção de intrusão para as redes principais poderia facilmente ser mantido em segredo, até ser ativado oportunamente. Se o trabalho do guerreiro cibernético é desligar o sistema de defesa aérea do inimigo um pouco antes da força aérea de seu país realizar uma missão de bombardeio, os bombardeiros podem ser pegos de surpresa. As instalações de radar e mísseis que deveriam ter sido desligados podem, de repente, estar *on-line* e destruir a aeronave de ataque.

Com uma detonação nuclear, alguém poderia ter quase certeza sobre o que aconteceria com o alvo. Se o alvo fosse uma base militar, ela se tornaria inutilizável por anos, se não para sempre. No meu primeiro dia de pós-graduação no MIT, na década de 1970, eu ganhei uma régua de cálculo circular, que era uma calculadora de efeito nuclear. Faça um círculo com a régua e você tem o rendimento nuclear de, digamos, duzentos quilotons. Faça outro círculo e você poderia escolher entre uma explosão aérea ou uma explosão terrestre. Quanto mais distante do alvo você estiver, no pior caso, seu pequeno dispositivo diz quantos quilos de pressão explosiva por polegada quadrada seriam criados e quantos seriam necessários para destruir um silo de mísseis subterrâneos antes de se tornarem pequenos pedaços radioativos de poeira lançados na atmosfera. Um guerreiro cibernético possivelmente pode ter uma certeza similar de que se ele atingisse algum sistema com uma arma cibernética sofisticada, esse sistema (digamos, um trem de carga moderno), provavelmente pararia de se locomover. O que ele não sabe é se o trem possui um plano de resiliência confiável, por exemplo uma rede de *backup* de comando e controle, pois o inimigo a mantém em segredo e não a utiliza até que seja necessário. Assim como um sistema de prevenção de intrusão secreto pode nos surpreender quando ligado durante uma crise, um sistema secreto de operações de continuidade, que pudesse rapidamente fazer com que o alvo voltasse a operar, é também uma forma de defesa contra ataques cibernéticos.

A capacidade de surpresa na defesa de um adversário faz com que a teoria da dissuasão em guerra cibernética seja fundamentalmente diferente da teoria da dissuasão em estratégia nuclear. Nesta última, era evidente que existia um caso esmagador, chamado de "preferência de ataque", ou seja, qualquer defesa implantada ou mesmo concebida poderia facilmente ser oprimida por um ataque surpresa bem cronometrado. Para lidar com medidas defensivas, um ataque com mísseis é muito menos custoso do que a obtenção de uma proteção minimamente eficaz contra mísseis. Qualquer coisa que a defesa faça, a ofensiva vence com pouco esforço adicional. Além disso, ninguém pensou que a União Soviética ou os Estados Unidos poderiam secretamente desenvolver e implantar um sistema eficaz de defesa contra mísseis. Ronald Reagan esperava que, gastando bilhões de dólares em pesquisa, os Estados Unidos pudessem mudar a equação e fazer a estratégia de defesa contra mísseis nucleares possível. Décadas mais tarde nada funcionou e, atualmente, os Estados Unidos esperam, na melhor das hipóteses, ser capazes de parar um pequeno ataque de mísseis lançados por acidente ou um ataque menor com mísseis primitivos. Mesmo assim, permanece a dúvida.

Na teoria da estratégia de guerra nuclear, o poder destrutivo do ataque era bem conhecido, nenhuma defesa poderia fazer muito para pará-lo, o ataque era temido, e as nações estavam dissuadidas de usar suas próprias armas nucleares ou de tomar passos provocativos que pudessem resultar em uma resposta nuclear. A dissuasão derivou de uma certeza suficiente. No caso de guerra cibernética, o poder de ataque é altamente secreto; defesas com uma certa eficácia podem ser criadas e podem até mesmo aparecer repentinamente em uma crise. Mas atualmente é improvável que qualquer nação seja efetivamente dissuadida de usar suas próprias armas cibernéticas em uma crise; e o potencial de retaliação com armas cibernéticas provavelmente ainda não vai dissuadir nenhum país de seguir qualquer que seja a política que tenha em mente.

Para fins de discussão, assuma que os Estados Unidos (ou alguma outra nação) tenham tais armas cibernéticas poderosas de ataque que podem superar qualquer defesa e infligir perturbações significativas e danos militares e econômicos a qualquer nação. Se os Estados Unidos simplesmente anunciassem que tinham tal capacidade, mas sem revelar detalhes, muitos oponentes pensariam que estaríamos blefando. Sem detalhes, sem mesmo ter visto as armas cibernéticas dos Estados Unidos em ação, poucos temeriam o que poderíamos fazer.

Os Estados Unidos poderiam, teoricamente, procurar uma oportunidade para punir alguma nação mal-intencionada com um ataque cibernético apenas para criar o efeito de demonstração (os Estados Unidos utilizaram o avião invisível F-117 na invasão do Panamá em 1989, não porque eles temiam as defesas aéreas panamenhas, mas porque o Pentágono queria mostrar a sua nova arma com o intuito de dissuadir os outros. A invasão teve o codinome Operação *Just Cause*, e muitos no Pentágono zombavam que o F-117 fora enviado *apenas porque* podemos). O problema com a ideia de usar armas cibernéticas na próxima crise é que muitas técnicas sofisticadas de ataque cibernético podem ser similares as de *onetime pad* dos criptologistas, que são utilizadas somente uma única vez. Quando as armas de ataque cibernéticas são utilizadas, oponentes potenciais provavelmente vão detectá-las e aplicar toda a sua capacidade de investigação para criar uma nova defesa.

Se os Estados Unidos não podem dissuadir outras nações com suas armas cibernéticas secretas, é possível eles sejam dissuadidos por ameaças de guerreiros cibernéticos de outras nações? Em outras palavras, estamos hoje impedidos de realizar operações militares convencionais por causa de nossas vulnerabilidades de guerra cibernética? Se houvesse uma crise no Mar do Sul da China, tal como descrita no exercício anterior, eu duvido que hoje em dia alguém sentado na mesa da Sala de Situação diria para o presidente: "é melhor você não enviar as aeronaves para interromper a China naquela disputa de petróleo. Caso você faça isso, senhor Presidente, Pequim poderia lançar um ataque cibernético para derrubar nosso mercado de ações, deixar em terra nossas aeronaves, interromper nossos trens e causar um apagão duradouro em nossas cidades. Não existe nada que possamos fazer atualmente para pará-los, senhor".

Alguém *deveria* dizer isso, porque, claro, é verdade. Mas alguém falaria? Muito improvável. O oficial militar americano mais graduado soube apenas há menos de dois anos que sua rede operacional provavelmente poderia ser derrubada por um ataque cibernético. O governo Obama levou mais de um ano para nomear um "czar cibernético". Guerreiros dos EUA pensam em tecnologia como o ás em suas mangas, algo que permite que suas aeronaves, navios e tanques funcionem melhor do que qualquer outra coisa no mundo. É difícil para a maioria dos militares dos Estados Unidos pensar em tecnologia como algo que outra nação poderia utilizar de forma eficaz contra nós, especialmente quando essa tecnologia é baseada em código de computador de algum especialista em programação e não de um caça furtivo de bombardeio.

Então, nós não podemos impedir outras nações com nossas armas cibernéticas. Na verdade, elas regularmente invadem nossas redes. Nós também tampouco não somos impedidos de agir de forma a provocar um grande ataque cibernético. A dissuasão é apenas uma ideia, algo que podemos criar na mente de possíveis atacantes cibernéticos, caso implementemos, de forma séria, defesas eficazes para algumas das principais redes. Uma vez que ainda nem começamos a fazer isso, a teoria da dissuasão, a mesma da estratégia de prevenção de guerra nuclear, não desempenha atualmente nenhum papel significativo na guerra cibernética.

6.2. Não Começar Primeiro?

Uma das primeiras coisas que você deve ter notado no cenário de nosso exercício hipotético foi a ideia de *começar primeiro*. Na ausência de estratégias contrárias, o lado dos Estados Unidos, no exercício hipotético, agiu primeiramente no espaço cibernético enviando um e-mail provocador a partir do que a China pensava ser o seu sistema de e-mail interno, e então iniciou algo que a equipe dos Estados Unidos esperava que fosse um apagão de energia limitado. O objetivo estratégico era sinalizar tanto a seriedade com que os Estados Unidos enxergavam a crise como o fato de o país possuir capacidades em potencial. O objetivo tático imediato do Comando Cibernético foi retardar o carregamento da força chinesa, a fim de ganhar tempo para que os diplomatas americanos conversassem com a China sobre sua operação planejada.

Na estratégia de guerra nuclear, a União Soviética propôs um acordo em que nenhum lado usaria armas nucleares em um conflito. O governo dos Estados Unidos nunca concordou com a Declaração de "Não Começar Primeiro", preservando para si a opção de usar armas nucleares para deslocar as forças convencionais superiores da União Soviética. Devemos incorporar uma abordagem de "Não Começar Primeiro" em nossa estratégia de guerra cibernética?

Não existe força militar convencional no mundo superior à dos Estados Unidos, assumindo que seus militares não serão anulados ou desconectados por um ataque cibernético. Portanto, não é necessário manter aberta a perspectiva de começar primeiro no ciberespaço para compensar qualquer outra deficiência, como fizemos na estratégia nuclear. O ato de começar primeiro em guerra cibernética também torna a retaliação, na mesma moeda, pela vítima do ataque cibernético, mais politicamente aceitável aos olhos do mundo. Dada a nossa maior vulnerabilidade a ataques cibernéticos, os Estados Unidos podem não querer provocar uma fase cibernética em uma guerra.

No entanto, abandonar o uso de armas cibernéticas até que elas sejam utilizadas contra nós poderia significar que, se uma guerra convencional explodir, nós não defenderemos nossas forças através de ações como ataques cibernéticos ao sistema de mísseis de aeronaves do nosso oponente. O uso de guerra cibernética no cenário do Mar do Sul da China foi uma operação psicológica na rede militar interna do país, enviando um e-mail ofensivo com a imagem de um navio chinês afundando. Isso deve ser considerado um começo de guerra cibernética?

Além disso, o cenário apresentou um problema: se você não começar primeiro no espaço cibernético, sua habilidade para conduzir um ataque pode ser reduzida pelo outro lado por meio da intensificação de medidas defensivas (por exemplo, a China isolando seu ciberespaço do resto do mundo) e ofensivas (incluindo ataques que interromperam redes dos Estados Unidos que poderiam ser necessárias para o lançamento de certos ataques). Seja dito publicamente ou mantido como um componente interno de nossa estratégia, caso tenhamos que aceitar o conceito de "Não Começar Primeiro" em guerra cibernética, teríamos que exigir uma compreensão clara do que significa "começar". A invasão de uma rede é um ato cibernético de guerra? Quando a invasão da rede vai além da simples coleta de informações, isso faz o ato mudar de operações de inteligência para guerra cibernética? Qualquer proibição de "começar primeiro" somente seria aplicada provavelmente antes da guerra convencional. Uma vez que uma guerra convencional começa, a maioria das proibições não valem mais.

6.3. Preparação do Campo de Batalha

Outro fato que você deve ter notado é que, aparentemente, ambos os lados já haviam invadido sistemas um do outro antes mesmo do exercício começar. No mundo real, eles provavelmente já fizeram isso. O quanto é feito e quem aprova a ação é um assunto a ser revisto na criação de uma estratégia.

Se a CIA envia agentes a um país para conduzir uma pesquisa de possíveis sabotagens futuras e eles deixam escondidos armas e explosivos, tal atividade, pela lei dos Estados Unidos, é considerada ação secreta e exige uma constatação presidencial e uma notificação formal de dois comitês de inteligência do Congresso. Nos últimos anos, o Pentágono manteve a postura de que a realização de algum tipo de ação secreta é apenas uma preparação do campo de batalha e que ninguém precisa saber. A frase "preparação do campo de batalha" tornou-se um pouco flexível. A batalha não precisa ser iminente, e qualquer lugar pode ser um campo de batalha algum dia.

Essa flexibilidade também tem sido aplicada para a capacidade de guerra cibernética e, aparentemente, não apenas pelos Estados Unidos. No exercício hipotético, ambas as nações instalaram previamente *backdoors* nas redes do país alheio e, então, colocaram bombas-lógicas para atingir as redes de energia elétrica. Além do exercício, existe uma boa razão para acreditar que alguém já implantou bombas-lógicas nas redes de controle do sistema de energia elétrica dos Estados Unidos. Muitos já confirmaram que os Estados Unidos estão engajados no mesmo tipo de preparação do campo de batalha.

Imagine se o FBI anunciasse que havia detido dezenas de agentes do governo chinês em todo o país carregando cargas explosivas C4 para as grandes torres de linhas de transmissão de alta tensão e para alguns transformadores de uma subestação elétrica não tripulada. A nação se sentiria ultrajada. Alguns congressistas exigiriam a declaração de guerra ou pelo menos a implantação de tarifas punitivas às importações chinesas. Alguém insistiria em começar a chamar a comida chinesa de "lanches da liberdade". No entanto, houve pouca reação quando o Wall Street Journal anunciou em uma manchete em abril de 2009 que a China havia plantado bombas-lógicas na rede elétrica dos Estados Unidos. A diferença de reações indica a inexperiência com guerra cibernética do Congresso, da mídia e do público. Não é reflexo de nenhuma das reais diferenças entre os efeitos que essas bombas-lógicas poderiam ter sobre a rede de energia e o que os pequenos pacotes de explosivos C4 poderiam fazer.

A implantação de bombas-lógicas em redes tais como as da energia elétrica dos Estados Unidos não pode ser justificada como uma operação de coleta de informações. Uma nação pode coletar informações sobre seus sistemas de armas invadindo a rede da Raytheon ou da Boeing, mas não existe informação valiosa que esteja dentro do sistema de controle da Florida Power & Light. Mesmo que existam dados valiosos nesta rede, bombas-lógicas não coletam informações, e sim as destroem. A única razão para invadir os controles de uma rede elétrica, instalar um *backdoor* de modo que você consiga um acesso mais simplificado sem a necessidade de entrar com as devidas credenciais e instalar códigos de computador que, quando ativados, causam danos ao software (ou até mesmo ao hardware) da rede é o fato de você estar planejando uma guerra cibernética. Isso não significa que você já tenha decidido conduzir tal guerra, mas certamente significa que você está pronto para fazê-la.

Durante grande parte da Guerra Fria, e até mesmo depois, existiam lendas urbanas sobre agentes soviéticos que viajavam sorrateiramente para os Estados Unidos com pequenas armas nucleares, chamadas de malas-bomba, que poderiam acabar com cidades dos Estados Unidos mesmo se bombardeiros russos e mísseis fossem destruídos em algum ataque surpresa americano. Embora ambas as nações tivessem pequenas armas (nós realmente tínhamos algumas centenas, chamadas de Munições Médias de Demolição Atômica, e um outro grupo chamado de Munições Pequenas de Demolição Atômica, projetadas para serem transportadas em uma mochila), não existe nenhuma evidência de que algum dos lados as tenha implantado nas mediações de seu oponente. Mesmo no auge da Guerra Fria, os tomadores de decisão pensaram que o envio dessas armas para as ruas seria muito desestabilizador.

Como então os tomadores de decisão chineses, e presumivelmente os americanos, autorizaram a implantação de bombas-lógicas em território alheio? É possível que funcionários de alto nível em ambos os países nunca tenham aprovado essas implementações e também nem saibam sobre elas. As armas cibernéticas poderiam ter sido implantadas sob a autoridade de comandantes militares que atuam na preparação do campo de batalha. Há um risco de que altos responsáveis políticos digam em uma crise que foi o outro lado que plantou bombas-lógicas em preparação para a guerra e julgarão como um desenvolvimento novo e ameaçador, dividindo opiniões de políticos sobre as devidas ações de resposta durante a crise. Líderes podem dizer que a intenção do outro lado em derrubar nossa rede elétrica é obvia, e que devemos, enquanto podemos, utilizar primeiro as armas cibernéticas. Outro risco é que uma arma pode realmente ser utilizada sem aprovação superior, por um comandante desonesto ou por algum *hacker* ou funcionário insatisfeito.

Guerreiros cibernéticos justificam os passos tomados na preparação do campo de batalha como medidas necessárias para prover aos tomadores de decisão opções em uma futura crise. Eles poderão dizer: "você quer que o presidente tenha poucas opções de escolha durante alguma crise? Se você quer que ele tenha a escolha de uma resposta não cinética no futuro, você tem que nos deixar invadir a rede deles agora. O fato das redes serem vulneráveis a invasões não autorizadas agora não significa que daqui a alguns anos elas o serão quando quisermos invadir".

Redes estão constantemente sendo modificadas. Uma empresa de transmissão de rede elétrica pode algum dia comprar um sistema de prevenção à intrusão (IPS) efetivo que detectaria e bloquearia as técnicas que utilizamos para invadir redes. Mas se nós entrarmos agora, podemos esconder um *backdoor* que seria uma entrada autorizada para qualquer sistema de segurança. Contudo, adentrar na rede no futuro não é suficiente; nós queremos ser capazes de executar um código que faça com que o sistema opere do modo que queremos, ou seja, que não funcione de maneira apropriada. Este IPS futuro pode bloquear o *download* de um código executável, mesmo por um usuário autorizado, se não houver a aprovação de um nível mais alto. Então, se nós podemos invadir o sistema agora, devemos deixar escondidas instruções de código que substituam a proteção contra surtos ou façam com que geradores girem fora do sincronismo, ou qualquer método disponível para perturbar ou destruir a rede ou o hardware onde é executada.

Isso soa convincente de um certo modo, mas há lugares onde não queremos que nossos guerreiros cibernéticos preparem o campo de batalha?

6.4. Guerra Global

Em nosso exercício hipotético, a resposta da China focou em quatro bases navais dos Estados Unidos, mas acabou atingindo cidades de três países (a North American Interconnects interliga os sistemas de rede elétrica dos Estados Unidos, do Canadá e de partes do México).

Nesse cenário, os Estados Unidos atacaram a rede elétrica chinesa a partir de um computador na Estônia, a fim de esconder seus rastros. Para atingir a China a partir da Estônia, os pacotes de ataque dos Estados Unidos passaram por vários países, incluindo a Rússia. Para descobrir a fonte dos ataques, os chineses provavelmente invadiram os roteadores russos, de onde vieram os pacotes, pelo menos em última instância. Em resposta, a China atingiu a Estônia para deixar claro que países que permitem ataques a partir de suas redes podem acabar sendo punidos mesmo se não tiverem a intenção de realizar o ataque.

Mesmo na era de mísseis intercontinentais e aeronaves, a guerra cibernética se move mais rapidamente e atravessa fronteiras mais facilmente do que qualquer forma de hostilidade na história. Se uma nação inicia uma guerra cibernética, existe um alto potencial de que outras nações também entrem nela, uma vez que atacantes escondem suas identidades e rotas utilizadas em seus ataques. O lançamento de um ataque a partir da Estônia seria como uma aeronave de ataque dos Estados Unidos pousando na Mongólia sem a devida autorização, para então reabastecer, decolar e bombardear a China. Devido ao fato de existir ferramentas de ataque, tais como *worms*, que uma vez lançados no espaço cibernético podem se espalhar globalmente em questão de minutos, há também a possibilidade de danos colaterais, já que esses programas maliciosos atravessam fronteiras internacionais e afetam alvos não pretendidos. Mas o que dizer dos danos colaterais no país que está sendo o alvo?

6.5. Dano Colateral e a Doutrina da Contenção

Tentando atingir as bases navais, os dois combatentes cibernéticos atingiram as instalações de energia que fornecem eletricidade para as bases. Fazendo isso, eles deixaram regiões enormes e dezenas de milhões de pessoas no escuro, pois as redes de energia elétrica são extremamente vulneráveis a falhas em cascata que se propagam em segundos. Em tal cenário, provavelmente existiriam dezenas de hospitais cujos geradores de *backup* falhariam. As leis internacionais de guerra proíbem atingir hospitais e alvos civis em geral, mas é impossível atingir uma rede elétrica sem afetar instalações civis. Na última guerra entre os Estados Unidos e o Iraque, a campanha americana *Shock and Awe* empregou munições precisamente guiadas que dizimaram edifícios-alvo e deixaram outros praticamente destruídos. Enquanto todos somos cuidadosos com bombas, os Estados Unidos e outras nações desenvolveram armas de guerra cibernética que têm o potencial de atacar indiscriminadamente.

No nosso cenário de jogo de guerra, o Comando Cibernético teve a permissão negada para atacar o setor financeiro. No mundo real, as minhas próprias tentativas na NSA para invadir bancos a fim de encontrar e roubar fundos da Al Qaeda foram repetidamente bloqueadas pela liderança do Departamento do Tesouro dos Estados Unidos no governo Clinton. Mesmo na administração Bush, o Tesouro foi capaz de bloquear a invasão proposta aos bancos de Saddam Hussein no exato momento em que o governo estava preparando uma invasão e ocupação onde mais de cem mil iraquianos foram mortos. Os banqueiros argumentaram, com sucesso, que seus sistemas financeiros e de comércio internacional dependem de um certo nível de confiança.

A decisão dos Estados Unidos de conter ataques destinados ao setor financeiro também reflete o entendimento de que o país pode ser o grande perdedor em uma guerra cibernética focada em bancos. Mesmo que o setor de serviços financeiros seja provavelmente o mais seguro dentre todos os principais setores da indústria dos Estados Unidos, ele ainda assim é vulnerável. Um consultor de segurança do setor privado me disse: "nós, como consultores contratados, testamos a segurança de mais de uma dúzia das maiores instituições financeiras dos Estados Unidos e somos capazes de invadi-las a qualquer momento... E todas as vezes, nós poderíamos ter alterado números e movimentado dinheiro, mas nós não o fizemos".

A política existente dos Estados Unidos não proíbe a invasão de bancos estrangeiros para a coleta de informações, mas cria muito caso para alteração de informações. Ambos, Secretários do Tesouro e do Estado, têm que autorizar pessoalmente tal ação. Pelo que sei a partir de minhas fontes, tal aprovação nunca fora concedida. Paralelamente, temos em uma estratégia de guerra nuclear a chamada "doutrina da contenção", ou seja, alvos que almejamos mas não pretendemos atingir. Tal doutrina assume, ou espera, que os oponentes também jogarão por tais regras não articuladas. No exercício do Mar do Sul da China, a equipe do Exército de Libertação Popular não jogou dessa maneira. Em seu último movimento, atingiu os bancos de dados do mercado de ações e a maior câmara de compensação bancária. Isso foi dramático e nós não esperávamos uma escalada assim. Hoje em dia, a economia da China é tão fortemente conectada aos EUA que eles também podem ter uma doutrina de contenção para o setor financeiro. Sob circunstâncias previstas, talvez seja um risco aceitável assumir que as nações conterão os ataques de alteração de dados do setor financeiro, embora alguns especialistas norte-americanos contestem isso no que diz respeito à China.

Seria importante para o setor financeiro dos Estados Unidos se entender antecipadamente com os reguladores federais sobre o que poderia fazer se houvesse uma grande invasão que alterasse dados, levando em consideração a possibilidade de surgir um contrafeitor que não seja tão cortês. Certas instituições europeias e japonesas provavelmente também devem ser consultadas de forma discreta sobre as políticas que usariam para reconstruir os dados depois de uma grande alteração. O Fed e a Corporação de Automação de Indústrias de Segurança, entre outros operadores de banco de dados financeiros, possuem extensivos sistemas de *backup off-site*. A chave para estarem preparados para reconstruir uma alteração de dados é que existam dados redundantes de *backup* protegidos contra ataques cibernéticos. Com o acordo de reguladores federais, bancos e mercado de ações, eles podem reverter os dados para uma data anterior à alteração. Algumas pessoas seriam prejudicadas e outras enriquecidas por tal decisão, e isso estaria sujeito a litígio para sempre, mas pelo menos o sistema financeiro poderia continuar a operar.

No exercício, o sistema de controle de tráfego aéreo da China também estava incluído na lista de contenção. Enquanto os Estados Unidos modernizam seu controle de tráfego aéreo, tornando-o mais dependente de redes, o sistema se torna provavelmente mais vulnerável a ataques cibernéticos. Os Estados Unidos já experimentaram, em antigos sistemas, exemplos onde torres individuais do aeroporto e mesmo centros regionais específicos tiveram seus sistemas derrubados por horas devido a falhas de comunicação ou de computadores. Até onde sabemos, nenhuma dessas grandes quebras foram ocasionadas por invasão (existe um caso de prisão por invadir o sistema da Agência Federal de Aviação – FAA –, mas os efeitos do ataque foram menores).

No entanto, o potencial de alterar dados e causar uma colisão aérea de aeronaves deve ser considerado. Os Estados Unidos fazem parte da Convenção de Montréal, que diz que um ataque intencional a uma aeronave civil é uma violação de lei internacional. De fato, praticamente toda invasão é uma violação de alguma lei nacional e/ou internacional, mas a Convenção de Montréal é uma articulação de consenso global e geral na qual certos tipos de ações estão para além dos limites de uma conduta considerada aceitável.

A invasão de controles de voo de uma aeronave em cruzeiro está provavelmente se tornando mais factível. A FAA levantou questionamentos com a Boeing sobre o sistema de controle de voo do novo 787 *Dreamliner*, que utiliza a mesma rede de computadores do sistema interativo de entretenimento do passageiro. A FAA está preocupada com a possibilidade de um passageiro invadir o sistema de controle de voo a partir de seu assento, ou que a conectividade com a Internet para passageiros possa permitir que alguém de fora do avião invada o sistema. Os próprios sistemas das linhas aéreas já estabeleceram conectividade entre as redes de computadores de algumas aeronaves e seus sistemas em terra. As redes de computadores em uma grande aeronave de passageiros são extensas e possuem um papel importante para manter a aeronave no ar.

Em aeronaves modernas, *fly-by-wire* é o sistema de controle de voo que envia um sinal de computador para o leme. O acidente da Air France sobre o Atlântico Sul em 2009 revelou ao público o que os pilotos já sabiam há anos: em aeronaves *fly-by-*

-wire, computadores de bordo decidem quais sinais são enviados para as superfícies de controle. Sob certas circunstâncias, o software pode até mesmo passar por cima da decisão de um piloto ao evitar que controles manuais façam a aeronave parar ou sair do controle. O recente acidente da Air France também demonstrou que os computadores da aeronave dispararam mensagens para os computadores da sede da Air France sem o envolvimento do piloto. Tal como em sistemas de controle de tráfego aéreo, as redes de computadores de aviões comerciais de passageiros provavelmente deveriam estar fora dos limites.

Uma resposta diferente poderia ter sido obtida se a equipe do Comando Cibernético tivesse solicitado permissão aos controladores para atacar a rede de reservas e operações das companhias aéreas chinesas. No mundo real, falhas de computador em companhias aéreas americanas e canadenses mantêm centenas de aeronaves em terra por horas. A aeronave funcionava e existiam tripulações disponíveis, mas sem ambos os bancos de dados de reservas e da rede operacional ativados e funcionais, as companhias aéreas não sabiam a tripulação, os passageiros, a carga ou o combustível que deveriam estar em quais aviões. As companhias aéreas, como tantos outros grandes sistemas empresariais, já não possuem sistemas de *backup* manuais nem mesmo para realizar operações mínimas.

Além dos bancos e aviões comerciais, podem existir outras contenções. No exercício, duas das redes que o Comando Cibernético solicitou que não fossem atacadas eram a rede chinesa de controle e comando militar e o sistema de defesa aéreo. Sendo estes puramente alvos militares, por que eles foram poupados?

6.6. Controle de Escalada

Durante a Guerra Fria, eu frequentemente participei de exercícios em que equipes de oficiais de segurança nacional eram secretamente levadas para Washington e, em curto prazo, para locais secretos obscuros. Uma vez em seus destinos, as equipes faziam exatamente o que o computador do filme *Jogos de Guerra* sugeria: jogavam guerra termonuclear. Foram experiências intensamente deprimentes, já que no jogo tivemos que aceitar a premissa de que milhões de pessoas já tinham morrido na guerra. Nosso trabalho foi quase sempre para que a guerra terminasse e se iniciasse a recuperação.

A parte mais difícil de terminar a guerra geralmente era encontrar quem ainda estava vivo e sob o controle do exército do oponente. Quais sobreviventes estavam sob o comando de forças soviéticas e como poderíamos falar com eles sem revelar nossas localidades secretas? Parte do problema que os controladores do jogo planejaram para nós de forma obscura foi que o indivíduo com quem estávamos negociando o fim da guerra não chegou a ter controle algum sobre a força soviética sobrevivente, como, por exemplo, seus submarinos de mísseis nucleares. O que aprendemos dessas experiências não prazerosas foi que, se eliminássemos o sistema de controle e comando do oponente, ele então não teria nenhuma forma de dizer às suas forças para parar a guerra. Comandantes locais isolados sem comunicação com altos escalões, ou o não reconhecimento da autoridade sobrevivente sucessora, podem começar a tomar decisões próprias e, muitas vezes, para continuar a guerra. Era o equivalente aos lutadores japoneses isolados em ilhas remotas do Pacífico, na década de 1950, que não sabiam que o imperador tinha ordenado a rendição anos atrás.

Comparando com a guerra cibernética, se um ataque cibernético eliminar um sistema de comando e controle militar, pode ser difícil prevenir ou terminar uma guerra cinética. Em geral a autoridade militar recai no comandante local, caso não seja possível o contato com seus superiores. Mesmo que o sistema de comando ainda esteja em funcionamento, se o comandante local acreditar que o sistema está sob o controle de um adversário, que agora está emitindo instruções falsas, o comando provavelmente recairá para o general local até que possa ser possível assegurar que suas comunicações são confiáveis. Essa situação é vividamente retratada no filme *Maré Vermelha*, onde o comandante do submarino nuclear dos Estados Unidos recebeu e autenticou uma ordem para lançar mísseis nucleares e, em seguida, recebeu uma ordem para parar. Diante da incapacidade de legitimar a ordem de parar o ataque, e temendo que fosse uma ordem falsa enviada de alguma forma pelos russos, o capitão acredita que o procedimento a seguir seja o lançamento dos mísseis.

A conclusão a que chegamos repetidamente nos jogos de guerra nuclear é que provavelmente seria um erro se envolver em um "ataque massacrante", que impossibilitasse a liderança de se comunicar conosco ou com suas próprias forças. Na guerra cibernética, pode ser desejável eliminar certas unidades de comando superior, ou negar o acesso de uma força de oposição à compreensão sobre o que de fato está acontecendo. Mas, para a escolha de quais unidades eliminar, é preciso ter em mente que, ao eliminar a ligação de comando para uma unidade, corre-se o risco de acabar lançando um ataque desnecessário. Então, ataques cibernéticos devem ser cuidadosamente construídos de modo que ainda existam canais de comunicações ativos para negociações e para que a liderança possa ordenar, legitimamente, às suas forças que interrompam um ataque.

O Time de Controle do nosso exercício também negou ao Comando Cibernético a autoridade para atacar as redes aéreas de defesa. A justificativa para esse tipo de contenção naquele momento de hostilidades é o "controle de escalada". Em sua obra de arte *On Escalation* (1965) sobre estratégia militar, Kahn argumentou que, se seu objetivo for uma guerra curta de alta destruição ou de rendição da força oposta, você pode sinalizar o que vai atingir e o que não vai atingir. Você pode querer sinalizar que tem intenções limitadas para que o outro lado não entenda de outra forma e acabe por proceder como se não tivesse nada a perder.

Existem corolários de guerra cibernética para o controle de escalada. Um ataque cibernético no sistema de defesa aéreo de uma nação faria com que a liderança dela concluísse logicamente que ataques aéreos estariam para acontecer. No Exercício do Mar do Sul da China, existiam transportadores de aeronaves dos Estados Unidos nos arredores. Se os militares chineses pensassem que aqueles transportadores estavam se preparando para ataques aéreos no país, seria justo que eles tomassem medidas preventivas para afundá-los. Então, um ataque cibernético na rede de defesa aérea poderia ter causado o início de uma guerra cinética que estávamos procurando evitar. Mesmo uma tentativa de invasão de rede para implantar *backdoors* e bombas-lógicas pode ter sido detectada e interpretada como um prelúdio para um atentado iminente. Então, só de entrar em posição para o lançamento de um ataque cibernético já seria o suficiente para enviar uma mensagem errada durante uma crise, a menos que tais medidas tivessem sido tomadas com antecedência.

Herman Kahn, Thomas Schelling, William Kaufmann e outros "magos do *Armageddon*" gastaram um bom tempo pensando sobre como controlar a escalada nuclear, desde tensões que levam a uma crise, a sua sinalização, seu uso inicial, até o término de uma guerra. Inicialmente, os estrategistas nucleares avistaram a guerra se movendo de forma lenta para a escalada, com tentativas diplomáticas sendo feitas a cada passo a fim de interromper o conflito naquele instante. Eles também discutiram o que citei anteriormente como a "dominação da escalada". Nessa estratégia, um lado basicamente diz: "nós não queremos guerrear com combates de baixa qualidade que gradualmente se tornam maiores. Se você quiser guerrear comigo, a guerra vai ser grande e extremamente prejudicial". No pôquer, o equivalente seria arriscar tudo em uma mão, esperando que o adversário desista e não arrisque todas as suas fichas. Exceto que existe uma grande diferença: na dominação da escalada você está de fato pulando vários degraus da escada e causando sérios danos ao outro lado. Você acompanha cada movimento com a ameaça de que você pode e fará mais danos significativos, a menos que tudo se interrompa imediatamente.

O fato de você ter feito aquele dano a eles pode fazer com que o oponente se sinta obrigado a responder na mesma moeda. Ou, se você tem pessoas altamente racionais do outro lado, elas entenderão que as apostas estão ficando muito altas e que ainda podem sofrer perdas mais graves se as coisas continuarem. No Exercício do Sul do Mar da China, o PLA decidiu se envolver na dominação da escalada. Em resposta ao ataque cibernético na rede de energia no sudeste da China, eles não só atingiram a rede de energia da costa oeste, como interromperam a Intranet global do Departamento de Defesa, danificaram as bases de dados de câmaras de compensação financeiras norte-americanas e enviaram unidades adicionais de guerra cinética para a zona de crise no mar do Sul da China.

Conforme o jogo continuava, a liderança dos Estados Unidos tinha que decidir rapidamente se arriscaria perder mais do que a China na próxima rodada da escalada de guerra. O país estaria em desvantagem, uma vez que poderia perder ainda mais em uma próxima escalada de guerra cibernética. Por isso, procurou rapidamente um acordo diplomático. A dominação da escalada foi a decisão certa para a China no jogo, pois mostrou que os Estados Unidos eram mais suscetíveis a ataques cibernéticos e que uma nova escalada só agravaria as coisas para a equipe norte-americana. Os Estados Unidos poderiam tentar o bloqueio do tráfego cibernético vindo da China. Mas, devido aos ataques chineses serem originados a partir dos Estados Unidos, e não existir um sistema de inspeção detalhada de pacotes no *backbone* da Internet, consequentemente o próximo e maior ataque chinês seria muito mais complicado de interromper.

Colocando as coisas de uma forma mais simples, se você está pensando em jogar pedras cibernéticas em alguém, é melhor ter a certeza de que a sua moradia tenha menos vidro do que a do outro, ou que pelo menos ela seja à prova de balas.

6.7. Controle Positivo e Guerra Acidental

O assunto que discutimos anteriormente, sobre manter alguns meios para que o oponente exerça comando e controle, traz um assunto relacionado: quem tem autoridade para invadir redes e utilizar armas cibernéticas? No Capítulo 1 eu sugeri que pode ser exigida a aprovação de vários membros do Gabinete para alterar dados bancários, e, ainda, que nós não temos certeza se o presidente sabe que os Estados Unidos podem ter colocado bombas-lógicas em várias redes de energia de outras nações. Esses dois fatores sugerem que existe muita ambiguidade em relação a quem possui autoridade quando uma guerra cibernética começar, incluindo a preparação do campo de batalha.

Na estratégia de guerra nuclear existiam dois aspectos principais em relação a quem podia fazer o quê, ambos sob a denominação geral de "controle positivo". O primeiro aspecto simplesmente era: pode um oficial militar dos Estados Unidos em posse de uma arma nuclear utilizá-la mesmo sem autorização? Para prevenir que acontecesse ou que alguém furtasse e acionasse uma bomba, uma elaborada peça eletrônica foi anexada ao seu projeto. A peça eletrônica bloqueava fisicamente a bomba de detonar a menos que tivesse recebido um código alfanumérico de desbloqueio. Em muitas armas, dois oficiais tinham que colocar seus códigos e suas chaves físicas de forma simultânea para obter a sequência de desbloqueio. Isso era chamado de controle de "chave dupla". Parte do código era mantida em segredo e enviada por uma autoridade superior para aqueles que poderiam desbloquear a arma. Essas "ligações de ação permissiva" aumentaram de forma sofisticada com o passar dos anos. Os Estados Unidos compartilharam partes dessa tecnologia de ligações com alguns outros estados de armamento nuclear.

A segunda questão era: quem deve ser a autoridade superior capaz de enviar os códigos de desbloqueio de armas nucleares? A teoria era que, sob circunstâncias normais, tal autoridade ficaria com o presidente. Um oficial militar próximo ao presidente dos Estados Unidos carrega sempre consigo uma maleta fechada contendo vários "códigos" de opções para ataque nuclear. Eu percebi, durante a tentativa de golpe militar em Moscou de 1990, que os soviéticos tinham um sistema similar. O Presidente Gorbachev, levado como refém em algum momento da crise, tinha os códigos nucleares com ele em sua casa de férias. O incidente de Gorbachev destaca a necessidade de transferência do poder de decisão caso o presidente seja incapaz de agir. O governo dos Estados Unidos se recusa a reconhecer quem tem a autoridade abaixo do Presidente para desbloquear e usar armas nucleares e em que circunstâncias esse poder é transferido. Todos que têm acesso físico às armas nucleares devem ser submetidos a uma avaliação especial de segurança e teste como parte de um sistema de confiabilidade de pessoal, concebido para eliminar pessoas com problemas psicológicos ou emocionais.

Armas cibernéticas teriam muito menos impacto do que armas nucleares, mas o seu emprego sob certas circunstâncias poderia ser altamente destrutivo e também poderia alavancar uma guerra mais ampla. Então, quem decide utilizá-las e como teremos certeza de que elas não serão usadas sem autorização? Quem deve decidir quais redes devemos invadir como parte da preparação do campo de batalha?

Até ganharmos mais experiência com armas cibernéticas, eu argumentaria que o presidente deve, pelos menos anualmente, aprovar diretrizes amplas sobre que tipos de redes em quais países devemos invadir para a coleta de informações e para a implantação de bombas-lógicas. Alguns criticarão essa ação como sendo uma restrição excessiva, uma vez que invadimos redes para coleta de informações há anos sem o consentimento presidencial. Isso pode ser verdade, mas em muitos casos existe uma diferença entre a invasão de uma rede para coleta de informações e a destruição e perturbação de um sistema por meio da invasão. Devido à existência do risco, ainda que baixo, de que bombas-lógicas e outras penetrações possam ser descobertas e mal-entendidas como intenções hostis, o presidente deve decidir o quanto pretende se arriscar e contra quem.

A decisão de usar uma arma cibernética para propósitos de destruição ou perturbação também deve ficar com o presidente, ou, em casos raros, onde uma ação rápida seja necessária, com o Secretário da Defesa. Podem existir circunstâncias em que comandantes regionais precisem ter alguma autoridade delegada para responder de forma defensiva a um ataque iminente. Contudo, o Comando Cibernético e suas unidades subordinadas devem empregar alguma forma de controle de software análogo ao controle de dupla chave em armas nucleares, para assegurar que um jovem tenente, com excesso de zelo ou totalmente entediado, não possa iniciar um ataque.

Mesmo com controles de comando apropriados em vigor, existe o potencial de uma guerra acidental. Na Guerra Fria, antigos sistemas de radar às vezes não conseguiam distinguir entre enormes bandos de gansos no Canadá e formações de bombardeiros russos. Assim, houve momentos em que os Estados Unidos tinham que enviar uma parte de seus bombardeiros em direção a seus destinos e sob alerta até que as autoridades de defesa aérea pudessem esclarecer a situação e determinar certamente se estavam sob ataque.

Em uma guerra cibernética, é possível imaginar ataques acidentais acontecendo se, de algum modo, uma aplicação for usada de forma errada, ou seja, em vez de executar uma aplicação que copia dados, executamos uma que deleta dados. Alternativamente, você pode imaginar a possibilidade de uma bomba-lógica ser acionada acidentalmente pelo operador de rede ou por algum outro *hacker* que encontrá-la. As chances disso acontecer são muito baixas, mas o Comando Cibernético e outros envolvidos em invasão de redes de outras nações devem ter procedimentos rigorosos para assegurar que tais erros não ocorrerão. A forma mais provável de guerra cibernética acidental seria uma retaliação contra a nação errada, pois podemos ser enganados quanto à origem de um ataque.

6.8. Atribuição

No Exercício do Mar do Sul da China, nenhum lado duvidou da identidade de quem estava atacando. Existia um contexto político, com tensões elevadas sobre os campos marítimos *offshore* de petróleo. E se fosse o Vietnã que tivesse feito o ataque em vez da China? No exercício, o Vietnã e os Estados Unidos são aliados contra a China. Então, por que um aliado nos atacaria? Talvez o Vietnã quisesse envolver os Estados

Unidos no conflito para que Washington assumisse uma posição contra a China. E que melhor maneira do que fazer com que Washington pensasse que a China estivesse envolvida em uma guerra cibernética contra nós? E quando a China negasse a autoria, nós provavelmente declararíamos que Pequim estava fazendo uma negação de plausibilidade (se você quiser contemplar um cenário semelhante, e perdoar minha autopromoção descarada, leia meu livro *Breakpoint*, que trata de atribuição de guerra cibernética, entre outras coisas).

Os especialistas cibernéticos na *Black Hat* foram questionados no encontro de 2009 se eles pensavam que o problema da atribuição era algo tão importante como alguns sugeriam, ou seja: é realmente tão difícil descobrir quem está atacando, e essa descoberta realmente importa? Eles responderam que atribuição não era um grande problema para eles. Não por pensarem que era fácil identificar o atacante, e sim porque a identificação não importava para eles. As redes atacadas eram principalmente de empresas, e quando isso acontecia a principal preocupação era pôr o sistema de volta ao normal e evitar que o ataque acontecesse novamente. A experiência deles em ter que lidar com o FBI tinha convencido a grande maioria que dificilmente valeria a pena recorrer à aplicação da lei quando sofriam ataque.

Contudo, para oficiais de segurança nacional, descobrir quem atacou você é muito mais importante. O presidente pode perguntar. Você pode querer enviar ao atacante uma nota diplomática de protesto, uma diligência (o que chamamos de *démarche-mallow* no Departamento de Estado), como a então Secretária de Estado, Hillary Clinton, fez após vir a público a notícia da tentativa de invasão do Google pela China Continental. Você pode até mesmo querer retaliar a fim de interrompê-los. Uma maneira de descobrir quem foi o atacante é utilizar um software de rastreamento de origem, mas provavelmente você chegará a um servidor que não vai cooperar. Você poderia, nesse instante, escrever uma nota diplomática solicitando que as autoridades aplicadoras da lei do país consigam um mandado para ir até o servidor e puxar seus registros como parte de uma cooperação internacional na investigação de um crime. Isso poderia levar dias, e os registros serem destruídos até lá. Ou o país em questão pode não querer ajudá-la. Quando a solução de rastreamento de origem não funciona, você pode ter a opção de invadir o servidor e verificar seus registros. De fato, isso é ilegal para cidadãos dos Estados Unidos, a menos que eles sejam oficiais da inteligência.

Invadir um servidor para rastrear a origem de um ataque pode não funcionar se o atacante dificultar o rastreamento. Você teria que estar *on-line*, vendo os pacotes de ataque ao vivo realmente se movendo através dos servidores. É improvável que você descubra que os pacotes de ataque, depois de atravessar uma dúzia de servidores de vários países a fim de encobrir seus rastros, vieram de um lugar chamado "Agência de Guerra Cibernética Ofensiva Russa". Caso fosse o governo russo, eles provavelmente teriam direcionado o ataque de um servidor de outro país e, se fosse uma operação de coleta de informações, os dados copiados provavelmente teriam sido enviados para uma unidade de armazenamento de dados de um terceiro país.

Então quando se trata de descobrir quem atacou você, a menos que você esteja situado na rede que o atacante está utilizando e esteja visualizando o ataque (e algumas vezes nem assim), é difícil saber quem é o atacante. Computação forense pode ser capaz de dizer que o teclado utilizado no desenvolvimento do código de ataque foi projetado para árabe, cirílico ou coreano; mas dificilmente como meio de identificar o atacante. E se você acha que o ataque veio da Rússia, baseado no que aconteceu na Estônia e na Geórgia, as autoridades provavelmente culparão cidadãos hacktivistas e não farão nada a eles.

Esta dificuldade de atribuição poderia significar que países, ao tentar identificar seus atacantes, talvez precisem confiar mais em técnicas tradicionais de inteligência, tais como invasão espiã de organizações do oponente ou métodos policiais. Ao contrário do mundo cibernético, a inteligência humana não se move à velocidade da luz. Respostas rápidas podem não estar disponíveis. Na estratégia de guerra nuclear, a atribuição não foi pensada como um grande problema, pois era possível dizer a origem de um míssil ou bombardeiro. Um ataque cibernético pode ser semelhante a uma mala-bomba indo em direção a uma cidade americana. Se avistássemos o ataque cibernético sendo lançado, de forma equivalente a silos de mísseis e bombas, poderíamos ser capazes de atribuir o ataque com um alto grau de certeza. Mas se o ataque se origina em servidores dos Estados Unidos, pode levar um tempo até dizer ao presidente quem nos atacou. Quanta certeza você precisa ter antes de revidar? A resposta provavelmente dependerá de circunstâncias do mundo real no momento.

6.9. Crise de Instabilidade

O falecido Bill Kaufmann uma vez me pediu para escrever um artigo sobre algo chamado "lançamento sob aviso". O Comando Aéreo Estratégico achava que, logo que víssemos a chegada de um ataque nuclear soviético, deveríamos lançar o maior número possível de bombardeiros e disparar nossos mísseis terrestres. Como os soviéticos tinham aperfeiçoado a precisão de seus mísseis, tornou-se possível a destruição dos nossos mesmo que os mantivéssemos protegidos em silos subterrâneos. Como tudo da doutrina estratégica nuclear, mesmo essa ideia de "atear fogo quando os víssemos chegando" tornou-se complicada. E se você estivesse errado, e se seus sensores tivessem cometido um erro? E se eles estivessem atacando, mas com uma força pequena destinada somente a poucas coisas, ainda assim você deveria lançar tudo que tinha neles? Assim, a Força Aérea evoluiu para uma estratégia chamada "lançamento sob ataque", o que essencialmente significava que você esperaria até ter uma melhor visualização do que estava acontecendo, por exemplo, até a explosão de algumas ogivas no seu país.

A estratégia do lançamento sob aviso foi considerada arriscada de modo geral, pois adicionava uma crise de instabilidade que geralmente era o gatilho para um período de crescentes tensões. Se você não tomar a decisão certa rapidamente, você perde, mas se você tiver que tomar uma decisão rapidamente, pode ser que seja a errada. O que fui capaz de concluir para Kaufmann foi que tínhamos mísseis marítimos que bastariam, que eram suficientemente precisos e que poderíamos preparar um ataque para, em seguida, tomar uma decisão racional sobre o que tinha acontecido antes de dimensionarmos nossa resposta.

Existe uma questão similar em relação à guerra cibernética. Os Estados Unidos esperam ver um ataque chegando para depois agir rapidamente de forma a neutralizar o ataque cibernético e destruir a capacidade do atacante de tentar novamente. A suposição sobre a capacidade de ver um ataque chegando pode ser inválida. Contudo, nós assumiremos que a estratégia dos Estados Unidos é de ver o ataque e agir. Para agir, você tem que ser rápido e não pode avaliar muito quem foi o inimigo ou o que ele estava pretendendo atingir. Contudo, se você não age rápido, você sofre de duas desvantagens possíveis:

- a nação atacante provavelmente puxará a ponte levadiça sobre o fosso logo depois que seus atacantes saírem do castelo, ou seja, o que queremos dizer é que, assim que lançar um grande ataque, uma nação como a China pode desconectar suas redes do restante da Internet;
- a nação atacante pode ir além da infraestrutura da Internet e de telefonia dos Estados Unidos, o que tornaria mais difícil nossa retaliação cibernética.

Desse modo, poderia existir um caso real da *vantagem de começar primeiro*, que leva a uma instabilidade da crise, um gatilho sem tempo para pensar. Agora, lembre-se da discussão anterior sobre *ambiguidade de intenção*, que indica os tipos alvos que um lado procura durante o período de preparação do campo de batalha. Se uma nação acredita que o outro lado já tem na sua infraestrutura (incluindo redes elétricas e cibernéticas) pacotes de software destrutivos ou bombas-lógicas, tal consideração, combinada com a vantagem de começar primeiro, poderia causar, em momentos de elevadas tensões, o lançamento de um ataque cibernético.

6.10. Assimetria Defensiva

A equipe da China ganhou o exercício, forçando a retirada das tropas dos Estados Unidos e levando-os a negociar uma saída. A principal razão dela ter ganho foi a capacidade de superar as defesas dos Estados Unidos e de erguer defesas próprias relativamente eficazes. Os Estados Unidos estavam à procura de um ataque com origem no exterior, e a China utilizou servidores nos Estados Unidos, talvez operados por "estudantes" chineses a partir de lojas de café. Os Estados Unidos estavam procurando por assinaturas conhecidas de ataques e os chineses usaram *exploits zero-day*. E, mais importante, os Estados Unidos não possuíam um mecanismo de defesa nacional para a infraestrutura civil, incluindo a indústria financeira, a rede de energia elétrica e os sistemas ferroviários.

Por outro lado, a China não apenas tinha um sistema de comando nacional que poderia controlar sua infraestrutura, como possuía um plano defensivo. Quando ficou claro que a guerra cibernética estava em andamento, os sistemas elétricos e ferroviários da China se deslocaram para um sistema de controle sem rede. Quando os chineses perderam as comunicações via satélite, eles fizeram funcionar uma rede de rádio de *backup* dentro de uma hora. Em suma, a China não tinha jogado fora seus sistemas antigos e possuía um plano para reutilizá-los.

. . .

As lições aprendidas neste exercício ajudaram a identificar problemas e escolhas que nos levarão em direção a uma estratégia de guerra cibernética. Contudo, ainda falta mais um ingrediente. Nós pouco falamos sobre as leis internacionais de guerra e outras convenções. Quais leis internacionais cobrem a guerra cibernética e, se houver, que acordos multilaterais adicionais seriam de nosso interesse?

CAPÍTULO 7
Paz Cibernética

Os Estados Unidos, praticamente sozinhos, estão bloqueando o controle de armas no ciberespaço. A Rússia, um tanto ironicamente, é a principal defensora do controle. Dadas a potencial natureza desestabilizadora e as desvantagens da guerra cibernética para os Estados Unidos, como foi discutido nos capítulos anteriores, poderia se pensar que, neste momento, o país já tivesse começado a negociar acordos internacionais de controle de armas, a fim de limitar seus riscos. De fato, desde que o governo Clinton rejeitou uma proposta da Rússia, os Estados Unidos têm sido fortemente contrários ao controle de armas cibernéticas.

Ou, talvez, para ser mais sincero, eu deva admitir que fui eu quem rejeitou a proposta russa. Muitos se uniram a mim; poucas decisões governamentais dos Estados Unidos são de responsabilidade de uma única pessoa. Contudo, um dos meus trabalhos na Casa Branca ao longo do governo Clinton foi o de coordenar a política de segurança cibernética, incluindo os acordos internacionais. Apesar de algum interesse do Departamento de Estado em relação ao controle de armas cibernéticas, e embora os Estados Unidos tenham permanecido praticamente sozinhos na ONU nessa rejeição às "conversas cibernéticas", nós dissemos não ao controle. Eu vi a proposta russa, em grande parte, como uma ferramenta de propaganda, como havia sido, por décadas, muitas de suas iniciativas em relação ao controle de armas. A confirmação de qualquer acordo cibernético parecia impossível. Além disso, os Estados Unidos ainda não tinham definido o que queriam fazer no âmbito da guerra cibernética. Até então, ainda não se sabia se a guerra cibernética adicionava ou subtraía dentro da segurança dos Estados Unidos. Então nós dissemos que não, e temos mantido o 'não' por mais de uma década.

Agora que as forças armadas de mais de vinte nações e serviços de inteligência criaram unidades ofensivas de guerra cibernética e que ganhamos uma melhor compreensão de como ela seria, pode ser o momento de os Estados Unidos reconsiderarem a sua posição sobre o controle de armas cibernéticas e indagarem se existe algo benéfico a ser alcançado por meio de um acordo internacional.

7.1. Uma Rápida Crítica ao Controle de Armas

O fato de você crer ou não que a reconsideração da nossa posição sobre o controle de armas cibernéticas seja uma boa política pode muito bem depender do que você pensa sobre o controle de armas de uma forma mais ampla. Então, vamos começar recordando o que é o controle de armas (uma vez que ele não faz mais parte dos noticiários) e o que ele tem causado a outras áreas. Embora houvesse acordos de controle de armas internacionais antes da era nuclear, como o Tratado de Washington, que limitava o número de navios de guerra que as Marinhas poderiam ter antes da Segunda Guerra Mundial, o controle de armas como o conhecemos agora foi moldado pelo impasse da Guerra Fria entre os Estados Unidos e a URSS. Começando no início na década de 1960 e prologando-se por quase trinta anos, o controle de armas se tornou uma grande preocupação das duas superpotências nucleares. O resultado disso foram duas classes de acordos: tratados multilaterais, em que as duas superpotências convidaram a participação global, e acordos bilaterais, em que concordaram em impor limitações específicas sobre suas próprias capacidades militares.

Comecei a trabalhar no controle de armas primeiramente em Viena em 1974, depois no Pentágono e então no Departamento de Estado. Foram quase vinte anos envolvido em acordos sobre armas nucleares estratégicas, forças convencionais na Europa, as chamadas armas nucleares táticas de curto alcance, armas biológicas e armas químicas. Tal experiência molda a maneira que eu penso sobre o controle de armas cibernéticas. Existem lições que os Estados Unidos podem aprender com essa história, conforme buscamos limitar a guerra no ciberespaço por meio de uma nova rodada de tratados.

Meu colega Charles Duelfer, que foi um dos líderes nos esforços da ONU para limitar as armas de destruição em massa iraquianas por mais de uma década, mostra uma visão cínica sobre o fenômeno do controle de armas entre os Estados unidos e a União Soviética. "Em geral, os Estados Unidos e a URSS concordaram em proibir coisas que eles não iriam fazer de qualquer maneira. Com relação às armas que eles queriam, os limites máximos acordados eram tão altos que eles conseguiram produzir tudo o que pretendiam". Muitos analistas, como Duelfer, costumam ter uma visão crítica negativa acerca do controle de armas. Eles observam que os 15 anos de longas conversas sobre as forças na Europa Central finalmente produziram um acordo com limites elevados de forças militares apenas alguns meses antes da desintegração da aliança militar da União Soviética. O tratado final permitiu que a União Soviética mantivesse centenas de milhares de tropas na Europa Oriental, mas não foi o que aconteceu na realidade. O que fez com que os milhares de tanques do Exército Vermelho voltassem para a Rússia não foi o controle de armas.

As mais conhecidas séries de negociações dos acordos SALT e START sobre as forças nucleares estratégicas duraram mais de vinte anos e permitiram que ambos os lados mantivessem várias armas nucleares e continuassem a substituí-las por versões mais modernas. Como parte desse processo, no Tratado ABM, os dois países proibiram mísseis de defesa antibalísticos, que na época nenhum dos dois lados pensava que iriam funcionar de qualquer maneira.

No campo multilateral, as duas superpotências concordaram com um tratado para proibir outras nações de adquirir armas nucleares em troca de uma promessa vaga de que as potências nucleares eliminariam as suas próprias. Esse tratado não impediu que Israel, Paquistão, Índia, África do Sul, ou a Coreia do Norte desenvolvessem armas nucleares e, atualmente, faz muito pouco para impedir o Irã. A União Soviética concordou com uma proibição multilateral sobre armas biológicas, mas secretamente passou a criar um enorme arsenal de armas biológicas que os Estados Unidos não detectaram durante décadas. Os críticos do controle de armas apontam para a violação soviética do Tratado sobre Armas Biológicas como um exemplo de que o controle de armas, muitas vezes, não é interessante para os Estados Unidos. Os americanos são bem radicais na obediência de um tratado com os quais estejam comprometidos, mas muitas outras nações não o são. Medidas de controle podem não detectar violações, ou atividades permitidas podem deixar que nações cheguem ao ponto de fazer violações sem serem sancionadas (como o Irã pode estar fazendo com o seu programa de reprocessamento nuclear).

Apesar de todos os questionamentos em relação ao controle de armas, existe um argumento convincente de que tanto os acordos bilaterais entre os EUA e a URSS como os tratados multilaterais mais amplos tornaram o mundo mais seguro. Mesmo desconsiderando os valores dos limites numéricos sobre as armas, a própria existência de um fórum onde diplomatas e líderes militares americanos e soviéticos possam discutir entre si assuntos de guerra nuclear ajudou a criar um consenso entre as elites de ambos os países para que medidas fossem tomadas a fim de evitar tal desastre. A introdução de canais de comunicação, o estabelecimento de medidas de confiança e o aumento da transparência das forças armadas de ambos os lados reduziram a possibilidade de um erro ou de uma guerra acidental.

Como Secretário de Estado Adjunto, meu dever era supervisionar as chamadas "medidas de estabelecimento de confiança", o Centro de Redução de Risco Nuclear dos Estados Unidos. Meu equivalente era um general russo do Ministério da Defesa. Nossos dois times trabalharam em medidas para reduzir a probabilidade de tensões crescentes elevarem os alertas nucleares. Cada time possuía um centro, o meu no Departamento de Estado e o do general no Ministério da Defesa, junto à Praça Vermelha em Moscou. Devido ao fato de a comunicação direta entre a Casa Branca e o Kremlin ser raramente empregada pelos presidentes dos Estados Unidos, precisávamos de uma rápida maneira em um nível inferior para nos comunicarmos rapidamente quando ocorresse um mal-entendido. Então, conectamos os dois centros com cabeamento direto e ligações via satélite, teletipo para texto e linhas seguras para voz. O sistema telefônico seguro precisava usar um código de criptografia que pudesse ser compartilhado entre nós e os soviéticos, o que representou um problema para ambos os países. Ambos queriam usar criptografia que não fornecesse nenhuma pista sobre os códigos utilizados. O medo de espionagem eletrônica era tanto que algumas pessoas pensaram que, com essa conectividade, eu estava apenas fornecendo uma maneira de os soviéticos escutarem as comunicações dos Estados Unidos. Assim, todo o Centro de Redução de Risco Nuclear dos Estados Unidos, localizado ao lado da área de Operações do Departamento de Estado, teve que ser forrado com cobre e materiais de isolamento acústico.

Os Centros de Redução de Risco Nuclear foram projetados para evitar o tipo de escalada equivocada que ocorreu nos primeiros dias da Guerra Fria. Quando os Estados Unidos fizeram um lançamento espacial a partir de uma plataforma abandonada de aeronaves, percebemos que, através do radar russo, a descida do míssil poderia parecer com um ataque surpresa de trajetória desconhecida, possivelmente destinado a destruir a liderança soviética com um ataque a Moscou. Eu rapidamente liguei, pela linha segura, para meu colega do Ministério da Defesa. Essas linhas foram usadas repetidamente em casos como esse, bem como para coordenar a implementação de acordos de controle de armas.

Embora seja verdade que o SALT e o START permitiram que grandes arsenais continuassem existindo por um longo tempo, os tratados impediram atividades e programas desestabilizadores que, de outra forma, ambos os lados poderiam ter sentido a necessidade de testar ou implementar. Os limites numéricos também forneceram uma quantidade conhecida da capacidade de força do outro lado, evitando uma espiral crescente com base em falsas suposições sobre a intenção do adversário.

Eventualmente, graças à persistência de Brent Scowcroft, Conselheiro de Segurança Nacional, ambos os lados baniram os mísseis de múltiplas ogivas lançados por terra, altamente desestabilizadores. Atualmente, os Estados Unidos e a Rússia estão reduzindo significativamente suas forças estratégicas.

O tratado de Forças Nucleares Intermediárias (INF) em que trabalhei por vários anos no início da década de 1980, fez com que os Estados Unidos destruíssem seu sistema balístico móvel Pershing II e seus mísseis de cruzeiro lançados por terra, em troca da destruição de centenas de mísseis nucleares móveis soviéticos SS-4, SS-5 e SS-20. Toda essa classe de armas, que poderia ter sido usada para contornar limites de sistemas de longo alcance, foi banida permanentemente e milhares de ogivas nucleares na Europa foram removidas.

Os limites para teste de armas nucleares começou com a proibição modesta de detonar armas na atmosfera, mas com o tempo evoluiu para um limite de tamanho para todos os testes nucleares e, eventualmente, a uma proibição completa de testes nucleares (até a conclusão deste livro, a proibição total de testes ainda não havia sido ratificada pelo Senado dos Estados Unidos). A proibição de armas químicas, em que eu trabalhei no início da década de 1990, está fazendo com que as nações destruam as suas armas químicas, proíbam a construção de novas e tenham um regime de inspeção intrusivo para controle (apesar de não concordarmos com inspeções "a qualquer hora e em qualquer lugar", algumas áreas são exceções).

Além dos limites e proibições de armas nucleares, químicas e biológicas, o controle de armas inclui limites sobre a própria conduta de guerra. Uma série de acordos sobre conflitos armados proíbe ataques a hospitais militares e centros de população civil, estabelece normas para o tratamento de prisioneiros de guerra, proíbe a tortura, proíbe minas terrestres, limita o uso de soldados crianças e faz com que o genocídio seja um crime internacional. Os Estados Unidos não ratificaram todos esses acordos (tal como a proibição de minas terrestres) e recentemente violaram outros (como a Convenção contra a Tortura). A Segunda Guerra Mundial teve amplas violações das leis para os conflitos armados, mas mesmo assim algumas nações cumpriram as normas para tratamento de prisioneiros de guerra.

Quando o controle de armas realmente funciona, ele reduz a incerteza e gera um ambiente de segurança mais previsível. Ao estabelecer que algumas práticas são ilegais e algumas aquisições de armas são violações, os acordos de controle de armas podem deixar claro quais são as possíveis intenções de uma outra nação. Se uma nação está disposta a violar um acordo claro, existem menos dúvidas sobre as suas políticas. Ao proibir certas armas e práticas, às vezes o controle de armas pode ajudar as nações a evitar gastos que viriam a ter com armamentos, por medo de que outras nações estivessem fazendo o mesmo. Normas internacionais acordadas podem ser úteis na obtenção de apoio multilateral contra uma nação que está fora da lei.

O controle de armas não é valioso e pode até mesmo ser desnecessário quando grande parte dele é exortativo, quando seus limites são vagos ou não acarretam custos para o infrator, ou quando a negociação é vista como uma finalidade própria ou uma plataforma de propaganda. Se uma nação pode mudar rapidamente de uma conformidade para uma violação significativa com pouco ou nenhum tempo de aviso, os atributos de estabilidade e previsibilidade estão perdidos. Da mesma forma, se nações podem trapacear acordos com pouco ou nenhum risco de detecção ou sem medo de punição caso sejam descobertas, os acordos tendem a ser unilaterais e desacreditados.

Minha visão geral é que a experiência no controle de armas que tivemos nos últimos trinta anos de Guerra Fria foi muito positiva, mas estava muito longe de ser uma panaceia e ocasionalmente era um pouco mais que uma farsa. Um teste simples para saber se uma área está preparada para o controle de armas é determinar se todas as partes possuem algum real interesse em limitar seus próprios investimentos na área. Se uma parte propõe parar algo que na verdade quer manter, então ela provavelmente está apenas envolvida no controle de armas por propaganda ou como um meio enganoso para constranger um potencial adversário em uma área em que ela acha que pode ser superada.

7.2. Limitar a Guerra Cibernética?

Tudo isso nos traz de volta à guerra cibernética. Para determinar a nossa política nacional sobre controle de armas ou limitações nas atividades de guerra cibernética, precisamos questionar primeiramente se essa nova forma de combate dá aos Estados Unidos alguma vantagem sobre outras nações, e se gostaríamos de ter restrições internacionais. Se acreditarmos que desfrutaremos de tal vantagem unilateral, e que seja provável que ela perdure, então não devemos mais nos questionar sobre quais tipos de limitações podem ser criadas, se elas podem ser controladas e assim por diante.

Sugeri anteriormente que, no momento, seria melhor para os Estados Unidos que a guerra cibernética nunca tivesse existido, devido às nossas vulnerabilidades assimétricas nessa guerra. Antes de olhar para o controle da guerra cibernética, vamos considerar primeiramente quatro situações em que somos mais vulneráveis do que as nações que podem usar armas cibernéticas contra nós. Em primeiro lugar, atualmente os Estados Unidos são mais dependentes de sistemas controlados ciberneticamente do que as potenciais nações adversárias. Outras nações, como a Coreia do Sul ou a Estônia, podem ter mais acessos de consumidores à banda larga. Outras, como os Emirados Árabes Unidos, podem ter mais dispositivos móveis de Internet per capita. Mas poucas nações usam as redes de computadores de forma tão extensa, para controlar energia elétrica, gasodutos, linhas aéreas, ferrovias, distribuição de bens de consumo, serviços bancários e contratos militares.

Em segundo lugar, poucos países, e certamente nenhum de nossos potenciais adversários, possuem tantos sistemas nacionais essenciais operados e de propriedade da iniciativa privada. Em terceiro lugar, em nenhum outro grande país industrializado e tecnologicamente desenvolvido essas infraestruturas operadas e de propriedade da iniciativa privada são tão politicamente poderosas que podem rotineiramente impedir, ou diluir, a regulamentação governamental em suas operações. O sistema político americano de lobby bem financiado e de contribuições de campanhas políticas, em grande parte sem restrições, deu muito poder aos grupos do setor privado, especialmente quando se trata de evitar uma regulamentação federal significativa.

Em quarto lugar, o exército dos Estados Unidos é totalmente vulnerável a ataques cibernéticos, pois é "baseado em redes", tendo acesso mais profundo a bases de dados e informações do que qualquer outro tipo imaginável de organização militar. Além do acesso aos sistemas de informações, também dependemos deles. Um pequeno sinal do que pode estar por vir foi relatado no final de 2009. Insurgentes no Iraque tinham usado um software, de 26 dólares, para monitorar os vídeos dos *drones Predator* dos Estados Unidos por meio de um enlace de comunicação não criptografado. Embora não seja uma ameaça direta às tropas americanas, a descoberta levanta questões sobre a nova arma "queridinha" do Pentágono. E se o sinal não criptografado pudesse ser corrompido, fazendo com que o *drone* voltasse para casa? As forças americanas seriam influenciadas negativamente por uma de suas ferramentas mais valiosas e um programa de prateleira destruiria o resultado de milhões de dólares em pesquisa e desenvolvimento. As forças armadas dos Estados Unidos, além de serem as mais conectadas, são também as mais dependentes do setor privado do que qualquer outra força armada de um provável adversário. Mesmo se as redes próprias do exército dos Estados Unidos fossem seguras e confiáveis, as dos seus prestadores de serviço, que muitas vezes dependem da Internet pública, podem não ser.

Essas quatro assimetrias, em conjunto, indicam que o nosso envolvimento com um potencial adversário em uma guerra cibernética ilimitada pode ocasionar mais danos sobre nós do que podemos fazer nele. A existência de limitações eficazes sobre o que as nações realmente podem fazer com o seu conhecimento de guerra cibernética pode, dadas as nossas vulnerabilidades assimétricas, ser do interesse dos Estados

Unidos. No entanto, colocar essa teoria ampla em prática exigiria a formação de um documento com definições precisas sobre os tipos de atividade que podem ser permitidos e os que devem ser proibidos.

Muitas vezes, as negociações de controle de armas encontram dificuldade para conseguir um acordo sobre algo tão básico como uma definição do que querem limitar. Sentei-me ao redor de uma mesa durante meses com as contrapartes soviéticas tentando definir algo tão simples como "equipe militar". Para efeitos da discussão deste livro, não teremos esse tipo de atraso. Vamos dar a definição que usamos no Capítulo 1 e fazê-la soar como uma linguagem de tratado:

> *Guerra cibernética é a penetração não autorizada, em nome ou em apoio de um governo, em um computador ou rede de outra nação, ou qualquer outra atividade que afete um sistema de computador, cujo objetivo seja adicionar, alterar ou falsificar dados, ou causar a interrupção ou dano a um computador, dispositivo de rede ou objetos controlados por um sistema de computador.*

Com essa definição e com as vulnerabilidades assimétricas dos Estados Unidos em mente, será que existem outros casos bem-sucedidos de controle de armas que poderiam ser migrados para o ciberespaço, ou ideias novas relacionadas às características da guerra cibernética que poderiam formar a base de um controle de armas benéfico? Quais são as armadilhas em um controle de armas deficiente a que devemos dar atenção especial e com as quais ter cuidado quando pensamos em limitações à guerra cibernética? Como poderia um acordo internacional que limita alguns aspectos da guerra cibernética ser benéfico para os Estados Unidos e também viável operacionalmente e adequadamente verificável?

7.3. Escopo: Espionagem ou Guerra?

Qualquer potencial acordo internacional para limitação ou controle de guerra cibernética deve ser iniciado com o escopo da proposta. Em outras palavras: o que está coberto e o que não está? A definição de guerra cibernética que eu usei anteriormente não inclui a espionagem cibernética. Caso seja bem feita, a invasão para espionagem e coleta de informações não adiciona ou altera dados nem precisa danificar ou interromper a rede ou os objetos que ela controla no espaço físico.

Contudo, a proposta da Rússia para controle de armas cibernéticas ultrapassa seu próprio escopo e proibiria algo que a Federação Russa vem fazendo diariamente, ou seja, espionagem por meio de invasões de *hackers*. O defensor público-chefe da proposta russa, Vladislav Sherstyuk, teve uma carreira de gestão de *hackers*. Como Diretor da FAPSI, o General Sherstyuk era o equivalente direto do Diretor da Agência de Segurança Nacional (NSA) dos Estados Unidos. Sua carreira de formação não significa *necessariamente* que ele esteja agora sendo hipócrita quando defende um regime internacional para proibir ações que sua agência executa há anos. As diferenças técnicas entre espionagem cibernética e guerra cibernética destrutiva são tão pequenas que talvez o general Sherstyuk pense que tal distinção não possa ser feita de forma efetiva. Talvez ele acredite que a espionagem cibernética é algo que agora coloca a Rússia em desvantagem. No entanto, o mais provável é que o general, assim como todos os outros que testemunharam a espionagem cibernética em ação, esteja de fato relutante em desistir dela.

De certo modo, a espionagem cibernética é muito mais fácil do que a espionagem tradicional. É difícil estimar a dificuldade de recrutar um espião ou espiã confiável e colocar tal agente no lugar certo em uma organização, de modo que ele ou ela possa copiar e extrair uma quantidade significativa de informações valiosas. Ainda existe sempre a suspeita de que o material fornecido seja falsificado e que o espião ou espiã seja um agente duplo. O melhor procedimento contra espionagem é imaginar onde o adversário precisaria de um espião e, em seguida, fornecer-lhe um espião para tal local. O agente repassa dados de baixa qualidade e, em seguida, adiciona algum material ligeiramente falsificado que o torna sem utilidade, ou até prejudicial.

Como discuti em *Your Government Failed You*, os Estados Unidos não são particularmente bons em utilizar espiões ou, como os americanos gostam de dizer, homens da inteligência. As razões dizem respeito à dificuldade da tarefa, à nossa relutância em confiar em alguns tipos de pessoas que poderiam ser bons espiões, à reticência de muitos americanos em se tornar agentes eficazes e à habilidade de outras nações para detectar nossas tentativas de espionagem. Essas condições são culturais, estão profundamente enraizadas e são verdade há 60 anos ou mais, e é improvável que venha a mudar.

Onde somos notavelmente bons é em espionagem eletrônica. De fato, nossas habilidades em espionagem cibernética frequentemente compensam as deficiências na área de espionagem humana. Então, alguém pode argumentar que forçar os Estados Unidos a desistir de espionagem cibernética reduziria significativamente nossa capacidade de coleta de informações, e tal proibição possivelmente nos colocaria em uma maior desvantagem em relação a outros países.

A ideia de limitar a espionagem cibernética requer que questionemos o que há de errado em realizá-la, a fim de saber qual problema seria resolvido com tal proibição. Embora Henry Stimson, Secretário de Estado do governo do presidente Herbert Hoover, interrompesse algumas espionagens alegando que "cavaleiros não leem a correspondência alheia", a maioria dos presidentes dos Estados Unidos considera que a coleta de informações de inteligência é essencial para conduzir a segurança nacional. Conhecimento é poder e espionagem diz respeito a aquisição de conhecimento. Nações empregam a espionagem desde os tempos bíblicos. Conhecer quais são as capacidades de outras nações e ter uma visão do que elas estão fazendo por trás das portas geralmente contribui para a estabilidade. Suposições descabidas sobre um adversário podem levar a tensões e a corridas armamentistas. A espionagem pode, às vezes, acalmar esses temores, como ocorreu em 1960 na discussão sobre um "excesso de mísseis", ou seja, o estoque de mísseis dos soviéticos excedia em muito o nosso próprio estoque. Nossa espionagem inicial via satélite encerrou tal questionamento. Às vezes, a espionagem pode impedir surpresas e a necessidade de estar sempre atento, na expectativa constante de surgirem certos tipos de surpresas. No entanto, existem algumas diferenças fundamentais entre espionagem cibernética e espionagem tradicional que devemos considerar.

Durante a Guerra Fria, os Estados Unidos e a União Soviética gastaram bilhões espionando um ao outro. Trabalhamos bravamente, assim como os soviéticos, para recrutar espiões dentro dos ministérios a fim de aprender sobre suas as intenções, capacidades e fraquezas. Algumas vezes nós fomos bem-sucedidos e obtivemos enormes benefícios. Mas, na maioria das vezes, nós não conseguimos. Essas falhas, por vezes, trouxeram consequências desastrosas.

No fim da década de 1960, os esforços de espionagem dos Estados Unidos contra a Coreia do Norte quase levaram a uma guerra por duas vezes. O navio de espionagem *Pueblo* da Marinha dos Estados Unidos foi apreendido, juntamente com os seus 82 tripulantes, pela Marinha norte-coreana, em janeiro de 1968. Por 11 meses, até a tripulação ser liberada, os militares da Península Coreana estavam em alerta máximo, temendo uma guerra. Cinco meses após a liberação da tripulação, um avião CE-121 de espionagem eletrônica da Força Aérea dos Estados Unidos foi abatido na costa norte-coreana, matando todos os 31 norte-americanos a bordo (curiosamente, no dia do aniversário do líder norte-coreano Kim Il-sung). O presidente dos Estados Unidos, Richard Nixon, cogitou responder com um bombardeio, mas como o exército dos Estados Unidos estava no Vietnã, ele preferiu não responder a fim de evitar que o incidente escalasse para uma segunda guerra dos Estados Unidos na Ásia.

Sete meses depois, um submarino da Marinha dos Estados Unidos estava supostamente em operação em águas territoriais da União Soviética quando colidiu com um submarino da Marinha Vermelha. Seis anos depois, Seymour Hersh relatou: "o submarino americano, o USS *Gato*, estava em uma missão de reconhecimento altamente confidencial como parte do programa *Holystone* da Marinha quando ele e o submarino soviético colidiram entre 15 e 25 milhas (24 e 40 quilômetros) da entrada para o Mar Branco". De acordo com a excelente história *Stalking the Bear* de Peter Sasgen, "a Operação *Holystone* foi uma série de missões realizadas durante a Guerra Fria que compreendia tudo, desde a gravação de assinaturas acústicas de submarinos soviéticos, coleta de comunicações eletrônicas até filmagens de testes de armas". Esses incidentes de espionagem que deram errado poderiam ter nos trazido um conflito real e perigoso.

No início de 1992, eu era Secretário de Estado Adjunto e meu chefe, o Secretário de Estado James A. Baker III, estava envolvido em delicadas negociações com a Rússia sobre o controle de armas e o fim da Guerra Fria. Baker acreditava que estava tendo sucesso em aliviar os sentimentos de derrota e a paranoia da alta liderança e das elites militares de Moscou. Ele procurou evitar os temores de que iríamos tirar proveito do colapso da União Soviética. Então, em 11 de fevereiro, o USS *Baton Rouge*, um submarino nuclear, colidiu com o *Kostroma*, da Marinha Vermelha, um submarino da classe Sierra, não muito longe da costa de Severomorsk. Os russos, indignados, denunciaram que o submarino dos Estados Unidos tinha coletado informações de inteligência dentro dos limites legais de seu território.

Lembro-me de quão furioso Baker ficou com essa situação, e também como ele exigiu descobrir o responsável pela aprovação da missão *Baton Rouge* no Departamento de Estado e qual seria o valor dessa missão comparado com o dano que poderia ter causado caso fosse descoberta. Baker urgentemente embarcou em uma missão de reparo diplomática, prometendo ao seu equivalente da União Soviética, Eduard Shevardnadze, que quaisquer operações futuras dos Estados Unidos dessa natureza seriam canceladas. O USS *Baton Rouge*, bastante danificado, conseguiu voltar para o porto, onde foi desativado. Aqueles em Moscou que pregavam que os EUA os estavam enganando conseguiram a sua prova. A desconfiança sobre Baker, em vez de terminar, somente aumentou.

Quando pensamos em espionagem cibernética, não devemos apenas pensar nela como um novo método de interceptação. A espionagem cibernética é em muitos aspectos mais fácil, mais barata, mais eficaz e tem menos consequências do que a espionagem tradicional. Isso pode significar que mais países espionam uns aos outros e fazem mais do que fariam de outro modo.

Antes da espionagem cibernética, existiam limitações físicas para a quantidade de informações que um espião poderia roubar – e, portanto, em algumas áreas, existiam restrições parciais quanto à extensão de danos que tal espionagem poderia acarretar. O caso do F-35 (mencionado brevemente no Capítulo 5) mostra o momento em que o aspecto quantitativo de espionagem mudou extremamente com a introdução da dimensão cibernética, e que não era apenas a adição de uma nova técnica. Em vez disso, a velocidade, o volume e o alcance global das atividades cibernéticas fazem com que esse tipo de espionagem seja fundamentalmente e qualitativamente diferente do que era feito até então. Vamos olhar para o incidente F-35 novamente para entender o porquê.

O F-35 é um avião de combate de quinta geração que está sendo desenvolvido pela Lockheed Martin, destinado a atender às necessidades da Marinha, da Força Aérea e do Corpo de Fuzileiros Navais do século XXI para ataques aéreos e terrestres, substituindo a frota antiga dos F-16 e F-18. O maior avanço do F-35, comparado à aeronave de quarta geração, será na guerra eletrônica e nas capacidades de armas inteligentes. Com uma carga menor do que seus antecessores, o F-35 foi projetado para um modo de guerra do tipo "um tiro, uma morte", dependente de sistemas de localização avançados. Entre a Força Aérea, a Marinha e o Corpo de Fuzileiros Navais, os militares dos Estados Unidos solicitaram em torno de 2.500 aviões F-35, a um custo de mais de US$ 300 bilhões. Países da OTAN também encomendaram a aeronave. O F-35 permitiria o domínio sobre qualquer potencial adversário para as próximas três décadas. Esse domínio poderia ser contestado se os nossos inimigos pudessem encontrar uma maneira de "hackeá-lo".

Em abril de 2009, alguém entrou nos sistemas de armazenamento de dados e descarregaram *terabytes* de informações confidenciais do desenvolvimento do F-35. A informação roubada está relacionada com o projeto da aeronave e seus sistemas eletrônicos, embora o que realmente foi roubado possa nunca ser revelado, pois os *hackers* cobriram seus rastros criptografando a informação antes de descarregá-la. De acordo com os oficiais do Pentágono, a informação mais crítica do programa não poderia ter sido acessada porque estava supostamente fora da rede. Com um alto grau de certeza, esses oficiais acreditam que a invasão se originou de um endereço IP da China e que a assinatura do ataque implica no envolvimento do governo chinês. Essa não foi a primeira vez que o programa do F-35 foi invadido com sucesso. O furto de dados começou em 2007 e continuou até 2009. O furto foi descrito como "vários" *terabytes* de informação. Para simplificar, vamos assumir que foi apenas um *terabyte*. Então, quanto eles furtaram? O equivalente a dez cópias da Enciclopédia Britânica, de 32 volumes e 44 milhões de palavras.

Se um espião da Guerra Fria quisesse mover tanta informação de uma instalação secreta e confidencial, ele precisaria de uma pequeno ônibus e uma empilhadeira, e se arriscaria a ser preso ou morto. Robert Hanssen, funcionário do FBI que espionava para os soviéticos e depois para os russos desde a década de 1980, quando iniciou, nunca revelou tanto material por mais de duas décadas. Ele retirou secretamente documentos para fora da sede do FBI, envolvendo-os em sacos plásticos e deixando em lixos perto de sua casa, na Virgínia. Ao todo, a traição de Hanssen totalizou não mais do que algumas centenas de páginas de documentos.

Hanssen agora passa 23 horas do dia em uma solitária na prisão de segurança máxima de Colorado Springs. Ele não pode escrever cartas, nem receber visitas nem chamadas telefônicas. Quando chamado pelos guardas, ele é referenciado em terceira pessoa, como "o prisioneiro". Pelo menos Hanssen escapou com vida. Os espiões que ele traiu não foram tão sortudos. Pelo menos três russos empregados pela comunidade de inteligência americana foram traídos por Hanssen e mortos pela Rússia. Um quarto foi enviado para a prisão. A espionagem costumava ser um negócio perigoso para os espiões. Hoje ela é realizada de forma remota.

Os espiões que roubaram a informação do F-35 não precisaram esperar pela promoção de um recruta para conseguir acesso, não tiveram que encontrar alguém motivado a trair seu país, e ninguém precisou se arriscar a ser capturado e acabar indo para uma prisão de segurança máxima. Ainda com a informação furtada, eles podem ser capazes de encontrar uma fraqueza no projeto ou nos sistemas do F-35. Talvez sejam capazes de encontrar uma vulnerabilidade para um novo tipo de arma cibernética que utilizarão em uma futura guerra a fim de eliminar nossa dominância aérea através do domínio do espaço cibernético. Isso pode até não ser o pior cenário. E se, enquanto os *hackers* estiverem em nossos sistemas coletando informações, eles também implantassem um novo pacote de software? Este talvez fosse projetado para fornecer uma brecha para acesso futuro à rede, quando a brecha original fosse reparada. Ou, talvez, para ser uma bomba-lógica configurada para derrubar a rede do Pentágono em uma futura crise. A diferença entre espionagem e sabotagem são alguns cliques do mouse. Quem quer que sejam "eles", eles podem estar agora em nossos sistemas apenas para coletar informações, mas esse acesso poderia permitir-lhes danificar ou destruir nossas redes. Então, a noção de que nações estiveram em nossos sistemas "somente para espionar" pode dar ao Pentágono e ao presidente um momento de reflexão em uma próxima crise.

Uma proibição efetiva para espionagem cibernética apresentaria enormes desafios. Detectar se uma nação está envolvida em espionagem cibernética pode ser quase impossível. As maneiras pelas quais os Estados Unidos e a Rússia agora se dedicam à espionagem cibernética são normalmente indetectáveis. Mesmo que tivéssemos meios para perceber as formas mais sofisticadas de penetração de redes, poderia ser extremamente difícil provar quem estava no teclado na outra extremidade da fibra, ou para quem ele estava trabalhando. Se nós concordarmos com um tratado que cesse a espionagem cibernética, as agências norte-americanas presumivelmente suspenderiam tal atividade, mas é extremamente duvidoso que outras nações façam o mesmo.

Os modos com que coletamos informações, incluindo espionagem cibernética, podem ferir suscetibilidades e, algumas vezes, violar leis internacionais ou nacionais. Mas, com algumas exceções notáveis, as atividades de espionagem dos Estados Unidos são geralmente necessárias e benéficas para os interesses do país. Além disso, a percepção de que a espionagem é vital está generalizada entre os especialistas e legisladores de segurança nacional dos Estados Unidos. Uma pergunta que eu sempre fazia para a minha equipe quando estava envolvido no controle de armas: "quando chegar a hora de testemunhar a favor da ratificação deste acordo, como você explicaria para o Senado dos Estados Unidos o que o levou a concordar com tal ratificação, ou, uma vez que provavelmente serei eu a testemunhar, como eu explicaria o porquê de nós concordarmos com a ratificação?". Em um acordo para limitar espionagem, eu nem mesmo saberia por onde começar. E ainda, olhando para a proposta russa de proibição de espionagem cibernética, fica a dúvida do porquê eles a propuseram e qual a intenção geral e a finalidade deles defenderem um tratado de guerra cibernética. A proposta russa para proibir espionagem cibernética vem de um país com um alto grau de habilidade em tal atividade, uma nação que orquestra regularmente guerra cibernética contra outros estados, que tem um dos piores registros de cooperação internacional contra o crime cibernético e que não assinou o solene acordo internacional sobre atividade cibernética disruptiva (Convenção do Conselho da Europa de Crime Cibernético).

Ao rejeitar a proposta russa para um acordo internacional proibindo a espionagem cibernética, eu reconheço que esta atividade tem o potencial de comprometer a diplomacia, de ser provocativa e até mesmo de ser desestabilizadora. Como o ex-diretor da NSA, Ken Minihan, me disse: "estamos conduzindo atividades de guerra sem pensar nela como uma guerra". Isso é perigoso, mas podem existir outras maneiras de abordar essas questões. Ao longo da Guerra Fria, a CIA e sua equivalente soviética, a KGB, se reuniram secretamente e desenvolveram regras tácitas sobre a guerra. Nenhum dos lados iniciou o assassinato de agentes do outro lado. Alguns acontecimentos geralmente ocorriam fora dos limites. Pode haver um paralelo na espionagem cibernética. As nações precisam reconhecer que esse tipo de espionagem pode ser facilmente confundido com a preparação do campo de batalha e que tais ações podem ser vistas como provocativas. Nações não devem promover ações no ciberespaço que não fariam no mundo real. Se você não colocaria um grupo de agentes em algum lugar para coletar informações que espera obter pela rede, você provavelmente não deveria colocá-lo de forma eletrônica. Pelo fato de ser pouca a diferença entre extração de informação e sabotagem, os países devem ter cuidado por onde andam e com o que fazem no ciberespaço.

Enquanto a espionagem visando sistemas governamentais pode ter saído de moda, as joias da coroa real dos Estados Unidos não são os segredos do nosso governo, e sim a nossa propriedade intelectual. Acionistas e contribuintes americanos gastam bilhões de dólares para financiamento de pesquisa. A China rouba os resultados por centavos e, em seguida, leva-os para o mercado. A única vantagem econômica real que os Estados Unidos tinham, nossa respeitada pesquisa tecnológica, está desaparecendo como resultado da espionagem cibernética. Chamá-la de "espionagem industrial" não altera o fato de que ela é um crime. Ao invadir organizações comerciais ao redor do mundo para roubar dados sem proteção e aumentar os lucros da China, o governo de Pequim se tornou uma cleptocracia de escala global. Mesmo que uma grande guerra cibernética envolvendo os Estados Unidos nunca aconteça, a espionagem cibernética chinesa e a guerra de propriedade intelectual podem balançar o equilíbrio de poder no mundo longe dos EUA. Precisamos fazer com que a proteção dessa informação tenha uma prioridade muito maior, e precisamos confrontar a China em relação às suas atividades.

Se consequências podem ser criadas para certos tipos de espionagem cibernética desestabilizadora, os países podem controlar mais firmemente quem realiza, por que realiza e onde realiza. A maioria dos burocratas quer evitar casos em que tenha que explicar para um Secretário de Estado indignado, ou a um oficial de alto escalão, como o valor de uma operação de inteligência secreta compensa os danos causados pela sua revelação. Assim, embora eu reconheça que algumas espionagens cibernéticas podem ser menos valiosas do que os danos que elas podem causar, eu acho que é melhor que esse risco seja enfrentado por meio de discussões bilaterais e privadas entre os serviços de informação e os seus respectivos governos. Um acordo de controle de armas limitando espionagem cibernética claramente não é de nosso interesse, pois pode ser violado regularmente por outras nações e demandaria problemas significativos para o cumprimento do acordo.

7.4. Banir a Guerra Cibernética?

Seria então uma boa ideia concordar com a proibição total como até aqui definido (isto é, excluindo a espionagem cibernética)? Uma proibição total poderia, teoricamente, impedir o desenvolvimento ou a posse de armas de guerra cibernética, mas não haveria maneira nenhuma de impor ou verificar tal proibição. Ela também poderia ser articulada de forma a vetar o uso de armas cibernéticas contra determinados alvos ou a sua implantação antes do início das hostilidades, e não a sua mera posse ou utilização para espionagem. Para julgar se a proibição de realização de guerra cibernética seria de nosso interesse, supondo que pudesse ser verificada, vamos olhar para alguns casos hipotéticos.

Imagine um cenário semelhante ao ataque israelense na instalação nuclear síria, que foi abordado no início deste livro. Faça uma pequena alteração para que seja os Estados Unidos querendo evitar que algum estado desenvolva uma arma nuclear e tendo que decidir se irão bombardear o local secreto onde a arma será feita. Os Estados Unidos podem muito bem ter o mesmo tipo de capacidade para desligar o sistema de defesa aérea do adversário através do emprego de uma arma cibernética. Se tivéssemos concordado com uma proibição do uso de armas cibernéticas, teríamos que enfrentar uma escolha entre violar o acordo ou enviar pilotos norte-americanos sem ter feito com antecedência o que podíamos para protegê-los. Poucos líderes civis ou militares neste país gostariam de ter que explicar que aviões dos Estados Unidos foram derrubados, ou que pilotos norte-americanos foram feitos prisioneiros ou mortos, apesar da possibilidade de desligar o sistema de defesa aérea do adversário, que não pôde ser feito devido a um acordo internacional.

Agora imagine um cenário onde os Estados Unidos já estivessem em uma guerra limitada contra alguma nação, como temos na história recente com nações como Sérvia, Iraque, Panamá, Haiti, Somália e Líbia. As forças americanas talvez estivessem em uma situação onde poderiam substituir uma arma cibernética por um explosivo convencional, arma cinética. A arma cibernética pode resultar em baixa letalidade, causar menos danos e ter efeitos menos duradouros. Uma proibição total no uso de armas cibernéticas forçaria os Estados Unidos a escolher, novamente, entre violar o acordo ou fazer algo desnecessariamente destruidor ao adversário.

Um cenário mais simples não envolveria uma guerra convencional ou um ataque preventivo dos Estados Unidos, e sim algo tão rotineiro como um navio dos Estados Unidos navegando tranquilamente em águas internacionais. Nesse cenário, um destroier dos Estados Unidos navegando paralelamente à costa norte-coreana seria atacado por um barco da patrulha adversário, que dispararia mísseis contra ele. O destroier americano poderia ter uma arma cibernética que invadisse o sistema de orientação de mísseis, fazendo com que eles tomassem outra direção. Se houvesse uma proibição total sobre o uso de armas cibernéticas, os Estados Unidos poderiam ser proibidos de usá-las até mesmo para defender as suas forças a partir de um ataque não provocado.

O cenário mais difícil de mostrar contenção seria se armas cibernéticas já estivessem sendo usadas contra nós. Se um adversário tentou desligar um sistema de rede militar ou um sistema de armas dos Estados Unidos através de técnicas cibernéticas, seria tentador ignorar o acordo internacional e responder na mesma moeda.

Os dois lados do caso, a favor ou contra à proibição total de armas de guerra cibernética, estão claros. Se realmente acreditarmos que a proibição de armas cibernéticas é de interesse dos Estados Unidos, nós devemos considerar pagar algum preço para manter o padrão internacional da não utilização de tais armas. Nós já tivemos situações no passado onde poderíamos ter desfrutado de alguma vantagem militar imediata utilizando uma arma nuclear, química ou biológica; mas sempre decidimos que o interesse maior dos Estados Unidos é manter um consenso global contra o emprego de tais armas. Contudo, pelo fato de armas cibernéticas serem menos letais, a proibição de seu uso junto com combate cinético pode ser difícil de justificar. Se tiros já estão sendo disparados, o uso de armas cibernéticas pode não ser desestabilizador ou de escalada se não expandir o escopo da guerra. O exército dos Estados Unidos alegará (fortemente) que as armas de guerra cibernética são uma vantagem e que devemos usá-las para compensar a escassez com que nossas forças estão espalhadas ao redor do mundo, e o fato de armas convencionais cada vez mais sofisticadas estarem sob a posse de possíveis adversários.

Equilibrando o nosso desejo por flexibilidade militar com a necessidade de enfrentar a realidade de que a guerra cibernética pode causar danos aos Estados Unidos de forma significativa, talvez seja possível fazer pequenas restrições internacionais em vez de uma proibição completa. Um acordo internacional que impede, sob quaisquer circunstâncias, o uso de armas cibernéticas é a forma mais extrema de proibição. No capítulo anterior, vimos brevemente a proposta de um acordo para não iniciar o uso, o que é uma opção mais branda. Um acordo para não iniciar o uso poderia ser simplesmente uma série de declarações mútuas ou um detalhado acordo internacional. O foco poderia estar em evitar que ataques cibernéticos iniciem uma guerra, mas não limitando o seu uso em conflitos já iniciados. Poderíamos aplicar tal compromisso para todas as nações, ou apenas para aquelas que fizeram uma declaração semelhante ou assinaram um acordo.

Dizer que não seremos os primeiros a utilizar armas cibernéticas pode, de fato, significar mais do que apenas um apelo diplomático no cenário internacional. A existência do compromisso pode diminuir a probabilidade de que outra nação inicie o uso de armas cibernéticas, pois, caso aconteça, violaria uma norma internacional que afirma que o emprego de armas cibernéticas cruzaria a linha, seria escalatório e potencialmente desestabilizador. A nação que inicia o uso e viola o acordo adiciona um grau de opróbrio internacional às suas ações e cria na comunidade global uma presunção de má conduta. O apoio internacional para uma nação que assume essa posição durante um conflito pode, assim, ser prejudicado, havendo a possibilidade de sofrer sanções internacionais.

Como discuti anteriormente, uma declaração para não iniciar o uso poderia resultar em uma flexibilidade reduzida nos vários cenários cibernéticos mencionados. Esperar para dar uma resposta na mesma moeda somente quando for detectado o uso de armas cibernéticas durante um conflito, ou quando forem especificadamente usadas contra nós, pode também criar uma desvantagem na fase de guerra cibernética de um conflito.

7.5. Proibir Ataques a Alvos Civis?

Existem abordagens menos restritivas do que a proibição do uso de armas cibernéticas, ou até mesmo a renegação do primeiro uso. Uma possibilidade seria a emissão de uma declaração unilateral ou um acordo de um protocolo internacional colocando alvos civis fora dos limites do uso de armas cibernéticas de uma nação. Existe um precedente amplo nas leis internacionais de guerra para proibições limitadas a certas armas ou atividades, bem como tratados que exigem a proteção de civis capturados em guerras.

Na Primeira Guerra Mundial, aeronaves foram utilizadas em combate pela primeira vez. Elas foram empregadas principalmente para reconhecimento, bombardeio às tropas de metralhadora e ataque a outras aeronaves, mas algumas foram usadas para lançar explosivos no inimigo. Esse primeiro uso de bombardeio aéreo abriu a possibilidade futura de criar grandes aeronaves capazes de transportar bombas maiores e em maior quantidade. Em uma década, aeronaves de bombardeiro estavam sendo fabricadas. Um dos primeiros autores de ficção científica, H. G. Wells, retratou vividamente o que tal aeronave de bombardeiro poderia fazer em uma cidade no seu livro *The Shape of Things to Come*, em 1933. Em 1936, ele e o cineasta Alexander Korda adaptaram o livro para um filme, *Daqui a Cem Anos*, que horrorizou o público. Em 1938, em Amsterdã, uma conferência internacional concordou em impor limites sobre "Novas Máquinas de Guerra". Esse acordo levou, mais tarde naquele mesmo ano, a uma "Convenção para a Proteção de Populações Civis contra Bombardeio Aéreo".

Infelizmente para Amsterdã, e para a maioria das cidades da Europa e da Ásia, tal acordo não impediu que Alemanha, Japão, Estados Unidos, Reino Unido e União Soviética fizessem bombardeios aéreos em cidades na guerra iniciada um ano depois.

Após a Segunda Guerra Mundial, as nações tentaram novamente e fizeram vários acordos limitando como as guerras futuras deveriam ser conduzidas. Esses tratados, negociados na Suíça, ficaram conhecidos como as Convenções de Genebra. A Quarta Convenção aborda a "Proteção de Pessoas Civis em Tempo de Guerra". Trinta anos mais tarde, as Nações Unidas patrocinaram outra série de convenções que protegeram não somente civis, mas também o exército, contra certos tipos de armas consideradas desestabilizadoras ou hediondas. Essas convenções foram nomeadas como "Proibições ou Restrições do Uso de Certas Armas Convencionais... Danos Excessivos ou de Efeitos Indiscriminados". Cinco protocolos específicos foram acordados, proibindo ou limitando o uso de armas comuns tais como minas terrestres e bombas incendiárias, bem como a nova aplicação comercial de tecnologia a laser para armamento.

Mais recentemente, o acordo do Tribunal Penal Internacional, que entrou em vigor em 2002, proibiu alvos civis de forma intencional. Os Estados Unidos foram afastados pelo tratado do Tribunal e ganharam o apoio de muitas nações que não concordaram com o julgamento dos militares norte-americanos.

Tanto a convenção de Genebra sobre "Proteção de Civis" em guerra como a convenção das Nações Unidas sobre armas com "Efeitos Indiscriminados" poderiam ter sido expandidas para lidar com esse novo tipo de guerra. Armas cibernéticas utilizadas contra uma infraestrutura de uma nação resultaria, inevitavelmente, em ataques a sistemas civis. Nada poderia ser mais indiscriminado do que atacar infraestruturas como a rede de energia de uma nação ou o seu sistema de transporte. Enquanto esses amplos ataques diminuiriam a capacidade militar de uma nação, outras capacidades militares sofreriam menos do que uma infraestrutura civil semelhante. Os militares são mais propensos a ter sistemas *backup* de energia, alimentos estocados e hospitais de emergência. Um ataque cibernético amplo em uma infraestrutura de uma nação poderia manter a rede de energia elétrica derrubada por semanas, oleodutos incapazes de conduzir petróleo e gás, trens parados, aviões de companhias aéreas em terra, bancos incapazes de dispensar dinheiro, sistemas de distribuição comprometidos e hospitais trabalhando com capacidade muito limitada. As populações civis poderiam muito bem ser deixadas no frio, em suas casas escuras, com pouco acesso a comida, dinheiro, assistência médica, ou notícias sobre o que estaria realmente acontecendo. Poderiam ocorrer saques e uma onda de crimes. O número de mortes iria depender da duração e do escopo geográfico das interrupções. Enquanto o número de vítimas seria muito menor do que se fosse resultante de uma campanha de bombardeios aéreos contra cidades, um sofisticado ataque cibernético nacional definitivamente afetaria os civis, podendo até mesmo ser projetado para fazer isso.

A extensão de acordos internacionais existentes para proteger civis contra ataques cibernéticos é vantajoso para os Estados Unidos, pois permite que continuemos fazendo o que somos bons em fazer, ou seja, guerra cibernética contra alvos militares, inclusive o ato de iniciar a ação. Armas cibernéticas sofisticadas podem permitir que os Estados Unidos continuem a ter superioridade tecnológica em potenciais conflitos militares, mesmo que outras nações desenvolvam armas convencionais modernas com capacidades que se aproximam ou se igualam às forças americanas. Armas cibernéticas também podem permitir a compensação de um menor número de forças americanas em determinadas localidades ou regiões.

Limitar ataques cibernéticos americanos a alvos militares significaria que não poderíamos atacar o exército de outra nação como efeito colateral de um ataque ao nosso sistema civil de rede elétrica ou de transporte ferroviário. Contudo, é provável que os guerreiros cibernéticos dos Estados Unidos tenham a capacidade de reduzir o ataque, focando em redes de comando e controle, redes de defesa aérea e em sistemas específicos de armamento de alvos militares. Então, respeitando a proibição sobre ataques a alvos civis, os Estados Unidos não perdem muita ou nenhuma capacidade necessária de que precisariam para dominar um adversário.

Os Estados Unidos não são muito bons com defesa cibernética, mas ninguém é; contudo, a sua infraestrutura civil é a mais vulnerável. Assim, os Estados Unidos tendem a sofrer mais com um amplo ciberataque nacional do que a maioria das outras nações. Devido ao fato de o exército dos Estados Unidos depender da infraestrutura civil, uma proibição de ataques cibernéticos a alvos civis não só protegeria o exército americano, como evitaria infligir danos à população e à economia.

Se os Estados Unidos pensarem que uma proibição limitada sobre armas cibernéticas seja de seu interesse, propondo e concordando com ela, existem duas perguntas que ficam em aberto. Em primeiro lugar, como é que você propõe que se verifique isso? Vamos chegar a este ponto em um instante. Em segundo lugar, qual é a sua relação com a "preparação do campo de batalha"? Nós definimos um ataque como algo que inclui a penetração de uma rede ou a inserção de uma bomba-lógica, ou é apenas o *uso* de uma bomba-lógica ou outra arma? Especificamente, o que estaríamos dispostos a concordar em parar de fazer?

Anteriormente, chegamos à conclusão de que um acordo internacional formal sobre a proibição de espionagem cibernética provavelmente não seria uma boa ideia para os Estados Unidos. Então, nós não proibiríamos a invasão de redes para coleta de informações, e provavelmente existem informações que alguém poderia recolher a partir da invasão do sistema de controle de uma ferrovia. Mas qual seria o valor real da informação na invasão de um sistema de controle de uma rede elétrica? Invadir um sistema de controle de uma rede elétrica e deixar um brecha para facilitar o retorno só pode ter uma finalidade: a preparação para um ataque. Obviamente, a ação de deixar uma bomba-lógica é um ato de guerra cibernética.

Teoricamente, você poderia escrever uma proibição de ataques cibernéticos em infraestruturas civis que não fosse explícita sobre a inserção de brechas e bombas-lógicas, mas apenas proibisse qualquer ato que provocasse uma real ruptura. Essa proibição restrita permitiria aos Estados Unidos estar em posição para retaliar rapidamente a infraestrutura civil de outra nação em caso de um ataque à nossa infraestrutura. Sem a inserção *a priori* de armas cibernéticas, atacar redes pode ser difícil e uma tarefa demorada. Contudo, ao permitir que países coloquem bombas-lógicas em redes de outros países, estaríamos perdendo o principal valor de uma proibição de ataques cibernéticos a infraestruturas civis.

A principal razão para proibir guerra cibernética contra infraestruturas civis é para acalmar a situação atual (silenciosa, mas perigosa), em que nações estão apenas a algumas teclas de distância de lançarem ataques que poderiam rapidamente se transformar em uma guerra cibernética em grande escala, ou até mesmo em uma guerra convencional. As bombas-lógicas colocadas em nossa rede, provavelmente por militares chineses, e as armas similares que os Estados Unidos podem ter ou estão prestes a inserir nas redes de outras nações são tão desestabilizadoras como se agentes secretos colocassem explosivos em torres de transmissão, transformadores e geradores. As armas cibernéticas são mais difíceis de detectar; e com algumas teclas pressionadas do outro lado do globo, um guerreiro cibernético descontente ou desonesto pode ser capaz de deixar escapar os cães de guerra com consequências crescentes, cujos limites não podemos nem imaginar.

Embora nós possamos imaginar situações em que os Estados Unidos desejariam já ter posto bombas-lógicas em redes civis de algumas nações, os riscos de permitir que essas nações deem continuidade a tal prática parece superar em muito o valor de preservar para nós mesmos tal opção de ataque. Assim, como parte de uma proibição de atacar infraestruturas civis com armas cibernéticas, devemos provavelmente concordar que tal proibição inclua a penetração de redes de infraestruturas civis com a finalidade de colocar bombas-lógicas e até mesmo brechas em redes que controlam sistemas como a energia elétrica.

7.6. Começar Com os Bancos?

Mesmo um acordo limitado para proteger infraestruturas civis pode trazer problemas. Algumas nações, como a Rússia, podem argumentar que uma disposição dos Estados Unidos em aceitar tal acordo confirma a sua posição de que as armas cibernéticas são perigosas. Eles poderiam resistir a uma proibição total. Como veremos em breve, a negociação de um acordo de verificação, mesmo para um protocolo de proteção civil, poderia abrir a caixa de Pandora. Portanto, os Estados Unidos podem querer considerar um escopo mais limitado para um acordo internacional inicial sobre armas cibernéticas. Uma opção seria um acordo concebido para impedir ataques cibernéticos ao sistema financeiro internacional. Toda grande nação possui uma participação na confiabilidade dos dados que sustentam grupos internacionais de bancos, seus principais bancos membros, as principais ações e a negociação de trocas de *commodities*. Com poucas exceções, como a Coreia do Norte, o lançamento de um ataque a um elemento do sistema financeiro internacional seria provavelmente autodestrutivo. O dano ao sistema poderia prejudicar diretamente o atacante, e certamente a retaliação financeira que resultaria a partir da identificação de uma nação atacante poderia paralisar a economia dessa nação.

Devido à natureza interligada de grandes instituições financeiras globais, incluindo bancos individuais, mesmo um ataque cibernético em uma infraestrutura financeira de uma nação poderia resultar em um rápido efeito em cascata, minando a confiança global. Como um Diretor Executivo da Wall Street me disse: "é a confiança nos dados, e não nas barras de ouro do subsolo do Fed de Nova Iorque, que faz com que os mercados financeiros do mundo funcionem".

A crença de que ataques cibernéticos a bancos poderiam desfazer todo o sistema financeiro mundial já impediu que sucessivos governos dos Estados Unidos aprovassem propostas para invadir bancos e roubar fundos de terroristas e ditadores, incluindo Saddam Hussein. Como o Almirante McConnell observou: "o que acontece se alguém não for impedido de atacar um grande banco em Nova Iorque, contaminando ou destruindo os dados? De repente, um nível de incerteza aparece e perde-se a confiança. Sem confiança de que as transações são seguras, elas irão parar". Assim, como parece que temos uma proibição autoimposta sob qualquer condição, provavelmente seria do interesse dos Estados Unidos propor ou participar de um acordo internacional para renegar ataques cibernéticos direcionados às instituições financeiras. Tal acordo não precisa proibir espionagem cibernética. Pode-se considerar o valor da informação ao observar operações financeiras em bancos, como a identificação de dinheiro de terroristas. Os Estados Unidos já podem estar fazendo exatamente isso. Aparentemente foi um choque para as instituições financeiras europeias em 2006, quando tomaram conhecimento de que os Estados Unidos, enquanto rastreavam fundos terroristas, podiam monitorar secretamente as transações financeiras internacionais do sistema de compensação bancária SWIFT.

7.7. Inspetores no Espaço Cibernético

O valor dos acordos internacionais para proibir certos tipos de atividades de guerra cibernética, ou as promessas para não iniciar um ataque, vai depender, em parte, de como as violações poderiam ser detectadas e de como a culpa poderia ser atribuída. A verificação tradicional do controle de armas é muito diferente de qualquer coisa que possa funcionar no ciberespaço. Para verificar o cumprimento dos limites numéricos em submarinos ou silos de mísseis, as nações só precisavam enviar suas plataformas de vigilância para o espaço aéreo e tirar fotografias. É difícil esconder um estaleiro para construção de um submarino ou de uma base de mísseis. Para objetos menores, tais como veículos de combate armados, equipes de inspeção tinham a permissão de entrar em bases militares para realizar inventários. A fim de investigar atividades inapropriadas em reatores nucleares, inspetores da Agência de Energia Atômica Internacional instalaram câmeras de vigilância e colocaram selos e etiquetas de identificação em materiais nucleares. Equipes internacionais fazem experiências em amostras de produtos químicos nos laboratórios das corporações à procura de sinais de produção de armas químicas secretas. Para monitoramento de testes de armas nucleares, uma rede internacional de sensores sísmicos foi interconectada para compartilhamento de dados entre as nações participantes.

Só que essa rede sísmica, e talvez as equipes da AIEA, não oferece nenhum precedente útil para a verificação de controle de armas cibernéticas. Você não pode detectar ou impedir armas cibernéticas no espaço, nem vistoriá-las em uma base de exército. É improvável que alguma nação concorde em ter equipes internacionais de inspetores verificando os programas que estão em suas redes de computadores, projetados para proteger informações confidenciais. Mesmo que em algum universo paralelo onde as nações autorizassem tal inspeção intrusiva de seus militares ou de redes de computadores da inteligência, uma nação poderia esconder suas armas cibernéticas em *pendrives* ou CDs em qualquer lugar do país. A proibição de desenvolvimento, posse ou testes de armas cibernéticas em uma rede fechada (como a Nacional Cyber Range sendo desenvolvida pela Universidade Johns Hopkins e pela Lockheed Martin) não é algo que possa ser verificado.

Contudo, o uso de armas cibernéticas pode ser mais bem definido. Muitas vezes, os efeitos de um ataque podem ser facilmente discernidos. Equipes de computação forense geralmente podem determinar quais técnicas de ataque foram utilizadas, mesmo que não seja possível determinar como ocorreu a invasão da rede. No entanto, o problema da atribuição persistiria mesmo no caso de um ataque que já foi realizado. Técnicas de rastreamento e registros de ISPs podem indicar que uma nação em particular está envolvida, mas não costumam ser capazes de provar, com alta confiança, a culpa de um governo. Uma nação, talvez os Estados Unidos, poderia ser facilmente enquadrada. Os ataques cibernéticos contra a Geórgia, provavelmente orquestrados pela Rússia, vieram de uma *botnet* no Brooklyn.

Mesmo que uma nação admita que um ataque veio de computadores de seu território, o governo poderia reivindicar que tais ataques foram realizados por cidadãos anônimos. Esta é precisamente a alegação do governo russo para os ataques à Estônia e à Geórgia. Foi exatamente o que o governo chinês alegou quando as redes norte-americanas foram atingidas pela China em 2001, após a suposta invasão do espaço aéreo chinês por um avião eletrônico espião dos Estados Unidos. Pode até ser verdade que *hackers* não tenham emprego em escritórios governamentais, porém eles podem ter sido incentivados e autorizados pelos seus governos.

Uma forma de lidar com o problema da atribuição é transferir o fardo da investigação e acusação para a nação que lançou o ataque. Esse mesmo tipo de transferência tem sido utilizado para lidar com o crime internacional e com o terrorismo. Em dezembro de 1999, Michael Sheehan, embaixador dos Estados Unidos para combate ao terrorismo, teve o trabalho de entregar uma mensagem simples para o Talibã. Sheehan foi instruído a deixar claro para os talibãs que eles seriam responsabilizados por qualquer ataque realizado pela Al Qaeda contra os Estados Unidos ou seus aliados. Em uma madrugada, Sheehan entregou a mensagem em um telefonema, por meio de um intérprete, para Mullah Omar, representante líder talibã. Para enfatizar o que queria dizer, Sheehan usou uma analogia simples: "se você tem um incendiário em seu porão e toda noite ele atinge a casa de um vizinho, e você sabe que isso está acontecendo, então você não pode negar ser o responsável". Mullah Omar não retirou o incendiário de seu porão – na realidade, ele continuou a abrigar Bin Laden e seus seguidores da Al Qaeda, mesmo depois do 11 de setembro. Agora é Mullah Omar que está refugiado em algum porão, sendo caçado pela OTAN, pelos Estados Unidos e pelo exército do Afeganistão.

A noção contida no "princípio do incendiário" pode ser aplicada na guerra virtual. Embora falássemos sobre o ciberespaço como uma quinta dimensão abstrata, ele é feito de componentes físicos. Esses componentes físicos, desde troncos de fibras óticas de alta velocidade até cada roteador e servidor, estão todos em nações soberanas, exceto talvez no caso de cabos submarinos e satélites. Eles também são de propriedade de países ou empresas que possuem endereços físicos no mundo real. Algumas pessoas gostam de afirmar que existe um "problema de soberania" na Internet, que, devido ao fato de não existir um dono do ciberespaço em sua totalidade, ninguém tem qualquer responsabilidade pela sua integridade ou segurança. O princípio do incendiário, articulado no acordo internacional como Responsabilidade do Ciberespaço Nacional, faria com que cada pessoa, empresa, ISP e país fosse responsável pela segurança de seu pedaço do ciberespaço.

No mínimo, países como a Rússia não poderiam mais alegar que não possuem nenhum controle sobre os chamados hacktivistas patrióticos. Um acordo internacional poderia atribuir aos governos anfitriões a responsabilidade de fazer com que esses *hackers* parassem de participar de atividades internacionais ilegais ou pelo menos exigir que as nações façam o máximo para evitá-las. Além de suas próprias atividades policiais, uma nação partícipe de um acordo internacional pode ter uma *obrigação de ajudar*. Tal obrigação poderia exigir resposta rápida das nações diante de perguntas em investigações internacionais, apreensão e preservação de registros de servidores ou roteadores, provimento de condições de trabalho para investigadores internacionais, realização de interrogatórios para seus cidadãos e indiciamento de cidadãos por crime específicos.

O Conselho existente na Europa sobre Crime Cibernético de 2001 já incorpora muitas dessas obrigações de ajudar: Os Estados Unidos fazem parte da convenção. Nossa soberania não está sendo desrespeitada pelas burocracias supranacionais da Europa. Em vez disso, ao assinar a convenção, os Estados Unidos prometem aprovar qualquer nova legislação necessária para fornecer ao seu governo a autoridade para fazer o que for necessário para cumprir as obrigações do acordo.

No entanto, indo além da convenção atual de crime cibernético, uma convenção de *guerra* cibernética poderia fazer com que as nações fossem responsáveis por garantir que seus ISPs neguem serviço a pessoas físicas e dispositivos participantes de ataques, e que estes sejam comunicados às autoridades. Tal disposição significaria que os ISPs teriam que ser capazes de detectar a maioria dos *worms*, *botnets*, ataques de DDoS e outras atividades maliciosas óbvias (parte desse processo de identificação de código malicioso é algo muito menos difícil do que a inspeção detalhada de pacotes e pode ser feito em grande parte pela "análise de fluxo", que realmente não significa nada mais do que ver o quanto de tráfego está percorrendo na rede e procurar por padrões incomuns). Se uma nação não fosse bem-sucedida na exigência de tal cumprimento por um ISP, o acordo internacional poderia estabelecer um procedimento que transferisse a responsabilidade para outras nações. Um ISP poderia ser colocado em uma lista negra internacional. Seria então exigido que todas as nações participantes rejeitassem o tráfego originado ou destinado àquele ISP até que ele cumprisse a disposição e parasse as *botnets* e outros códigos maliciosos óbvios.

Tal acordo internacional lidaria com uma parte do problema da atribuição, por meio da transferência de responsabilidade. Mesmo que um atacante não pudesse ser identificado, pelo menos existiria alguém que seria responsável por parar o ataque e investigar quem foi o atacante. Tal obrigação não exigiria a adição de novas unidades de forense cibernética pela maioria das nações. Países como a China e a Rússia têm hoje a habilidade de identificar e mover-se rapidamente contra os *hackers*. Como Jim Lewis, do Centro de Estudos Internacionais e Estratégicos, disse: "se um *hacker* em São Petersburgo tentasse invadir o sistema do Kremlin, ele poderia contar as suas horas de vida". Você pode ter certeza que o mesmo se aplica a qualquer um na China que tentasse invadir a rede do Exército de Libertação Popular. Se a China e a Rússia assinassem um acordo de guerra cibernética com obrigações como essas sugeridas, tais governos não poderiam mais atribuir a culpa aos seus cidadãos por ataques de DDoS em outras nações e ficar sem fazer nada. A falha em agir rapidamente contra cidadãos *hackers* resultaria na violação do acordo pela nação e, mais importante, na desconexão de todo o tráfego para/de seus ISPs. Nações poderiam agora ficar em um buraco negro em relação aos outros países, mas na ausência de um arcabouço legal para bloqueio de tráfego, as nações estão relutantes em fazê-lo. Um acordo não deveria somente permitir o bloqueio desse tipo de tráfego pelas nações, e sim exigir que esse bloqueio fosse realizado.

Uma provisão nacional de Responsabilidade no Ciberespaço e seu corolário de Obrigação de Contribuição não resolveriam completamente o problema da atribuição. O ataque da *botnet* russa ainda poderia ser originado do Brooklyn. O *hacker* de Taiwan sentado no cibercafé de São Francisco ainda poderia atacar um site do governo chinês. Mas, diante de tal acordo, os Estados Unidos teriam que interromper a *botnet* e investigar ativamente o *hacker*. No caso hipotético da invasão de redes da China por Taiwan, violando um acordo internacional, o governo dos Estados Unidos, uma vez notificado pela China, teria que passar para o FBI ou o Serviço Secreto a tarefa de ajudar a polícia chinesa no rastreamento do culpado em São Francisco. Se fosse encontrado, ele poderia ser julgado em um tribunal nos Estados Unidos por violar uma lei americana.

De fato, nações podem dizer que estão à procura de *hackers* quando na realidade não estão. Eles podem levar os culpados a julgamento e absolvê-los. Quando forem notificadas de uma *botnet* com origem em um ISP de seu país, elas podem levar o tempo que for necessário para fazer algo sobre o assunto. Para julgar se uma nação está colaborando ativamente ou apenas enganando, poderia ser útil a criação de uma "Equipe de Conformidade e Cibernética Forense Internacional". Uma equipe de especialistas poderia gerar relatórios para os estados membros indicando o cumprimento do acordo pelas nações. Poderia existir equipes internacionais de inspeção, similares aos acordos de não proliferação nuclear, à proibição de armas químicas e ao acordo de cooperação e segurança da Europa. Essas equipes poderiam ser convidadas pelas nações signatárias para auxiliar na investigação no caso de um ataque de guerra cibernética violar o acordo. As equipes poderiam ajudar a determinar qual nação de fato lançou o ataque e, com a colaboração voluntária dos estados membros, colocar equipamentos de monitoramento de fluxo de tráfego nos nós principais das redes de uma nação para ajudar a detectar e identificar a origem dos ataques.

A equipe internacional também poderia contar com um centro em que as nações pudessem entrar em contato sempre que desconfiassem estar diante de um ataque de guerra cibernética. Imagine que uma rede israelense é atingida por um ataque de DDoS a partir de um ISP da Alexandria, no Egito, às três da manhã, horário de Tel Aviv. Israel, bem como todos os países signatários em nosso acordo hipotético, teria um contato com a equipe de Segurança Cibernética Nacional a qualquer momento. O centro israelense chamaria o centro internacional, por exemplo em Tallinn, e relataria que um ataque cibernético foi originado a partir de um certo ISP do Egito. O centro internacional então ligaria para o centro nacional do Egito em Cairo e solicitaria que eles investigassem imediatamente a existência de uma *botnet* no ISP da Alexandria. A equipe internacional mediria o tempo que o Egito levou para cumprir e encerrar o ataque. Talvez pudesse olhar para os monitores de fluxo de tráfego dos *gateways* saindo do Egito e ver picos de fluxo da *botnet*. O Egito seria obrigado a responder com um relatório sobre a investigação do ataque. Se o incidente fosse legítimo, a equipe internacional enviaria investigadores para auxiliar ou observar as autoridades egípcias e, por fim, enviar um relatório com conclusões e recomendações aos estados membros sobre o incidente.

Nações que forem reconhecidas como infratoras poderiam estar sujeitas a uma série de sanções. Além de terem o tráfego negado a partir de ou para seus ISPs por ISPs de outros estados membros, a nação agressora poderia ser punida pela organização internacional. Medidas mais drásticas envolveriam a negação de vistos para oficiais, a limitação de exportações de novos equipamentos de TI, a limitação de todo o tráfego cibernético originado e destinado à nação, ou a desconexão de toda a nação do espaço cibernético internacional por um certo período de tempo.

Essas provisões de verificação e conformidade de um acordo de guerra cibernética não resolveriam totalmente o problema da atribuição. Elas não impediriam uma nação de falsificar a fonte de um ataque ou de culparem outra nação. Contudo, ao estabelecer normas de comportamento internacional, dando cobertura legal internacional para assistência das nações e para a criação de uma comunidade internacional de especialistas unidos na luta contra a guerra cibernética, tais provisões dificultariam alguns tipos de ataques de guerra cibernética. Também é importante salientar que a capacidade de conduzir ataques equivalentes aos de uma guerra cibernética exige um esforço em nível de estado, e apenas poucos estados possuem capacidades avançadas. A lista de atacantes potenciais é pequena. A atribuição é um grande problema para o crime cibernético, mas, para a guerra cibernética, técnicos do mundo real em forense e de inteligência podem reduzir rapidamente a lista de suspeitos.

Cinco grandes conclusões surgem dessa discussão sobre o controle de armas cibernéticas. Primeiramente, diferente das outras formas de controle que destroem armas, o controle de armas cibernéticas não pode eliminar tal capacidade. Ela somente pode proibir atos. Assim, um país poderia passar de um estado de conformidade para uma grande violação em segundos e sem aviso prévio.

Em segundo lugar, definições amplas de guerra cibernética, tais como as que incluem espionagem, não são verificáveis e não são de nosso interesse como uma nação. No entanto, os serviços de inteligência e os governos nacionais devem iniciar canais de discussões para que atividades de inteligência não saiam fora do controle ou sejam mal interpretadas como atividades hostis.

Em terceiro lugar, acordos internacionais que proíbam certos atos, tais como ataques à infraestrutura civil, são de nosso interesse, pois ainda podem vir a acontecer. Esses acordos não diminuem de forma alguma a necessidade de tomar medidas defensivas para proteger nossa infraestrutura.

Em quarto lugar, não será possível a verificação com elevada confiança do cumprimento de um acordo de limitação de guerra cibernética. Podemos ser capazes de verificar uma violação, mas verificar a atribuição de um ataque será difícil e pode estar sujeito a uma atividade enganosa intencional. No entanto, existem medidas que podem contribuir para uma norma internacional contra ataques cibernéticos a civis, tais como: ter uma equipe de especialistas internacionais, ser de responsabilidade do governo nacional prevenir violações originárias de dentro das fronteiras de uma nação e ter a obrigação de ajudar na interrupção e na investigação de ataques.

Finalmente, limitações a ataques de guerra cibernética contra infraestruturas civis significariam, provavelmente, o cessar de qualquer atividade nossa e de outras nações que possa ser conduzida por bombas-lógicas, e talvez *backdoors*, em redes de infraestruturas civis de outras nações. Embora seja pouco notada ou discutida pela mídia e a população em geral, a implantação de *backdoors* e bombas-lógicas em infraestruturas é perigosamente provocativa. Eles são atraentes porque oferecem resultados de guerra sem o uso de soldados e sem mortes. Mas também sinalizam intenções hostis muito maiores do que qualquer arma contida no inventário de uma nação. Podem ser utilizados rapidamente e facilmente, sem autorização apropriada, ou sem uma apreciação plena dos efeitos colaterais em consequência de suas utilizações. Embora uma guerra possa começar no espaço cibernético e ser conduzida sem soldados e sem derramamento de sangue, seria bem improvável que ficasse assim por muito tempo. A implantação de armas cibernéticas em infraestruturas de outras nações poderia fazer com que uma guerra se iniciasse facilmente.

CAPÍTULO 8
A Agenda

De forma invisível, unidades militares de mais de vinte nações estão se movendo para um novo campo de batalha. Por serem invisíveis, os parlamentos e o público não notam o movimento dessas forças. Como os primeiros conflitos foram isolados e envolveram somente armas simples, poucos pensavam que os guerreiros cibernéticos poderiam fazer mais. Como a maioria das grandes potências militares também são parceiras comerciais, os comentaristas não podem imaginar circunstâncias que possam transformar suas relações em hostilidade. Devido aos Estados Unidos estarem em guerra com uma nação há sete anos e com outra há nove, eles estão enfrentando a sua pior recessão e estão divididos pelo partidarismo e a "largura de banda" de suas elites políticas já estão consumidas. Assim, com o foco desviado para outros lugares, podemos estar preparando o terreno para a guerra cibernética.

Pode haver semelhança com os primeiros anos do século passado. Barbara Tuchman, em seu livro *A Torre do Orgulho* descreve um mundo semelhante, desviado da percepção de que seus vários militares estavam preparando forças devastadoras sem contemplar as terríveis consequências de seu uso. Então, como ela descreve no livro seguinte, em *The Guns of August*, uma faísca provocou o acionamento dessas forças. O uso militar sofisticado de Von Schlieffen na nova rede maciça de transporte ferroviário de mercadorias da Alemanha literalmente definiu as rotas em movimento que não podiam ser interrompidas. O uso militar da nova indústria química adicionou um elemento de destruição. O uso de armas químicas fez muito mais danos do que qualquer um imaginava. Hoje, nossos militares estão desenvolvendo planos sofisticados para um novo tipo de guerra, mais uma vez usando uma tecnologia originalmente projetada para uso comercial. Como cem anos atrás, esses planos receberam pouco escrutínio público.

Poucas vezes na nossa história a comunidade acadêmica norte-americana, a mídia e o Congresso se concentraram em um problema em potencial e, juntos, lançaram tantas ideias sobre uma questão que foram acionados comandos de controle em seus devidos lugares, prevenindo a calamidade. A questão da guerra nuclear estratégica, muito referenciada neste livro, é o exemplo mais claro. Uma nova tecnologia havia estourado sobre o mundo e os militares dos Estados Unidos viram nela uma forma de conquistar o domínio militar e, por consequência, a paz. Nas bases aéreas com "Paz é Nossa Profissão", os planos requeriam o uso precoce e massivo de armas nucleares contra cidades e alvos civis. Controles e planos racionais foram desenvolvidos e adotados somente após a comunidade de pesquisa investigar esses planos e o grande assunto de como combater a guerra nuclear.

Hoje, no Comando Cibernético dos Estados Unidos e em suas agências relacionadas, funcionários públicos mais inteligentes, patrióticos e bem pagos de nossa nação, militares ou civis, estão elaborando planos e recursos para conseguir "o domínio no ciberespaço", a fim de manter a segurança deste país e a preservação da paz. Em outros países, unidades de guerra cibernética também estão se preparando. Como parte da preparação, guerreiros cibernéticos estão inserindo *backdoors* em redes civis, colocando bombas-lógicas em redes de energia elétrica e introduzindo sementes destrutivas nas infraestruturas. Eles acreditam que sua nova forma de guerra é um avanço, não apenas por causa do uso de tecnologia de ponta, mas porque ela não envolve explosivos e nem letalidade direta. Como os pilotos do *Predator* que ficam nos Estados Unidos e matam talibãs no Paquistão por controle remoto, eles podem pensar subconscientemente que, por viverem em um ambiente suburbano pacífico, os efeitos da destruição no outro lado mundo podem ser de alguma forma limpos e justos, ao contrário de uma "guerra real".

Durante um período de elevadas tensões em alguma crise futura em um momento imprevisto, uma guerra convencional mais ampla seria antecipada ou desencadeada no momento em que um guerreiro cibernético de alguma nação for solicitado a "enviar uma mensagem" para um potencial adversário por meio de bombas-lógicas já implantadas? Talvez pelo fato de o adversário estar confuso sobre quem começou, outras nações acabariam por entrar em guerra. Possivelmente, o guerreiro cibernético de uma das vinte nações com recurso de guerra cibernética agirá sem autoridade, dando início a um conflito. Alternativamente, pode ser um *hacker* que usa uma arma cibernética para destruição e não para o crime, ou que descobre e dispara uma bomba-lógica deixada por outra pessoa. A guerra cibernética que se segue pode ser incrivelmente rápida e global.

Quando um presidente norte-americano envia forças dos Estados Unidos para bombardear uma fábrica de armas nucleares de uma nação qualquer ou um campo terrorista, tal nação pode não ser capaz de responder contra nossas forças convencionais militares. No entanto, com um pequeno investimento em recursos de guerra cibernética, tal nação pode responder destruindo o sistema financeiro internacional. A assimetria do custo para conter o nosso poderio militar convencional *versus* o investimento mínimo necessário para recursos de guerra cibernética atrairá outras nações e também, talvez, cartéis criminosos e grupos terroristas.

Como os Estados Unidos inventaram a Internet e provavelmente foram pioneiros em espionagem cibernética e em ferramentas de guerra cibernética, talvez possam ter desenvolvido uma arrogância implícita, levando-os a supor que ninguém poderia superá-los em uma guerra cibernética. Nossos guerreiros cibernéticos e líderes de segurança nacional em geral poderiam se consolar com o fato de que talvez pudéssemos ver a chegada de um ataque cibernético. Poderiam pensar em bloquear parte de um ataque e acreditar em uma resposta na mesma moeda. Mas, na realidade, é provável que um grande ataque cibernético de outra nação se inicie nos Estados Unidos. Assim, não será possível vê-lo chegando e nem bloqueá-lo com os sistemas que temos no momento ou os sistemas que estão sendo planejados. Sim, podemos ser capazes de responder na mesma moeda, mas a nossa nação ainda será devastada por um ataque cibernético massivo destinado às infraestruturas civis, com redes de energia derrubadas por semanas, trens e aviões parados e oleodutos e refinarias explodindo.

A verdade é que, quando o presidente dos Estados Unidos quiser retaliar mais, será ele que terá que escalar a guerra. Será ele que terá que atravessar os limites virtuais/cinéticos. E quando ele o fizer, poderá verificar que até mesmo as nossas forças convencionais serão "ciberdependentes". A dependência do exército dos Estados Unidos de sistemas cibernéticos ultrapassa a extensa dependência da infraestrutura comercial. Os fornecedores que são fundamentais para o país entrar em uma guerra podem ser imobilizados por um ataque cibernético. As redes de computadores supostamente fechadas hermeticamente, em que o Departamento de Defesa se baseia, podem se revelar porosas e indisponíveis. A tecnologia altamente avançada de armas e sistemas convencionais que fornecem a dominância às forças americanas (por exemplo, o caça F-35 e o Sistema de Posicionamento Global) pode, de repente, não funcionar. Nós não somos o único país capaz de instalar uma bomba-lógica.

Com um país na escuridão, tremendo de frio, incapaz de obter comida no mercado ou dinheiro no caixa eletrônico, com partes do nosso exército impotente, e com o alerta regional falhando de que tudo está errado, o que fará o comandante-em-chefe? Talvez ele apontará uma comissão para investigar o que deu errado. Tal comissão encaminhará o trabalho para outra comissão, indicada por Bill Clinton em 1996, e será surpreendido ao saber que o desastre foi previsto na época. Eles observarão o conselho de uma comissão não governamental escrito em 2008, alertando o próximo presidente a levar a guerra cibernética de forma mais séria. Eles podem, se forem diligentes, encontrar um estudo da Academia Nacional de Ciências sobre Guerra de Informação Ofensiva de 2009, que advertiu que a política de guerra cibernética foi "mal-formada, subdesenvolvida e altamente incerta".

A comissão pós-desastre, uma comissão especial do Congresso ou o próximo presidente provavelmente recomendaria um plano de modo que "esse tipo de coisa nunca aconteça novamente". Uma vez que agora sabemos o que já foi recomendado, o que não funciona e o porquê, talvez não devêssemos esperar por um desastre para embarcar em um plano que trate da guerra cibernética. Se retirarmos os luxos, existem seis passos simples que temos de tomar, de forma simultânea e urgente, para evitarmos um desastre.

8.1. Pensando Sobre o Invisível

Primeiramente, devemos iniciar um diálogo público amplo sobre guerra cibernética. Uma estudante, escolhendo um curso de graduação, pediu-me recentemente uma recomendação de alguma universidade onde ela pudesse cursar aulas sobre guerra cibernética. Nós vasculhamos catálogos de cursos e não achamos nenhum em nenhuma das principais escolas de política de segurança, como a Kennedy School da Universidade de Harvard, a Woodrow Wilson School de Princeton, ou a Lyndon Johnson School do Texas. Ela me perguntou quais livros ela deveria ler e encontramos alguns títulos interessantes, mas poucos que realmente aprofundavam na política e na tecnologia de guerra cibernética. Muitos que pareciam promissores utilizavam a frase "guerra de informação" para retratar guerra psicológica ou diplomacia pública.

Talvez existam poucos livros sobre guerra cibernética porque muito sobre o assunto é secreto. Talvez devesse existir uma discussão pública precisa, pois muitos trabalhos foram catalogados como secretos. Nas décadas de 1950 e 1960, pessoas como Herman Kahn, Bill Kaufmann e Albert Wohlstetter foram informadas de que a guerra nuclear era algo que não poderia realmente ser discutida em público. Uma das respostas de Kahn foi um livro chamado *Thinking About the Unthinkable*, de

1962, que contribuiu para um diálogo público robusto sobre as dimensões morais, éticas e estratégicas de uma guerra nuclear. Pesquisas públicas e escritos feitos por MIT, Harvard, Princeton, Chicago e Stanford também contribuíram. As aulas de Bill Kaufmann no MIT, em Harvard e na Instituição Brookings ensinaram duas gerações sobre como pensar em estratégia nuclear e como fazer perguntas analíticas de modo que pudessem pensar por si próprios. Hoje em dia, em Harvard e no MIT já começou o Projeto Minerva, um programa de investigação aberto sobre guerra cibernética e financiado pelo Departamento de Defesa (lembro-me do ditado de Hegel, que diz "a coruja de Minerva voa sempre ao anoitecer", significando que a sabedoria chega tarde demais).

O tratamento dado para guerra cibernética pela mídia em geral tem melhorado. Repórteres do Journal Wall Street e do New York Times escrevem sobre guerra cibernética desde 2008. O programa de TV altamente respeitado *Front line*, do canal público PBS, examinou o tema por uma hora em um episódio chamado *Cyber War*, em 2003. A televisão foca muito mais em roubo de identidade pelos criminosos cibernéticos devido ao fato de muitos telespectadores já terem sido vítimas de crime cibernético. Contudo, filmes sobre o tema de guerra cibernética estão surgindo. No filme *Duro de Matar 4*, devido ao fato de um ex-funcionário do governo de segurança cibernética não ser ouvido (um crítico do *New York Times* disse que parecia comigo. Nada a ver!) fez com que sistemas nacionais fossem derrubados. No filme *Controle Absoluto*, uma invasão fez com que linhas de alta tensão derretessem e estragos em geral irrompessem. No filme *Uma Saída de Mestre*, invasões foram limitadas a semáforos de trânsito, mas em *Onze Homens e um Segredo* ocorreu um apagão em Las Vegas. Existem tantos mais que grande parte do público que frequenta cinemas tem pouca dificuldade para entender o que pode acontecer em uma guerra cibernética. Responsáveis políticos de alto nível, aparentemente, raramente vão ao cinema ou talvez pensam que é tudo apenas fantasia. Para que eles entendam que tais cenários podem realmente acontecer, precisamos de um programa teste para elucidar a questão. O General Ken Minihan promove a ideia de um jogo de guerra do tipo Receptor Elegível para o setor privado. "Nós poderíamos assustá-los como fizemos com o presidente em 1997".

Surpreendentemente, o Congresso está fazendo várias audiências sobre segurança cibernética e encarregou o Escritório de Responsabilidade do Governo (*Government Accountability Office* – GAO) de investigar o assunto. Um relatório do GAO questionava se os avisos de que *hackers* poderiam atacar uma rede elétrica eram verdadeiros. Para isso, o GAO investigou a rede do Tennessee Valley Authority (TVA), uma das poucas redes de energia elétrica de propriedade federal e operada pelo governo. O GAO relatou em 2008 que existiam significativas falhas de segurança cibernética na rede da TVA que deixava a rede vulnerável a ataques. No entanto, diferentemente de segurança cibernética em geral, sobre guerra cibernética o Congresso tem feito muito pouco em termos de supervisão, audiências ou legislação.

O Congresso é uma federação de feudos, sujeito às vicissitudes do crescimento constante de fundos e do lobby de quem doou os fundos. Essa situação tem duas consequências adversas no que diz respeito ao envolvimento do Congresso na supervisão de uma guerra cibernética. Em primeiro lugar, todo mundo defende o seu próprio feudo. O Congresso resiste a qualquer sugestão, como a feita pelo senador Bob Bennett (republicano de Utah), que criou um comitê autorizado a examinar a segurança cibernética. Como resultado, existem aproximadamente 28 comissões e subcomissões envolvidas na questão e nenhuma jurisdição para pensar de forma holística. Em segundo lugar, o Congresso "evita regulamentações" e as deixa de lado. Os doadores influentes de tecnologia da informação, redes elétricas, redes de gás e indústrias de telecomunicações fizeram com que as ideias de regulamentações críticas de segurança cibernética fossem tão remotas quanto o financiamento público de campanhas do Congresso ou de limitações significativas sobre contribuições de campanha.

O diálogo de que precisamos exigirá pesquisa e ensino acadêmicos significativos, uma coleção de novos livros, jornalismo aprofundado e supervisão séria do Congresso.

8.2. A Tríade Defensiva

O próximo item da agenda para prevenir guerra cibernética é a criação da Tríade Defensiva. Como proposto anteriormente neste livro, a Tríade interrompe código malicioso da Internet nos ISPs de *backbone*, intensifica os controles da rede elétrica e aumenta a segurança das redes do Departamento de Defesa e a integridade de suas armas. Muito desse trabalho já começou a ser feito no Departamento de Defesa como resultado da decisão do presidente Bush no último ano de seu mandato. A Tríade Defensiva não é uma tentativa, como foi minha Estratégia Nacional para Segurança Cibernética. Ela é projetada para defender o suficiente para que outra nação pense duas vezes antes de lançar uma guerra cibernética contra nós. Um atacante em potencial precisa ter quase certeza de que seu ataque falhará e que seu maior efeito será a retaliação em vários sentidos. Sem a Tríade Defensiva, os próprios Estados Unidos estariam impedidos de agir de qualquer forma (e não apenas em guerra cibernética), o que poderia incentivar alguém a atacar ciberneticamente o país. Hoje somos tão vulneráveis a um ataque devastador de guerra cibernética que os líderes dos Estados Unidos devem ter cautela sobre o assunto.

Nós não podemos construir duas das três partes da Tríade Defensiva (a defesa dos ISPs de Nível 1 e da energia elétrica) sem regulamentação adicional. O argumento que eu fiz no passado sobre segurança interna, em geral, é que sem regulamentação o governo federal estará tentando alcançar a segurança com um de seus braços amarrados atrás das costas. Houve uma época em que os regulamentos federais eram excessivamente intrusivos e ineficazes, mas isso não é inerente à ideia do governo de solicitar às indústrias que evitem algumas práticas e de definir estados finais desejados. No congresso da *Black Hat* de 2009 (discutido anteriormente), Bruce Schneier, especialista de segurança cibernética e autor, chegou à mesma conclusão, argumentando que, para aperfeiçoar a segurança cibernética, é necessária uma "regulamentação inteligente" que especifique o objetivo e não o caminho.

Nossa pauta para a guerra cibernética deve incluir regulamentação que obrigue os ISPs de Nível 1 a se envolver na inspeção profunda de pacotes à procura de código malicioso e que o façam com elevados padrões de supervisão e de proteção à privacidade. Os ISPs devem receber a proteção legal necessária para que não temam ser processados por passar vírus, *worms*, ataques de DDoS, *phishing* e outras formas de código malicioso. Certamente, eles devem ser obrigados a fazê-lo com as novas regulamentações.

Para que o Departamento de Segurança Interna preencha seu papel na Tríade Defensiva, devemos criar uma estrutura altamente qualificada e confiável, talvez uma Administração de Defesa Cibernética, responsável por verificar excessos executados pelos sistemas de inspeção profunda de pacotes dos ISPs, monitorar a saúde da Internet em tempo real, regular a segurança cibernética do setor de energia da Comissão Federal Regulatória de Energia (FERC) e fornecer um ponto focal para as atividades de cumprimento da lei relacionadas com o crime cibernético. No entanto, o papel mais importante da Administração de Defesa Cibernética seria gerenciar a defesa do domínio .gov e da infraestrutura crítica durante um ataque.

A administração poderia fornecer assinaturas de código malicioso em tempo real para os ISPs, além de ser a central de compartilhamento de descobertas de código malicioso pelos ISPs. O Sistema de Comunicações Nacional existente, que funcionava para ligações de emergência, foi recentemente incorporado pelo novo Centro de Integração de Comunicações e Segurança Cibernética Nacional (NCCIC). Este poderia prover aos ISPs assinaturas de código malicioso por meio de um sistema de comunicações fora da Internet. A Administração de Defesa Cibernética poderia utilizar os conhecimentos do Pentágono e das agências de inteligência, mas a missão de proteger redes cibernéticas domésticas dos Estados Unidos não deveria ser dada à Agência de Segurança Nacional. Por mais qualificados que os especialistas da NSA sejam, eles sofreriam de uma desconfiança pública exagerada, devido às escutas telefônicas ilegais ordenadas por Bush e Cheney.

Além de regulamentar os ISPs, outra área que necessita de regulamentação é a rede de energia elétrica. O único modo de prover segurança à rede é obrigar o uso de criptografia nos comandos enviados a dispositivos do sistema, junto com a autenticação do emissor, e uma série de canais completamente fora de banda, que não estejam conectados à Intranet das empresas ou à Internet pública. A FERC não solicitava isso, mas finalmente emitiu algumas regulamentações em 2008. Contudo, ainda não começou a aplicá-las. Quando isso acontecer, não espere por muito. Tal comissão carece completamente de habilidades e funcionários necessários para garantir que as empresas de energia elétrica desconectem seus controles de caminhos utilizados por *hackers*. A missão de auditar a conformidade de empresas elétricas também deveria ser dada à Administração de Defesa Cibernética, onde uma experiência no assunto pode ser construída e onde a relação excessivamente íntima entre a indústria e a FERC não ficasse no caminho da segurança.

A Administração de Defesa Cibernética também deveria assumir a responsabilidade pela segurança cibernética de uma miríade de agências e departamentos, civis e federais, os quais agora seriam forçados a prover segurança cibernética em suas redes. Além disso, a consolidação da proposta Administração de Defesa Cibernética sobre o que for feito agora em segurança cibernética pelo Escritório de Administração e Orçamento e pela Administração de Serviços Gerais aumentaria a probabilidade de alcançar um centro de excelência que possa gerenciar a segurança das próprias redes civis governamentais e não somente das redes de defesa.

8.3. Crime Cibernético

Como criminosos cibernéticos podem se tornar guerreiros cibernéticos de aluguel, o terceiro item na agenda é reduzir o nível de criminalidade cibernética que está afetando a Internet. Criminosos cibernéticos começaram a invadir cadeias de fornecimento, tanto de fabricantes de software como de hardware, para injeção de código malicioso. Em vez de utilizarem apenas ferramentas de invasão amplamente divulgadas, os criminosos cibernéticos começaram a escrever códigos especialmente concebidos para quebrar sistemas de segurança, como foi o caso do furto de milhões de números de cartão de crédito da T.J. Maxx em 2003. Essas tendências apontam para a crescente sofisticação dos criminosos cibernéticos e podem indicar que a ameaça criminosa pode crescer e se tornar tão sofisticada quanto uma ameaça em nível de estado. Isso sugere que precisamos aumentar nossos esforços para combater o crime cibernético.

Atualmente, tanto o FBI como o Serviço Secreto investigam crimes cibernéticos, com a ajuda da Alfândega (agora chamada de Controle de Imigração e Alfândega, ou ICE) e da Comissão Federal do Comércio. No entanto, empresas e cidadãos de todo o país se queixam de que suas denúncias de crime cibernético não são respondidas. Os noventa promotores independentes do Departamento de Justiça espalhados por todo o país muitas vezes ignoram o crime cibernético porque roubos cibernéticos individuais geralmente são abaixo do mínimo necessário (US$ 100 mil dólares) para um caso federal ser autorizado. Os advogados dos Estados Unidos também são muitas vezes iletrados em computador e não querem investigar um crime onde o culpado está em alguma outra cidade ou, ainda pior, em outro país.

O presidente poderia nomear agentes do FBI e do Serviço Secreto para cobrir crimes cibernéticos para que a Administração de Defesa Cibernética proposta, juntamente com advogados, preparem casos para o Departamento de Justiça. Um único centro de investigação nacional dentro da Administração de Defesa Cibernética, coordenando o trabalho de equipes regionais, poderia desenvolver a perícia, detectar padrões e exercer a ligação internacional necessária para aumentar a probabilidade de prisão, tornando-se mais um meio de dissuasão. A aplicação da lei atual dos Estados Unidos não dissuadiu os criminosos cibernéticos do mundo. Hoje, o crime cibernético vale a pena. Os Estados Unidos precisam fazer um investimento substancialmente maior na capacidade de aplicação da lei de crimes cibernéticos pelas agências federais. Também teremos que fazer algo sobre os paraísos fiscais do crime cibernético.

No final da década de 1990, cartéis criminosos internacionais estavam lavando centenas de bilhões de dólares através de "bancos" em uma variedade de pequenas nações, geralmente estados ilhas, bem como em vários paraísos fiscais de maior porte. As grandes potências financeiras se reuniram, concordaram com um modelo de lei que criminalizava a lavagem de dinheiro e solicitaram às nações de paraísos fiscais que aprovassem e aplicassem a lei. Se não o fizessem, todas as principais nações financeiras internacionais parariam de considerar suas moedas locais e interromperiam as transações financeiras com os seus bancos. Eu tive o prazer de transmitir essa mensagem ao primeiro-ministro das Bahamas, onde a lei foi prontamente aprovada. A lavagem de dinheiro não desapareceu, mas ficou muito mais difícil por causa dos poucos paraísos fiscais de confiança. Os signatários da Convenção do Conselho da Europa sobre Crime Cibernético devem fazer a mesma coisa para paraísos fiscais do crime cibernético. Juntos, eles precisam dizer à Rússia, à Bielorrússia e a outros países fora da lei que comecem a aplicar leis contra crimes cibernéticos ou haverá consequências. Uma dessas consequências seria a limitação e fiscalização de todo o tráfego da Internet de nações fora da lei. Vale a pena tentar.

8.4. CWLT

O quarto componente da pauta para tratar de guerra cibernética deveria ser algo equivalente ao Tratado de Limitação de Armas Estratégicas (SALT) para guerra cibernética, um Tratado de Limitação de Guerra Cibernética, ou do inglês *Cyber War Limitation Treaty* (CWLT). Os Estados Unidos deveriam coordenar a proposta com seus principais aliados antes de sugeri-la às Nações Unidas. Como o próprio nome indica, ele deve limitar a guerra cibernética, e não buscar alguma proibição global de invasão ou coleta de informações. O SALT e seu sucessor Tratado de Redução de Armas Estratégias (START) não somente aceitaram a coleta de informações como inevitável, como também confiaram nela e a chamaram de "não interferência". Esses tratados protegiam explicitamente o que chamavam de "meios técnicos nacionais".

O controle de armas, que funcionou, começou como algo modesto e depois se expandiu em acordos subsequentes, conforme a confiança e a experiência aumentavam. Em um acordo preliminar, o CWLT deve começar fazendo o seguinte:

- estabelecer um Centro de Redução de Risco Cibernético para trocar informações e prover assistência às nações;
- estabelecer como conceitos de direito internacional a *obrigação de ajudar* e de *prestação de contas cibernéticas nacionais*, como discutido anteriormente;
- impor uma proibição sobre ataques cibernéticos de primeiro uso contra a infraestrutura civil. Tal proibição seria suspensa quando (a) as duas nações estiverem em uma guerra convencional, ou (b) a nação que estiver se defendendo tiver sido atacada por outro país com armas cibernéticas;
- proibir a preparação do campo de batalha em tempos de paz, através de *backdoors* ou bombas-lógicas em infraestrutura civil, incluindo redes elétricas de energia, ferrovias, e assim por diante; e
- proibir a alteração de dados ou danificação de redes de instituições financeiras a qualquer momento, incluindo a preparação para fazer isso através da colocação de bombas-lógicas.

Mais adiante, depois da experiência com o CWLT I, poderíamos examinar a expansão de seu escopo. Deveríamos começar com o impedimento de ataques cibernéticos do tipo "não-começar-primeiro" contra a infraestrutura civil, em vez de uma proibição total desse ataque, pois as nações não devem se sentir prejudicadas quando assinarem suas obrigações. Nações que estão engajadas em uma guerra convencional, ou que estejam sendo vítimas de um ataque cibernético, provavelmente empregarão armas cibernéticas. Além disso, não queremos forçar as nações que foram vítimas de um ataque cibernético a retaliar com armas cinéticas devido a uma proibição de ataques cibernéticos. A proposta não exclui ataques cibernéticos a alvos militares. Também não exclui a preparação do campo de batalha contra alvos militares, porque as propostas para fazê-lo levantariam compromissos complexos e sobrecarregariam o CWLT I. Contudo, a colocação de bombas-lógicas em alvos militares uns dos outros é desestabilizador e devemos dizer publicamente que se descobrirmos tal acontecimento iremos considerá-lo a uma manifestação de intenção hostil.

Figuras não estatais serão um problema para o controle de armas cibernético, mas o CWLT deve assumir o compromisso de pará-los para os estados participantes da convenção. Nações serão obrigadas a monitorar rigorosamente atividades *hackers* originárias e a prevenir essas atividades de dentro de seu território. Elas serão obrigadas a agir prontamente a fim de parar tal atividade, assim que notificadas por outras nações, através de um Centro de Redução de Ameaça Cibernética internacional. Tal Centro seria criado pelo tratado, pago pelos signatários e equipado a todo momento por especialistas em redes e segurança cibernética. O Centro também poderia disparar equipes de forense computacional para auxiliar em investigações e determinar se as nações estão investigando ativamente e assiduamente as violações informadas. O tratado incluiria um conceito de *prestação de contas cibernéticas nacionais*, tornando-se uma violação do tratado se uma nação não impedisse uma ameaça quando notificada por ele. Também incluiria a *obrigação de ajudar* o Centro e outros signatários.

O tratado também precisará lidar com o problema da atribuição, que não é apenas uma questão das nações terem que lidar com seus cidadãos hacktivistas. O problema do hacktivismo pode ser abordado pelas disposições do tratado que acabamos de discutir. Atribuição é também um problema porque nações roteiam ataques através de outros países e, na verdade, às vezes, iniciam o ataque a partir de outra nação. O Centro poderia investigar reclamações de nações que não foram a fonte de um ataque e poderia emitir relatórios para permitir o julgamento pelos estados membros se houver uma violação do tratado por um estado particular. Se tivesse ocorrido uma clara violação, os estados participantes do tratado poderiam emitir sanções. Estas poderiam variar na extremidade mais baixa, desde a negação de vistos ou de entrada a indivíduos específicos até a negação da conectividade com a Internet para um ISP. Na extremidade mais elevada, as nações poderiam limitar a Internet internacional e os fluxos de tráfego de telefone para um país. O Centro poderia colocar varredores nos pontos onde o tráfego do país segue para outras nações. Finalmente, é claro, os países poderiam apresentar o problema para as Nações Unidas e recomendar sanções econômicas mais amplas, entre outras possibilidades.

O tratado e o Centro estariam preocupados apenas com a guerra cibernética. O Centro não se tornaria um órgão regulador internacional para a Internet, como alguns teriam proposto. Tal possibilidade sobrecarregaria o CWLT e o tornaria contrário aos interesses dos Estados Unidos e de outros lugares. O CWLT não vai por si só impedir ataques a alvos civis, mas vai aumentar o preço para quem tentar. O advento do CWLT como uma norma internacional também irá enviar uma mensagem para guerreiros cibernéticos e seus líderes de governo, ao elucidar que atacar ciberneticamente não é a primeira coisa a se fazer quando seu vizinho o tirar do sério. O engajamento em uma guerra cibernética ofensiva contra outro país depois do CWLT se tornaria um grande passo. E utilizá-la contra um alvo de infraestrutura civil violaria um direito internacional. Nações signatárias do CWLT poderiam colocar em prática bons controles internos para evitar que seus próprios guerreiros cibernéticos começassem algo sem a devida autorização.

8.5. O Espaço Cibernético na Meia-Idade

O quinto elemento para combate à guerra cibernética é a pesquisa relacionada a projetos de redes mais seguras. A Internet já tem quarenta anos, praticamente meia-idade, contudo nada mudou desde os seus primeiros dias. Certamente, a largura de banda cresceu, assim como a conectividade sem fio e a proliferação de dispositivos móveis. Mas o projeto subjacente da Internet, feito sem nenhuma preocupação séria com a segurança, continua inalterado. Embora muitas falhas de software e problemas de segurança tenham sido supostamente sanados no momento da atualização pela Microsoft de seus sistemas operacionais antigos e com falhas para o Vista, e agora com o Windows 7, os problemas ainda persistem com a maioria dos programas de software mais onipresentes.

Quando perguntei ao chefe de segurança da rede da AT&T o que ele faria se lhe fosse atribuído o papel de Cyber Czar por um dia, ele não hesitou. "Software". Ed Amoroso vê mais problemas de segurança em um dia do que muitos especialistas em segurança veem em um ano. Ele escreveu quatro livros sobre o assunto e dá aulas em um curso de engenharia sobre segurança cibernética. "Software é o maior dos problemas, temos que encontrar um modo de escrever software com menos erros e que seja mais seguro. É aí que o governo deve financiar pesquisa e desenvolvimento". *Hackers* entram onde eles não pertencem, na maioria das vezes porque obtiveram acesso de *root*, ou status de administrador, por meio de uma falha descoberta no software. Existem duas prioridades de pesquisa criadas por esse fenômeno. Temos que fazer melhor para encontrar erros e vulnerabilidades em softwares já existentes, o que envolve uma questão de testar de várias formas. Mas, ao mesmo tempo, precisamos encontrar um modelo para escrever novos aplicativos e sistemas operacionais com quase nenhum defeito.

Por mais que as pessoas temam robôs e inteligência artificial (sem ter conhecimento de que muitos de ambos já existem atualmente), pode valer a pena pensar sobre o uso de inteligência artificial para escrever novo código. Isso significaria desenvolver um conjunto de regras para escrever código seguro e elegante. As regras teriam que ser extensas e iterativas com os testes. O projeto seria suficientemente grande, o que exigiria um financiamento de pesquisa do governo, mas deveria ser possível desenvolver gradualmente um programa de inteligência artificial que possa responder às solicitações de escrever software. O desenvolvedor de código artificial poderia competir com famosos projetistas de software, assim como o *Big Blue* da IBM jogou contra mestres humanos do xadrez. Com base no movimento do código aberto, poderia ser possível contar com os maiores especialistas do mundo para contribuir com o processo.

O trabalho feito para criar a Internet quarenta anos atrás foi extremamente valioso, muito mais do que os inventores jamais pensariam que seria. Agora, os financiadores da Internet original devem financiar um projeto para fazer algo melhor. Atualmente a pesquisa cibernética está fragmentada e, de acordo com o conselho consultivo presidencial, a pesquisa em segurança cibernética é perigosamente subfinanciada. O espaço cibernético também precisa de um novo olhar por parte de projetistas livres para pensar em novos protocolos, novas formas de autenticação e abordagens avançadas para controle de acesso, criptografando perfeitamente o tráfego e os dados em repouso.

Há alguns sinais de vida nova na DARPA (Agência de Projetos de Pesquisa Avançada de Defesa), que financiou grande parte do desenvolvimento inicial da Internet. As coisas começaram a mudar depois de anos de abandono em pesquisas sobre Internet pública. Em outubro de 2009, a DARPA concedeu um contrato a um consórcio, incluindo a empresa de defesa Lockheed e o fabricante do roteador Juniper Networks, para projetar um novo protocolo básico para a Internet. Durante décadas, a Internet quebra o tráfego em pequenos pacotes digitais, cada um com seu próprio espaço de endereço, ou "cabeçalho". Esse cabeçalho possui informações básicas como remetente e destinatário. O protocolo ou formato para estes pacotes é chamado de TCP/IP (Protocolo de Controle de Transmissão/Protocolo de Internet). Para os deuses e fundadores da Internet, o TCP/IP é tão sagrado quanto os Dez Mandamentos são para alguns grupos religiosos. A DARPA está no momento procurando um substituto para o TCP/IP. O novo Protocolo Militar permitiria autenticação do remetente em cada pacote e priorização de pacotes, dependendo do objetivo da comunicação. Seria possível até mesmo criptografar o conteúdo. O Protocolo Militar seria inicialmente utilizado nas redes do Pentágono, mas pense o que ele poderia fazer na Internet. Ele poderia parar a maioria dos crimes cibernéticos, espionagens cibernéticas e muito da guerra cibernética. A DARPA ainda não tem data prevista para que o Protocolo Militar fique pronto, nem como seria o processo de conversão a partir do TCP/IP. Entretanto, é exatamente esse tipo de pensamento que poderia tornar, algum dia, a Internet segura.

Não devemos jogar fora o que temos até termos certeza de que a alternativa é realmente melhor e que o processo de conversão é viável. Com o que essa novidade poderia se parecer? Além da Internet, o espaço cibernético pode consistir de muitas Intranets, extremamente heterogêneas e executando vários protocolos diferentes. Algumas das Intranets poderiam ter "clientes compactos", que não são pessoas magras à procura de um advogado, e sim terminais de computador controlados por servidores ou *mainframes*, em vez de terem uma unidade de disco rígido grande para cada cliente. *Mainframes* centralizados (sim, o velho *mainframe*) que, em caso de falha, seriam recuperados por hardware redundante de outras localidades, poderiam gerenciar Intranets a fim prevenir violações de segurança e má gestão de configuração dos nós. O tráfego das Intranets seria executado em fibras separadas da Internet pública e poderia ser comutado por roteadores que não "tocariam" na Internet pública. Dados poderiam ser verificados em busca de código malicioso e copiados para fazendas de dados redundantes, sendo que algumas sempre seriam desligadas da rede em caso de corrupção no sistema de falhas. Todas essas novas Intranets poderiam utilizar tecnologias de varredura para detectar e prevenir atividade anômala, intrusões, furto de identidade, software malicioso ou exportação não autorizada de dados. As Intranets poderiam criptografar todos os dados e exigir que o usuário prove quem ele é por meio de dois ou três métodos confiáveis, antes de seu acesso. Se as novas redes forem de "comutação de pacotes", como é a Internet de hoje, a identidade dos usuários autenticados poderia ser embutida em cada pacote. O mais importante é que essas redes poderiam monitorar constantemente e prevenir a conectividade com a Internet.

Muitas pessoas vão odiar essa ideia. Muitos dos primeiros defensores da Internet acreditam fortemente que a informação deve ser disseminada livremente, e que o essencial para a liberdade é o direito de acesso à informação de forma anônima. As pessoas da "Internet aberta" acreditam que se você quiser ler *O Manifesto Comunista*, ou pesquisar tratamentos para uma doença venérea, ou documentar violações de direitos humanos da China, ou assistir pornografia *on-line*, o seu acesso a essas informações não será livre se alguém souber o que você está fazendo.

Mas isso significa que tudo deva ser feito em uma grande rede, anônima e aberta a todos? Isso é como Vint Cerf e outros enxergam a Internet, e ficarão frustrados se tiverem que concordar em mudá-la. Quando trabalhei na Casa Branca, propus algo que chamei de "Govnet", uma rede privada para o trabalho interno de agências federais que negariam acesso àqueles que não conseguissem provar sua identidade. Vint Cerf falou que era uma ideia terrível, que iria corroer a Internet aberta e iniciar uma tendência de cortar a Internet em várias pequenas redes. Os defensores da privacidade, cuja causa eu costumo apoiar, também odiaram a Govnet. Eles pensaram que minha ideia forçaria a identificação de todos que acessassem páginas públicas de agências governamentais. Obviamente, as páginas públicas não estariam na Govnet, elas continuariam na Internet pública. Mas diante de oposições como essa, a Govnet não aconteceu. Está na hora de revisitar esse conceito.

Além da Govnet para funções críticas do governo federal, quem mais poderia querer redes seguras como essa? Operações aéreas e controle de tráfego aéreo, operações ferroviárias, centros médicos, atividades de pesquisa, operações de instituições financeiras, controle de voo espacial e, certamente, a rede de energia. Todas essas instituições ainda precisariam de uma presença da Internet para fins de comunicação fora da comunidade fechada da Intranet. Mas não existiria nenhuma ligação em tempo real entre as redes seguras e a Internet. Na verdade, idealmente, o protocolo, as aplicações e os sistemas operacionais seriam incompatíveis.

De fato, ainda existiria uma Internet pública, e todos nós ainda a usaríamos para entretenimento, informação, comércio eletrônico, envio de e-mails, luta por direitos humanos, aprendizado sobre problemas médicos, pornografia e crime cibernético. Contudo, se trabalhássemos em um banco, ou empresa ferroviária, ou empresa de energia elétrica, usaríamos uma dessas Intranets seguras e para fins especiais enquanto estivermos no trabalho. A guerra cibernética ainda poderia ter como alvo tais Intranets; mas sua diversidade, seu uso de roteadores e fibras separadas e seus fluxos internos altamente seguros dificultariam bastante um ataque para derrubá-las. Vint Cerf e devotos de uma grande rede de todos-para-qualquer-lugar, uma rede única totalmente interconectada, não vão gostar, mas a mudança tem que acontecer.

8.6. "É o POTUS"

Estas foram as palavras que nosso hipotético funcionário da Casa Branca ouviu no Capítulo 2. Na maioria das vezes, essas são palavras que você nunca gostaria de ouvir, pelo menos quando alguém está entregando-o um telefone em uma crise. Contudo, o sexto elemento de nossa agenda é o envolvimento presidencial. Eu sei que todos que trabalham em uma questão política acham que o presidente deve passar um dia da semana com sua pedra de estimação. Eu não.

No entanto, o Presidente deve ser obrigado a aprovar pessoalmente a colocação de bombas-lógicas em redes de outras nações, bem como aprovar a criação de *backdoors* em uma classe de alvos politicamente sensíveis. Devido ao fato de bombas-lógicas serem uma demonstração de intenção hostil, cabe ao presidente decidir se ele quer correr os riscos de desestabilização associados à sua colocação. O presidente deve ser o único a julgar a probabilidade de os Estados Unidos estarem em conflito armado com outra nação em um futuro próximo – e, somente se essa possibilidade for alta, ele deve autorizar a colocação de bombas-lógicas. Os principais líderes do Congresso devem ser informados dessas decisões presidenciais, assim como eles são para outras ações secretas. Então, uma vez por ano, o presidente deve rever o *status* de todas as principais espionagens cibernéticas, preparações de guerra cibernética do campo de batalha e programas de defesa cibernética. Um relatório anual de defesa cibernética destinado ao presidente deve enunciar os progressos realizados para defender o *backbone* e proteger as redes do Departamento de Defesa e a rede de energia elétrica.

Nessa verificação anual, o presidente deve rever o que foi feito pelo Comando Cibernético: quais redes foram invadidas, quais opções estariam disponíveis para ele em uma crise e se existem quaisquer modificações necessárias em relação a sua orientação anterior. Essa avaliação do presidente seria similar à avaliação anual de ações secretas e a varredura periódica de planos de guerra nuclear. Enquanto estivesse revendo a implementação da estratégia de guerra cibernética, o presidente poderia obter um relatório anual de nossa sugerida Administração de Defesa Cibernética, relatando seu progresso em proteger as agências governamentais, os ISPs de Nível 1 e a rede de energia elétrica.

Finalmente, o presidente deve colocar no topo da agenda diplomática tentar reduzir a espionagem cibernética chinesa e deixar claro que tal comportamento corresponde a uma forma de guerra econômica.

Como sugeri previamente, o presidente deve aproveitar a ocasião de seu discurso anual para uma academia de serviço militar, olhando para cadetes ou aspirantes e suas famílias orgulhosas, para promulgar a Doutrina Obama de Equivalência Cibernética, onde um ataque cibernético sobre nós será tratado da mesma forma que um ataque cinético, e que responderemos da maneira que acharmos melhor, com base na natureza e na extensão da provocação. Eu sugeri que ele adicionasse a proposta de um sistema global para Prestação de Contas Cibernética Nacional, que iria impor às nações a responsabilidade de lidar com criminosos cibernéticos e hacktivistas civis supostamente espontâneos, e uma Obrigação para Ajudar na interrupção e investigação de ataques cibernéticos. Seria um nítido contraste com a Doutrina Bush, anunciada em West Point, que expressa o sentimento de que devemos nos sentir livres para bombardear ou invadir qualquer nação que nos assuste, mesmo antes que ela faça qualquer coisa contra a gente.

Para continuar tal discurso de primavera na academia militar, o presidente deve então dar seu discurso anual na abertura da Assembleia Geral das Nações Unidas em setembro. Olhando para fora do pódio de granito verde, para líderes ou representantes de mais de noventa nações, ele deveria dizer que:

> *A tecnologia de rede cibernética que minha nação tem dado ao mundo se tornou uma ótima força para o bem, avançando o comércio global, compartilhando o conhecimento médico que tem salvado milhões de vidas, expondo violações dos direitos humanos, encurtando o mundo e, por meio da pesquisa do DNA, tornando-nos mais conscientes de que somos todos descendentes da mesma Eva Africana.*

> *Mas o espaço cibernético também pode ser abusado, como um playground para criminosos, um lugar onde bilhões de dólares são desviados para apoiar atividades ilícitas de cartéis. E já vem sendo utilizado por alguns como um espaço de batalha. Devido ao fato de armas cibernéticas serem tão facilmente ativadas e a identidade de um atacante, algumas vezes, ser mantida em segredo, e poderem atingir milhares de alvos e infligir extensivas perturbações e danos em segundos, elas são potencialmente uma nova fonte de instabilidade em uma crise e podem se tornar uma nova ameaça à paz.*

> *Não se enganem sobre isso, minha nação irá se defender e defender nossos aliados no ciberespaço como faz em outros lugares. Nós consideraremos um ataque sobre nós por meio do ciberespaço semelhante a qualquer outro ataque e responderemos a maneira que acharmos apropriada, com base na provocação. Assim, estamos dispostos a prometer um tratado em que não seremos o primeiro a utilizar armas cibernéticas em um conflito para atacar alvos civis. Gostaríamos de prometer isso e mais, auxiliar na criação de um novo Centro de Redução de Risco Cibernético Internacional e assumir obrigações para ajudar outras nações vítimas de ataques originados no ciberespaço.*

> *Armas cibernéticas não são, como alguns já disseram, simplesmente a próxima fase na evolução de fazer uma guerra menos letal. Caso elas não sejam devidamente controladas, podem resultar em pequenas discordâncias que culminem em uma guerra mais ampla. E nosso objetivo como signatário da Carta das Nações Unidas é, como promessa de mais de meio século atrás em São Francisco, "preservar futuras gerações de flagelos da guerra". Peço que se juntem a mim para dar um passo atrás da beira do que poderia ser um novo campo de batalha, e para tomar medidas para não lutar no ciberespaço e sim para lutar contra a guerra cibernética.*

Poderia ser um belo discurso, e poderia nos deixar mais seguros.

Glossário

Um guia de Acrônimos e Expressões de Guerreiros Cibernéticos

Ataque Distribuído de Negação de Serviço (DDoS). Técnica básica de guerra cibernética frequentemente utilizada por criminosos e outros personagens não estatais em que um site da Internet, um servidor ou um roteador é inundado com mais solicitações de pacotes que o site pode responder ou processar. O resultado disso é que o tráfego legítimo não consegue acessar o site e este fica em um estado desligado. *Botnets* são utilizadas para conduzir tais ataques, "distribuindo" o ataque ao longo de milhares de computadores que agem com um único fim: derrubar o recurso.

Autenticação. Procedimentos que tentam verificar se um usuário de rede é realmente quem ele afirma ser. Um simples procedimento de autenticação é uma senha, mas um software pode ser utilizado para descobrir senhas. Autenticação de "dois passos" solicita uma senha e algo a mais, tais como uma impressão digital ou uma sequência de dígitos gerados por um dispositivo portátil.

Backbone. O *backbone* da Internet consiste de cabos tronco de fibra ótica de costa a costa, referenciados como "tubos grandes", utilizados pelos provedores de serviço de Internet (ISP) de Nível 1.

Backdoor. Software malicioso adicionado de forma não autorizada a um programa a fim de permitir a entrada não autorizada a uma rede ou a um programa de software. Muitas vezes, depois da entrada inicial, um criminoso ou guerreiro cibernético instala um *backdoor* para permitir um acesso futuro mais fácil e mais rápido. Também é conhecido como Trojan, ou cavalo de Troia, retratando a equipe de comando escondida por guerreiros gregos da Idade do Bronze em uma estátua de um cavalo em Troia.

Bomba-lógica. Uma aplicação de software ou uma sequência de instruções que desligam um sistema ou rede e/ou apagam todos dados ou softwares da rede.

Borda. Local da Internet onde o tráfego local se conecta a um cabo de fibra ótica mais amplo, ligado nacionalmente. Um roteador de borda encaminha localmente o tráfego local para a rede nacional.

Border Gateway Protocol (BGP). Sistema de software em que os ISPs informam a outros ISPs quem são seus clientes de modo que mensagens destinadas a um cliente possam ser roteadas ou comutadas para o ISP apropriado. Algumas vezes um ISP pode ter outros ISPs como clientes. Por exemplo, a AT&T pode ter em sua tabela BGP um ISP australiano. Caso um pacote de origem da Verizon não se conecte à rede australiana, um roteador da Verizon, em um hotel de telecomunicações (veja adiante), procuraria na tabela BGP para ver quem teria tal conexão e seria, neste exemplo, a AT&T, que receberia o pacote e o reencaminharia para a rede australiana. Tabelas BGP não são altamente seguras e podem ser falsificadas, resultando em um roteamento incorreto de dados.

Botnet. Uma rede de computadores forçada a operar sob comandos de um usuário remoto não autorizado, geralmente sem o conhecimento de seu dono ou operador. Essa rede de computadores "robôs" é então utilizada para realizar ataques a outros sistemas. Uma *botnet* geralmente tem um ou mais computadores de controle, que estão diretamente associados ao operador por de trás da *botnet*, para o envio de ordens a dispositivos controlados secretamente. Os computadores da *botnet* são frequentemente referenciados como "zumbis". *Botnets* são utilizadas, entre outros propósitos, para conduzir inundações de mensagens (veja DDoS).

Buffer Overflow. Um erro frequente em uma codificação de computador que permite acesso de usuário não autorizado a uma rede. O erro é devido a uma falha na limitação do número de caracteres que pode ser emitido por um usuário não confiável, permitindo então que ele entre a partir de instruções no sistema de software. Por exemplo, um visitante de uma página da web pode ir a uma seção da página onde ele deveria somente ser capaz de entrar com seu endereço, mas, em vez disso, ele consegue entrar com instruções que o permitem ganhar acesso de administrador de rede.

Código malicioso. Software malicioso que força computadores ou redes a fazer coisas que seus donos ou usuários não fariam. Exemplos de código malicioso incluem bombas-lógicas, *worms*, vírus, capturadores de pacotes e gravadores de teclas.

Criptografia. Codificação de uma informação de modo a torná-la ilegível para quem não possuir a chave de decodificação. Criptografar o tráfego (ou os "dados em repouso") impede a sua leitura no caso de interceptação ou captura.

DARPA (também chamada de ARPA). A Agência de Projetos de Pesquisa Avançada da Defesa é a entidade do Departamento de Defesa dos Estados Unidos responsável pelo financiamento de pesquisas inovadoras para atender às necessidades das forças armas dos Estados Unidos. A pesquisa iniciada que originou a Internet foi financiada pela DARPA. Em 1969, a ARPANET se tornou a primeira rede de comutação de pacotes conectando quatro universidades.

Dominância de escalada. É o termo utilizado quando uma partícipe de um conflito responde a um ataque ou provocação expandindo de forma significativa o escopo ou o nível do conflito, ao mesmo tempo em que dita exigências a serem cumpridas (como o término da guerra). A expansão das hostilidades se destina a demonstrar a seriedade da intenção e a força da capacidade, bem como a recusa em tolerar um conflito prolongado de baixo nível. É semelhante ao movimento de pôquer que consiste em elevar significativamente os riscos na esperança de convencer o adversário a recuar.

Equivalência. A Doutrina de Equivalência Cibernética é uma política na qual um ataque de guerra cibernética será tratado como qualquer outro ataque, incluindo uma batalha cinética, e será respondido da maneira que for conveniente pela nação atacada, com base na extensão do dano causado e de outros fatores relevantes.

Espionagem. Atividades de inteligência arquitetadas para a coleta de informações cujo acesso é impedido, ou evitado, por outra nação (ou outro ator). Espionagem cibernética é a entrada não autorizada por uma nação de estado dentro de redes, computadores, ou banco de dados de outra nação para fins de cópia e extração de informação sensível.

Fora de Banda. Comunicações, frequentemente utilizadas na gestão de uma rede, que utilizam um canal ou método diferente.

Força Cibernética Nacional. Avaliação líquida da capacidade de um país para combater a guerra cibernética. A força cibernética nacional leva em conta três fatores: a capacidade ofensiva cibernética, a dependência de redes cibernéticas e a capacidade do país de controlar e defender seu espaço cibernético por meio de medidas como, por exemplo, interromper o tráfego para fora do país.

Fronteira Cibernética. A fronteira cibernética/cinética é o ponto de decisão que o comandante deve decidir como e se vai mover-se de uma simples guerra cibernética para uma guerra envolvendo forças convencionais, ou de armas cinéticas. Atravessar a fronteira é um passo para inverter a escalada que pode resultar em guerra fora de controle.

Hacker. Originalmente, o termo se referia a um usuário avançado de software ou hardware que podia adaptar sistemas para fazer coisas além daquelas para as quais estes foram projetados originalmente. Contudo, no senso comum, o termo tem sido utilizado para representar alguém com habilidades de ganhar acesso a um computador ou rede sem autorização, assim como o verbo "hackear" representa invadir um sistema.

Hotel de Telecomunicação. Edifício que abriga um grande número de roteadores de rede, interligando grandes redes. A Internet e outros tráfegos cibernéticos, incluindo telefonia, são comutados em instalações desse tipo. Grandes hotéis de telecomunicações são normalmente chamados de *gigapops*. Os primeiros centros da Internet eram chamados de Áreas de Troca Metropolitanas (MAE); dois exemplos são o MAE East em Tysons Corner, na Virgínia, e o MAE West em San Jose, na Califórnia.

Infraestrutura Civil. Sistemas nacionais que fazem com que seja possível o funcionamento da economia de uma nação, tais como energia elétrica, gasodutos, ferrovias, aviação, telefonia e o sistema financeiro. Nos Estados Unidos, esses distintos setores consistem de entidades não governamentais, corporações de capital fechado ou aberto que são proprietários e/ou operam tais sistemas.

Inspeção Detalhada de Pacotes. Procedimento que verifica os pacotes de dados contidos em um e-mail, página web ou outro fluxo de Internet. Normalmente, somente o "cabeçalho" do pacote é verificado, a parte inicial que contém informações do remetente e destinatário. Uma inspeção detalhada verificaria o padrão digital no conteúdo mas não converteria o conteúdo em texto. A inspeção verifica somente padrões digitais que são idênticos ou bem similares aos códigos maliciosos conhecidos ou ferramentas de *hacking*.

Instabilidade de Crise. Em um período de elevadas tensões e hostilidades entre nações, podem existir precondições ou ações tomadas por um lado que fazem com que a outra nação acredite que a sua melhor alternativa é agir de forma mais agressiva. Essa condição pode levar a decisões para escalar ações militares.

Internet. A rede mundial das redes interligadas destinada a acesso geral para transmissão de e-mails, compartilhamento de informações em páginas web e assim por diante. As redes podem usar o mesmo software e protocolos de transmissão e não fazerem parte da Internet, se elas forem projetadas para ser separadas do sistema da rede mundial. Tais redes separadas são chamadas de "Intranets". Muitas vezes existem conexões controladas entre a Intranet e a Internet. Outras vezes, existem conexões não intencionais.

JWICS. O Sistema da Junta de Comunicações Inteligentes Globais é a rede mundial do Departamento de Defesa para transmissão de dados classificados como ultrassecretos. Esses dados são extraídos de sistemas de coleta de informação de inteligência tais como satélites (veja NIPRNET e SIPRNET).

Lançamento sobre Aviso. Componente estratégico que dita que uma nação iniciará um conflito – neste caso, uma guerra cibernética – quando indicadores da inteligência sugerirem que um oponente está prestes a iniciar atividades hostis.

Latência. Medida que representa o quanto um pacote de dados é impedido de se mover o mais rapidamente possível em uma rede ou caminho. A latência é medida em segundos ou partes de segundos. A velocidade mais rápida e livre é referida como "taxa de linha". O tamanho de um cabo de fibra ótica e a velocidade de processamento ao longo de uma rede determinam a taxa de linha para um determinado cabo e/ou roteador.

Não Começar Primeiro. No controle de armas, é o conceito de que uma nação não empregará um certo tipo de armamento até e ao menos que uma outra nação o tenha utilizado. No conceito está implícito que uma nação somente usará um tipo de armamento naqueles que já o utilizaram, e que o uso da arma seria uma retaliação na mesma moeda.

NIPRNET. É a Intranet global do Departamento de Defesa para informações não sigilosas. A NIPRNET conecta-se com a Internet por meio de um número limitado de interfaces. Existem duas outras Intranets do Departamento de Defesa, a SIPRNET e a JWICS.

NSA. Agência de inteligência dos Estados Unidos que também faz parte do Departamento de Defesa. A NSA é a principal agência do país para coleta de informações por meio eletrônico. Ela está sediada em Fort Meade, em Maryland, e é frequentemente referida como "O Forte".

Obrigação para Ajudar. A proposta de que cada nação em um acordo de guerra cibernética assumiria uma solicitação para ajudar outras nações e/ou o organismo internacional apropriado para investigar e interromper ataques cibernéticos originários a partir de suas próprias fronteiras físicas.

Provedor de Serviço de Internet (ISP). Uma corporação (ou agência do governo) que provê a conectividade cabeada ou sem fio com a Internet para a casa de um usuário, escritório ou computador móvel. Nos Estados Unidos, existem inúmeros pequenos ISPs regionais e um punhado de ISPs nacionais. Muitas vezes os ISPs são empresas de telefonia ou provedores de televisão a cabo.

Provedores de Nível 1. Cinco provedores de serviço de Internet (ISP) dos Estados Unidos que são donos e operam a grande rede nacional de cabos de fibra ótica, por onde passam a Internet e outros tráfegos cibernéticos das grandes cidades. Provedores menores ou regionais utilizam os provedores de Nível 1 para se conectar aos endereços de Internet fora das suas redes locais.

Responsabilidade Nacional. O conceito de que um governo nacional será responsável por ataques cibernéticos originários dentro de suas fronteiras físicas. Também chamado de Teoria do Incendiário no Porão (se você está abrigando um incendiário e ele sai da sua casa para queimar outras, você é tão responsável quanto ele).

Servidor. Um computador geralmente acessado por muitos outros com o objetivo de interagir com suas informações armazenadas, tais como páginas web ou e-mails. Tipicamente, servidores são destinados a operar sem monitoramento humano constante. Roteadores, que movimentam o tráfego de Internet, são um tipo de servidor.

SIPRNET. É a Intranet global do Departamento de Defesa para transmissão de informações confidenciais e secretas. O Departamento de Defesa classifica uma informação em cinco categorias: não classificada, confidencial, secreta, ultrassecreta e ultras secreta/SCI (informação especialmente compartimentada). Supostamente, a SIPRNET é o vácuo entre a NIPRNET não sigilosa e a Internet.

Sistema de Nomes de Domínios (DNS). Hierarquia de computadores que converte palavras utilizadas como endereços de Internet (como www.google.com) em endereços numéricos, que as redes utilizam, de fato, para rotear os pacotes (como 192.60.521.7294). No mais baixo nível da hierarquia, um servidor de DNS pode conhecer apenas a informação de roteamento dentro de uma empresa; em um nível mais alto, um computador poderia conhecer a informação de roteamento dentro de um "domínio", tal como o conjunto de endereços .net. No mais alto nível, os computadores podem conter a informação de roteamento de um domínio nacional, tal como o .de da Alemanha – o "de" representa "Deutschland". Os computadores de DNS são vulneráveis a inundações de solicitações (veja DDoS) e a mudanças não autorizadas da informação de roteamento, ou "falsificação", na qual encaminha-se uma versão sósia fraudulenta da página original que um usuário solicitou.

Sistemas de Supervisão e Aquisição de Dados (SCADA). Software para redes de dispositivos que controlam a operação de um sistema de máquinas como válvulas, bombas, geradores, transformadores e braços robóticos. O software SCADA coleta informações sobre as condições e atividades de um sistema e envia instruções para os dispositivos, muitas vezes para efetuar movimentos físicos. As instruções enviadas para os dispositivos em redes SCADA são, às vezes, transmitidas por meio da Internet ou via ondas de rádio e não são criptografadas. Quando os dispositivos recebem as instruções, eles não validam quem as enviou.

TCP/IP. Protocolo de Controle de Transmissão/Protocolo de Internet. O formato utilizado para dividir a informação, tais como e-mails, em "pacotes" digitais, cada um com sua própria informação de origem e destino, de modo que o pacote possa ser roteado através da Internet.

APÊNDICE
O *Worm* Nuclear

Quando o livro Guerra Cibernética foi escrito pela primeira vez, ele descrevia algo que muitos observadores pensavam ser puramente teórico: ataques remotos por software poderiam fazer com que objetos físicos de outra nação fossem destruídos. Depois veio o *worm* cibernético conhecido como *Stuxnet*.

O *Stuxnet* foi primeiramente reconhecido no final do verão de 2010 pelo especialista alemão em sistemas de controle Ralph Langner como uma grande, complexa e sofisticada arma cibernética destinada a um alvo muito importante: as centrífugas nucleares iranianas em Natanz. As centrífugas nucleares podem ser pensadas como liquidificadores gigantes, porém, em vez de fazerem margaritas, elas são empregadas para girar urânio, fazendo com que pedaços altamente concentrados se separem do restante. Sem girar, menos do que um por cento de qualquer pedaço de urânio é feito de urânio 235, material necessário para fazer uma bomba nuclear. Depois de uma grande quantidade de giros de alta velocidade, pedaços de urânio podem ser enriquecidos para vinte por cento de U235. Mais giros produzirão material com noventa por centro de U235. Aos noventa por cento de enriquecimento, o material está no grau de armas, o principal ingrediente de uma bomba nuclear.

O Irã começou a trabalhar em Natanz em 2002. Cercou a instalação com seguranças, incluindo defesas aéreas. A instalação não possui conectividade com a Internet e nem com qualquer outra rede. Então, em abril de 2007, o presidente iraniano Ahmedinejad visitou Natanz e anunciou que a instalação foi projetada para enriquecer urânio utilizando centrífugas. E afirmou que estas estavam funcionando.

Um ano depois, durante a campanha do presidente Barack Obama, no verão de 2008, ocorreu uma reunião com uma equipe de especialistas de segurança nacional para planejar o que Barack deveria dizer e fazer se aparecesse algum tipo de crise internacional ou evento surpresa na mídia. A equipe incluiu ex-funcionários de alto escalão da CIA, do Departamento de Defesa, do Departamento de Estado e do Conselho de Segurança Nacional. Todos eles ainda tinham contatos dentro do governo Bush e em uma série de governos estrangeiros. Embora eles tenham examinado mais de uma dezena de cenários, o que mais chamou a atenção deles foi a possibilidade de um ataque aéreo israelense a instalações nucleares iranianas.

Enquanto o governo iraniano insistia que seu programa nuclear era exclusivamente para geração de energia pacífica, a inteligência de Israel acreditava no contrário, bem como muitas agências espiãs dos Estados Unidos, juntamente com suas equivalentes na Europa. Certamente, a Agência de Energia Atômica Internacional das Nações Unidas lançou dúvidas sobre as intenções do Irã, e o Conselho de Segurança da ONU alertou sobre o desenvolvimento de armas nucleares pelo Irã e começou a impor sanções econômicas contra o governo de Teerã.

Em junho de 2008, os israelenses aparentavam fazer o ensaio de um grande ataque aéreo contra o Irã, lançando dezenas de F-15 e F-16 suportados por navios tanque de reabastecimento aéreo. O fato da aeronave voar a oeste de Israel indicava que era um ensaio, mas o que indicou ser um teste do plano de atacar o Irã foi a distância que eles percorreram em tal direção. Era a distância exata de bases aéreas israelenses para Natanz.

O que os assessores de Obama descobriram durante o verão de 2008 foi que Israel havia pedido aos Estados Unidos bombas projetadas para penetrar em concreto reforçado. Ainda mais revelador, Israel tinha discutido com o governo Bush sobre a possibilidade de a Força Aérea Israelense voar pelo espaço aéreo iraquiano, que ainda estava controlado em sua totalidade por militares americanos. Os israelenses também pediram especificamente os códigos de rádio utilizados por aviões de caça americanos que transmitem aos sistemas de defesa aérea dos Estados Unidos a indicação de que a aeronave é americana. Se aviões israelenses transmitissem tal código no caminho para e a partir do Irã, eles não desencadeariam uma barricada de mísseis de defesa aérea Patriot dos Estados Unidos tentando derrubá-los.

A equipe de Obama inicialmente temeu que Bush se uniria a um ataque israelense, possivelmente provocando outra guerra no Oriente Médio que inevitavelmente envolveria os EUA. No segundo semestre de 2008, eles foram surpreendidos ao saber que o governo Bush havia rejeitado Tel Aviv. Tanto o Secretário de Defesa Robert Gates como o principal comandante militar dos Estados Unidos, o almirante Mike Mullen, queriam evitar uma terceira guerra simultânea. Eles também pensaram que era prematuro bombardear o Irã. Relatórios da inteligência indicavam que os iranianos ainda não tinham feito muito urânio enriquecido. Talvez o Irã poderia ser impedido, ou pelo menos diminuir seu ritmo, através da aplicação de novas sanções econômicas pela ONU. Ou talvez algo mais poderia ser feito, que não fosse o bombardeio.

A eleição de novembro veio e Obama foi eleito. E Israel não havia bombardeado o Irã. De fato, nenhuma das "Surpresas de Outubro" que a equipe de segurança nacional de Obama tinha previsto se materializou. Em janeiro de 2009, enquanto a equipe de Obama preparava a inauguração e a nova administração, o New York Times informou que a Casa Branca de Bush havia, no ano anterior, rejeitado os pedidos de Israel para ajudar no bombardeio ao Irã. Escondida na matéria tinha a notícia de que, em 2008, Washington tentou amenizar Tel Aviv com a ideia de um ataque conjunto, não com bombas, e sim com *bytes*.

Agora, de tudo que pode ser montado a partir de informações não confidenciais, os espiões norte-americanos criaram um programa de ataque em 2008. Para fazê-lo funcionar eles precisavam de alguma informação adicional e precisavam testá-lo. Israel estava feliz em ajudar.

No primeiro ano do governo Obama, aparentemente os Estados Unidos e Israel lançaram o ataque cibernético. Em junho de 2009, quatro organizações iranianas foram infectadas com o *worm*. Não existia informação pública se alguma das quatro era conectada a Natanz, mas a CIA ou Mossad sabiam que sim. Incapazes de infectar Natanz diretamente, eles aparentemente alvejaram organizações relacionadas, na esperança de que um equipamento, talvez tão pequeno como um *pendrive*, atingisse Natanz a partir de uma dessas organizações. Até o final de 2009, o *worm Stuxnet* estava dentro de Natanz.

O sistema que o *Stuxnet* foi projetado para atacar era um produto de software específico do fabricante alemão Siemens, algo chamado Siemens WinCC-7. O software da Siemens estava comercialmente disponível ao redor do mundo. O Siemens WinCC-7 era um sistema SCADA, um programa de Supervisão e Aquisição de Dados projetado para monitorar e enviar instruções para certos tipos de maquinaria. Os sistemas SCADA são mais bem conhecidos por dirigir máquinas essenciais em uma rede de energia elétrica (transformadores, geradores), mas eles também executam muitas outras coisas, incluindo linhas de montagem automatizadas, refinarias de petróleo e, sim, grandes conjuntos de centrífugas nucleares.

O *Stuxnet* foi projetado para penetrar em defesas de redes de computadores e então procurar pelo software Siemens WinCC-7. Caso não encontrasse, o *Stuxnet* não fazia nada e continuaria se movendo, penetrando outras redes. A técnica de penetração utilizada nunca tinha sido vista antes, e foi portanto chamada pelos *hackers* de "ataque *zero-day*", a primeira utilização de uma aplicação de computador específica que se aproveitou de uma falha de um programa de software até então desconhecida.

Ou, mais precisamente, o *Stuxnet* envolveu quatro ataques *zero-day* diferentes. Para os *hackers*, um ataque desse tipo é um bem precioso; é algo para ser guardado para uma ocasião especial. É algo a ser mantido em segredo, para que ninguém aprenda sobre a falha de software e a corrija antes da possibilidade de explorá-la. No entanto, alguém – da equipe do projeto do *Stuxnet* – abusou e utilizou não somente um, mas quatro ataques *zero-days*. Nenhum *hacker* com quem eu já tenha conversado lembrou de um ataque tão complexo ou extravagante. Se uma técnica não funcionou, tentava outra, então outra, então a quarta. Alguém realmente queria entrar em algum software da Siemens WinCC-7 de algum lugar. O lugar era, naturalmente, Natanz.

As centenas de centrífugas enterradas debaixo do solo de Natanz eram todas interligadas. Embaixo de cada centrífuga estava um motor elétrico poderoso e sofisticado. Cada motor fazia com que o urânio e o gás girassem em alta velocidade, certamente mais rápido do que a velocidade do som. É este girar que concentra e "enriquece" o urânio a concentrações utilizadas em armas. Os comandos para girar são enviados aos dispositivos de controle para motores elétricos, chamados PLC, ou controladores lógicos programáveis.

Em Natanz, os dispositivos de controle que eram utilizados nos motores foram feitos por uma empresa iraniana chamada Fararo Paya. Esses dispositivos foram projetados para receber comandos do software Siemens WinCC. O *Stuxnet* entrou no software Siemens de Natanz e alterou os comandos enviados aos dispositivos Fararo Paya, fazendo com que os motores elétricos oscilassem de forma que quebrassem as centrífugas. Inspetores nucleares da ONU observaram que as centrífugas estavam tendo problemas e informaram a sua sede em Viena. Quase mil centrífugas quebraram totalmente e foram removidas da instalação.

Então, em 2010, tornou-se óbvio para alguns especialistas que o *worm Stuxnet* estava fazendo algo que não deveria fazer. Ele havia se espalhado para além de Natanz. Especialistas de segurança de computador notaram o *Stuxnet* em milhares de computadores do Irã. Ele também estava presente em computadores de vários outros países, incluindo a Índia. O *worm* não estava prejudicando esses outros computadores; estava apenas procurando por algum software da Siemens que estivesse executando o PLC da Fararo Paya. Quando ele despertava em uma nova rede, procurava pela combinação Siemens-Fararo Paya e quando não a encontrava o *worm* simplesmente seguia em frente, espalhando-se para milhares de redes por todo o mundo.

Hackers de computadores e guerreiros cibernéticos de todo o mundo procuraram e capturaram o *worm Stuxnet*. Então começaram a desmontá-lo e perceberam que ele tinha um formato de *plug and play*. O software de ataque *zero-day* poderia ser removido e novos ataques *zero-day* poderiam ser adicionados. Os comandos do software SCADA da Siemens poderiam ser substituídos por comandos SCADA da General Electric ou da Johnson Controls. O alvo poderia ser alterado de PLCs iranianos e motores elétricos para outros objetos, tais como geradores ou transformadores elétricos. Os certificados digitais que o *worm* utilizou para fingir ser um software conhecido e inocente foram roubados de duas empresas de Taiwan. Outros certificados digitais poderiam ser utilizados em seu lugar. Aparentemente agora, graças à inteligência dos Estados Unidos, *hackers* de todo o mundo tinham uma ferramenta de ataque sofisticada que roda em redes de energia elétrica, redes de gasodutos, ferrovias e processos de fabricação de refinarias e plantas químicas.

Os Estados Unidos atravessou o Rubicão no espaço cibernético. Eles lançaram um ataque cibernético que causou a destruição de um equipamento sensível de outra nação. Eles legitimaram esse comportamento. No processo, eles atrasaram o programa nuclear iraniano por vários meses, mas apenas por meses. E, como o *Stuxnet* escapou para as mãos de vários *hackers* de todo o mundo, os Estados Unidos também lançaram o que é provável que seja um bumerangue cibernético, uma arma que um dia vai ser usada para atacar algumas das próprias redes indefesas americanas.

Richard A. Clarke
Janeiro de 2012

POSFÁCIO DA EDIÇÃO BRASILEIRA
Segurança Ofensiva: Um Aliado no Caminho para a Defesa Cibernética

Resumo

Métodos tradicionais para a elaboração de diagnósticos de segurança são fortemente orientados aos aspectos de gestão da segurança da informação. No presente artigo, apresentamos uma moderna abordagem para a avaliação do *status* de segurança de organizações, à qual nos referimos como "segurança ofensiva". Durante a execução de um diagnóstico baseado em segurança ofensiva, o analista de segurança assume o ponto de vista de potenciais atacantes, buscando identificar vulnerabilidades que possam, de fato, ser exploradas, comprometendo a segurança e impactando os negócios da organização sob avaliação. Trata-se de uma abordagem orientada aos aspectos tecnológicos da infraestrutura **e aos ativos** de segurança da organização sob avaliação, permitindo obter um diagnóstico muito mais concreto a respeito dos riscos aos quais a organização está submetida, complementando, dessa forma, os diagnósticos oferecidos por ferramentas mais tradicionais, como as auditorias de segurança.

Introdução

Enquanto as soluções clássicas de segurança da informação têm foco em aspectos de alto nível, como a estrutura de gestão e processos corporativos, organizações com elevada dependência em relação à Internet buscam diagnósticos que forneçam respostas concretas sobre suas condições de segurança.

Nos dias de hoje já não é necessário iniciar um texto sobre segurança da Informação argumentando sobre a sua importância. Todos nós sabemos que um grande volume de dados é manipulado, a cada segundo, por complexos sistemas de informação, e que esses dados carregam valor – seja este valor expresso em grandezas concretas, como unidades monetárias, ou abstratas, como "confiança" e "reputação". Todos temos a percepção de que a indisponibilidade de um sistema e o comprometimento da integridade ou da confidencialidade de informações sensíveis podem representar uma elevada perda financeira, consequência da interrupção de processos corporativos, e que o vazamento de informações pode levar a danos irreversíveis à imagem de uma empresa e até mesmo a complicadas ações judiciais.

A questão hoje não é decidir entre investir e não investir em segurança, mas quanto investir e, principalmente, como investir.

Diagnósticos de Segurança

Diagnósticos de Segurança têm por objetivo identificar o nível de maturidade de segurança de uma organização. Uma empresa que busque a evolução em Segurança da Informação deve, no mínimo, compreender o ponto em que se encontra e dispor de mecanismos que permitam quantificar a sua segurança. Bons diagnósticos de segurança vêm acompanhados por recomendações e orientações sobre como sanar as falhas identificadas, **e por sugestões de melhorias em políticas, normas, processos e procedimentos.**

A opção tradicional de empresas interessadas em Diagnósticos de Segurança são as chamadas Auditorias de Segurança. São mecanismos de avaliação fundamentados na análise documental e na execução de atividades "passivas" e "pouco intrusivas", tais como entrevistas a funcionários; o foco é fortemente orientado a aspectos de gestão e processos. A execução periódica de auditorias de segurança, indubitavelmente, traz benefícios à organização, na medida em que permite a implantação de uma infraestrutura de apoio à segurança e a eliminação de práticas inseguras dos processos corporativos – as consequências são claramente positivas para a manutenção de um *status* de segurança no longo prazo.

Auditorias "clássicas" como as descritas anteriormente, no entanto, não costumam estender seu escopo de atuação até o nível técnico – ou, pelo menos, não o fazem de maneira sistemática. Dificilmente o contratante de uma Auditoria de Segurança nos moldes da ISO 27001 ficará sabendo, ao final de uma auditoria, que seu *webserver* possui uma vulnerabilidade que permite a execução de um ataque de negação de serviço que poderia deixar o site da empresa fora do ar, ou que sua aplicação de *e-commerce* é vulnerável a um ataque do tipo *SQL Injection*, que poderia levar ao vazamento de informações sensíveis sobre clientes. Para infraestruturas altamente dependentes de sistemas de informação, como é o caso de grande parte das atuais infraestruturas críticas, esse tipo de conhecimento "concreto" a respeito de segurança é essencial.

Testes de Invasão

Nos últimos tempos, vem se consolidando uma nova forma de executar Diagnósticos de Segurança. Tal conjunto de técnicas e metodologias consagrou-se sob o nome Testes de Invasão, denominação decorrente de sua forte "orientação a ataques", ou seja, a reprodução de cenários de ataque aos quais os sistemas **e ativos** sob avaliação podem vir a ser submetidos.

Em um Diagnóstico de Segurança do tipo Teste de Invasão, o avaliador é denominado *pentester* (do inglês *penetration tester*). O trabalho do *pentester* é usar de todas as ferramentas **e técnicas** que estejam disponíveis a usuários maliciosos com o objetivo de simular ataques aos sistemas sob avaliação. No entanto, a atuação do *pentester* começa muito antes do *gran finale* representado pela execução dos ataques.

As fases de um teste de invasão

Um Teste de Invasão "profissional" começará com atividades muito menos emocionantes do que aquelas associadas à imagem de um *pentester*, atrás de um computador, embrenhando-se no coração dos sistemas de uma organização. Uma série de atividades "burocráticas" são necessárias antes do início do Teste de Invasão propriamente dito – e essas atividades são fundamentais para garantir o perfeito entendimento entre o cliente e o provedor do Teste de Invasão. Entre os aspectos que serão definidos nesta etapa, destacamos os seguintes:

- **Objetivos e escopo.** Quais sistemas serão testados e contra que classes de ataques?
- **Janelas de execução e efeitos colaterais aceitáveis.** Há restrições de horário para a execução dos testes? Há sistemas para os quais a possibilidade de determinados tipo de dano – por exemplo, indisponibilidade – é inaceitável?
- **Prazo.** Qual o tempo de execução desejado pelo cliente e qual o prazo exequível pelo fornecedor do Teste de Invasão?

Um fornecedor de Testes de Invasão profissional usará as informações mencionadas para estimar o tamanho do projeto e a equipe necessária, que, por sua vez, definirão os custos do projeto e o valor do investimento para o contratante.

O trabalho técnico envolve as atividades de reconhecimento, mapeamento e ataque. As atividades de reconhecimento têm por objetivo levantar informações preliminares a respeito da organização sob avaliação. Tais informações são obtidas em repositórios públicos de informações, disponíveis a partir da Internet – e é impressionante a quantidade de informações sensíveis a respeito de sua empresa que podem ser facilmente obtidas na Internet com o uso das ferramentas certas! As atividades de mapeamento já envolvem uma interação direta com os sistemas da organização e buscam caracterizar a topologia das redes, a organização dos sistemas e as vulnerabilidades ali presentes. Uma vez dispondo de informações suficientes sobre as redes e sistemas sob avaliação, o *pentester* parte para a execução de simulações de ataque, sempre levando em conta o impacto potencial e as regras de danos aceitáveis acordadas com o cliente.

Uma vez concluídas as atividades "técnicas", é hora de elaborar o relatório onde se apresentarão os resultados do Teste de Invasão. Um bom relatório deve mostrar as "conclusões do teste" em diversos níveis de abstração. De fato, é prática dividir o relatório em várias partes, algumas delas orientadas à alta administração e apresentando resultados em alto nível – por exemplo, explicando os impactos de um ataque aos processos críticos do negócio – e outras orientadas aos profissionais técnicos, detalhando as vulnerabilidades encontradas, **como foram identificadas e exploradas**, e como saná-las.

Ataques DDoS: A Questão da Indisponibilidade

A disponibilidade é um fator crítico para os atuais sistemas de informação. Vivemos em um mundo onde a dependência de usuários em relação aos sistemas computacionais é enorme, e a indisponibilidade desses sistemas, ainda que temporária, causa prejuízos enormes a clientes e responsáveis pelo serviço. Os chamados "ataques de negação de serviço" são exatamente aqueles que visam indisponibilizar um sistema de informação, que deixa de oferecer o serviço para o qual foi concebido – ou, ainda, passa a oferecê-lo de maneira precária. A partir do final da década de 1990 percebeu-se que a indisponibilidade de sistemas poderia ser forçada a partir da sobrecarga de requisições causada pela atuação coordenada de um grande número de máquinas executando solicitações rotineiras a um sistema de informação. Devido à ação de diversas unidades computacionais atuando como um sistema distribuído, tais ataques passaram a ser denominados Ataques Distribuídos de Negação de Serviço, ou ataques DDoS (do inglês *Distributed Denial of Service*). Por serem baseadas não apenas em falhas de software, mas no uso massivo dos recursos de um sistema-alvo, esses ataques estão entre aqueles de mais difícil prevenção, detecção e resposta. Ataques DDoS vêm se consolidando como uma das armas mais letais contra sistemas computacionais.

O cenário mudou com o aumento da dependência de organizações e infraestruturas críticas em relação a sistemas de informação e à Internet. A indisponibilidade de sistemas Internet pode representar, na prática, a interrupção de serviços essenciais, comprometendo o equilíbrio da sociedade e, inclusive, colocando vidas em risco.

Mais uma vez, a resposta para uma empresa que quer compreender o seu grau de vulnerabilidade é a segurança ofensiva. Felizmente, empresas líderes no ramo de Teste de Invasão dispõem de ferramentas, técnicas e metodologias que permitem simular os mais diversos tipos de ataques DDoS, caracterizando a resiliência de sistemas face a esses ataques. Em geral, um estudo de vulnerabilidade a ataques DDoS pode ser contratado como parte de um Teste de Invasão, ou como um serviço avulso. E, como sempre, bons fornecedores desse serviço orientarão quanto à solução dos problemas identificados.

Testes de Invasão e Infraestruturas Críticas

Atualmente, vemos uma crescente dependência das chamadas "infraestruturas críticas" em relação aos sistemas de informação. Trata-se de um mundo praticamente invisível ao cidadão, mas que sustenta a produção da indústria, a distribuição da energia, o funcionamento de sistemas de transportes e de comunicações... e que responde, cada vez mais, a comandos emitidos por computadores. Não é preciso enfatizar o impacto que o acesso indevido a um desses "computadores" pode gerar: eles controlam o núcleo de infraestruturas fundamentais para o funcionamento da sociedade, e seu mau funcionamento pode, em último caso, gerar um colapso com impactos de grandes proporções, incluindo danos físicos a equipamentos, construções e até mesmo pessoas.

Ocorre que a cultura da segurança da informação ainda não é amplamente difundida na maioria das indústrias responsáveis por essas infraestruturas críticas. O leitor deve imaginar: se vemos, com frequência, notícias sobre empresas de tecnologia da informação cometendo falhas graves de segurança, é até esperado que empresas de outras áreas da engenharia desenvolvam seus produtos sem ter em mente a possibilidade de ataques maliciosos. Mesmo quando se tem alguma preocupação com segurança, o que se observa é um foco muito grande na manutenção dos Sistemas de Gestão de Segurança da Informação. No entanto, questões concretas como "o que acontece se um *hacker* tiver acesso aos sistemas de controle de temperatura de meu ambiente de produção – e será que isso é possível?" dificilmente são consideradas.

A confiança nas organizações que mantêm infraestruturas críticas passa, sim, pela manutenção de bons Sistemas de Gestão de Segurança da Informação, mas a aplicação de técnicas de segurança ofensiva parece ser a única maneira de prevenir ataques concretos contra tais infraestruturas.

Segurança Ofensiva

O cenário é complicado: sistemas cada vez mais complexos e dos quais dependemos cada vez mais, ao mesmo tempo em que proliferam ferramentas que possibilitam ataques cada vez mais sofisticados, mesmo quando conduzidos por usuários que não possuem elevado conhecimento técnico. Como consequência, um bom Diagnóstico de Segurança, nos dias de hoje, precisa apresentar dados concretos a respeito dos sistemas avaliados, ou seja, quais são as vulnerabilidades presentes, quais são os ataques factíveis, quais são os impactos possíveis. Os chamados Testes de Invasão são a ferramenta que mais se adequa a essa nova visão de "segurança ofensiva", na qual o analista de segurança se coloca na posição do atacante e, somente aí, é capaz de visualizar com precisão quais os danos que é capaz de imprimir a um sistema e a uma organização.

Para saber mais sobre Testes de Invasão e o conceito de "segurança ofensiva", sugerimos uma visita ao site da Clavis (http://www.clavis.com.br) e ao Portal Seginfo (http://www.seginfo.com.br), **que trata somente de assuntos ligados à área de segurança da informação.**

Para Saber Mais

Countdown to Zero Day: Stuxnet and the Launch of the World's First Digital Weapon Hardcover – Kim Zetter
http://clav.is/stuxnet

Guia de Referência para a Segurança das Infraestruturas Críticas da Informação (Claudia Canongia, Admilson Gonçalves Júnior e Raphael Mandarino Junior)
http://clav.is/SCADA

Livro Branco de Defesa Nacional
http://clav.is/livro-branco

Livro Verde – Segurança Cibernética no Brasil (Raphael Mandarino Junior e Claudia Canongia)
http://clav.is/livro-verde

NIST Guide to Industrial Control Systems (ICS) Security
http://clav.is/ics

OWASP, Open Web Application Security Project
www.owasp.org

Segurança e Defesa do Espaço Cibernético Brasileiro (Raphael Mandarino Junior)
http://clav.is/sdecb

Software Assurance Maturity Model
http://www.opensamm.org/

Unrestricted Warfare – Qiao Liang and Wang Xiangsui
http://clav.is/warfare